캘리포니아
디아스포라

캘리포니아 디아스포라

이민 선조들의 나라찾기 이야기

차만재 지음 · 김문섭 옮김

오늘의 한국을 만드는 데 이바지한
이름 없는 이민 선조 애국자들을 기억하며.

또한 사랑하는 부모님께 이 책을 바칩니다.

연구를 도와준 Andrew "Drew" K. Cha, 차기호에게도
고마운 마음을 전합니다.

CONTENS

격려사 10
머리말 16

제1장 서론 23

1. 캘리포니아 한인 이민사 요약 28
2. 연구 초점 및 자료 출처 29
3. 책의 구성 33

제2장 캘리포니아 센트럴 밸리 한인 정착의 시작(1903~1909) 49

1. 농업 요소 53
2. 인종 요소 56
3. 주요 조직 59
4. 프레즈노, 핸포드, 바이셀리아의 초기 한인들 61
5. 프레즈노, 핸포드, 바이셀리아에서 이주하다 73

제3장 다뉴바의 한인 개척자들(1909~1945) 87

1. 정착촌이 모습을 갖추다 (1909~1919) 91
2. 3·1운동 97

3. 다뉴바, 센트럴 밸리 한인들의 프로필	110
4. 교회 중심의 삶	134
5. 애국심	138
6. 요약	143

제4장 리들리 그룹과 한인 사회(1921~1957) 151

1. 김형순(1886~1977)	154
2. 한덕세(1894~1977)	156
3. 김호(1884~1968)	158
4. 프레드 앤더슨(1892~1981)	160
5. 김형제상회 3인방: 김호, 김형순, 한덕세	162
6. 리들리 한인 장로교회	171
7. 윤병구 목사	176
8. 송철과 김용중	180
9. 김원용	185
10. 다시 살펴보는 김호와 리들리 그룹	186

제5장 좌익 한인들과 리들리 그룹(1920~1957) 215

1. 대한인노동사회개진당 창당	218
2. 남부 캘리포니아의 급진주의 학생들	233
3. 김용중의 한반도 중립론	255
4. 결론	266

제6장 델라노, 윌로우스, 맥스웰의 한인들(1913~1957)   275

1. 한시대와 델라노   278
2. 김종림과 한인 쌀 농부들   286
3. 한인 비행학교   291
4. 맥스웰의 이재수: 사실과 미스터리   305
5. 요약   318

제7장 국가, 사회자본, 초국가주의의 역할   327

1. 국가의 역할   330
2. 사회자본의 역할   336
3. 초국가적 정치 활동   344

제8장 결론   369

도움 주신 분들   378
옮긴이의 말   383
번역판에 부치는 글   387
참고문헌   388

본 연구의 대상 지역, 즉 한인 정착촌이 형성됐던
프레즈노, 핸포드, 바이셀리아, 다뉴바, 리들리, 델라노, 윌로우스, 맥스웰의 위치.

격려사 1

미국의 역사를 돌이켜 보면, 세계 곳곳에서 건너온 이민자들이 미국 사회와 문화의 발전에 크게 기여했음을 부인하기 어렵다. 그러나 이민 관련 연구는 대부분 유럽계 이민자들에게 치중되어왔던 게 사실이다. 유럽 이외 지역에서 온 이민자들의 공헌은 역사의 페이지에 제대로 오르지 못했다.

한인 이민자들 역시 미국 문화와 경제에 상당한 기여를 했음에도 우린 그들에 대해 거의 알지 못한다. 한인 이민사는 제대로 연구되지도, 기록되지도 못한 채 대중의 기억에서 사라져 버렸다.

한국인들이 미국 이민을 택한 이유는 다른 나라 출신 이민자와 별로 다르지 않았다. 이민은 가난이나 정치적 탄압으로부터 벗어나기 위한 탈출구였다. 제국주의 일본은 19세기 후반부터 잇따라 전쟁을 일으켰고 1910년 한국을 식민지로 집어삼켰다. 식민 통치는 가혹하기 이를 데 없었다. 수많은 한국인이 생활고와 일제의 탄압, 무단 통치를 피해 고국을 등졌다. 1903~1905년 사이 7,000명 넘는 한국인이 하와이로 이주해 사탕수수 농장에서 일했다. 그중 2,000여 명이 미 대륙으로 재이주해 일자리를 찾고 새로운 삶을 개척하려 애썼다. 대다수가 자리 잡은 터전은 바로 캘리포니아였다.

이민자들이 이역만리 낯선 땅에서 마주해야 했던 것은 극심한 경제적 궁핍과 고독, 인종 차별, 그리고 고향에 대한 향수였다. 개중엔 성공을 거둔 이도 일부 있었지만 대부분 쥐꼬리만 한 보상 속에 힘겨운 육체노동을 반복하며 삶을 이어갔다.

차만재 교수는 이 책에서 이들 초기 이민자가 숱한 역경과 도전을 헤쳐나갔던 스토리를 들려주고 있다. 동시에 훨씬 더 큰 차원의 이야기도 다룬다: 한인 이민자는 대개 헌신적인 민족주의자면서 독실한 기독교인이었다. 한인 사회가 자리를 잡아가면서 교회와 민족주의 단체들이 생겨났다. 미주 한인 사회는 한국 독립운동에도 핵심적 역할을 담당했다. 독립운동 자금을 모으고, 상하이 임시정부에 대한 미국과 국제 사회의 승인을 받아내려 애쓰는가 하면, 자원입대하기도 했다.

1930년대 들어 캘리포니아 리들리, 다뉴바 지역의 한인 커뮤니티는 350여 명 규모로 성장했다. 이들은 이승만, 김구, 안창호가 이끌던 독립운동을 적극 후원했다. 이승만은 리들리, 다뉴바를 수차례 방문했고 이들 공동체로부터 많은 지원을 받기도 했다. 캘리포니아 윌로우스에서는 최초의 한국 공군 부대가 결성되어 일본에 대항하던 대한민국 임시정부를 지원하기 위해 훈련했다.

한미 양국의 일반 대중은 말할 것도 없고, 한국 학계에서조차 한인 이민자들의 이러한 역사적 공헌을 제대로 알지 못한다. 차만재 교수의 이 책이 아니었다면 이들의 역사는 사람들의 기억에서 영원히 지워졌을 것이다.

차 교수는 이 연구를 위해 한인들의 미국 이민 기록, 출생 및 사망 기록, 기록보관소 문서, 대한인국민회 기록 등 광범위한 자료를 샅샅이 뒤졌다. 한인 역사를 몸소 겪은 산 증인들과 수십 차례가 넘는 인터뷰를 진행하기도 했다. 이 책은 철저한 조사를 거쳐 꼼꼼하게 기록된 결과물이며, 무엇보다 훌륭하게 쓰인 저작이다. 초기 한인 이민자들의 역사, 값을 매길 수 없는 그들의 공헌을 이해함에 있어 차만재 교수의 연구가 갖는 중요성과 의미는 아무리 강조해도 지나치지 않을 것이다.

― 러셀 J. 마든Russell J. Mardon 박사
(프레즈노 캘리포니아주립대 정치학과 교수)

격려사 2

 남부 대도시와 북부를 가릴 것 없이, 캘리포니아 사람들은 주의 한복판에 위치한 중부 캘리포니아(중가주)의 역사에 아무런 흥미를 느끼지 못한다. 사실 중가주 자체가 사람들의 관심 밖에 있는 지역이라 할 수 있다. 오랜 세월 캘리포니아 경제를 견인해 온 주역이 바로 중가주 센트럴밸리의 농업이었음에도, 많은 캘리포니아 주민들은 중가주를 그저 샌프란시스코와 로스앤젤레스 사이의 길목 정도로만 인식하고 있다. 이곳의 역사에 관심을 가질 만한 이유가 딱히 없는 셈이다.
 이런 무관심은 한국계 미국인들의 역사를 바라보는 시선에도 그대로 적용된다. 제2차 세계대전이 일어나기 전인 1920~1930년대에 캘리포니아 한인의 상당수가 센트럴 밸리에 살았다. 그들이 드문드문 일궈낸 성공 역시 센트럴 밸리의 농장에서 나왔다. 미주 한인들의 독립운동 후원이나 공동체 차원의 다양한 노력도 상당 부분 센트럴 밸리에서부터 비롯된 것이다. 그런 만큼 센트럴 밸리 한인들에 대해 보다 세밀하게 들여다볼 필요가 있었지만 현실은 그렇지 못했다. 아예 무시됐다기보단 주변부로 밀려나 있었다고 해야 정확할 것이다.
 중가주가 초기 한국계 미국인의 역사에서 이토록 소홀히 취급되기에는, 다뉴바나 윌로우스 같은 지역에서 너무나 많은 사람이 역사의 무대에 등장했고, 너무나 많은 역사적 사건이 일어났다. 그들의 역사를 다룬 책이나 기사는 대개 센트럴 밸리를 잠깐 방문했거나, 아니면 로스앤젤레스에서 샌프란시스코로 가는 길에 스쳐 지나쳤던 게 고작인 사람들이 쓴 것이다. 그런 글에서는 한인 이민자들을 이 지역으로 이끌어 정착하게 했던 배경이나 한국계 미국인의 전체 역사에서 이들이 담당했던 역할을 제대로 이해하도록 도와줄 역사적 인식은 찾아보기 어렵다.

반면 차만재 교수는 학자로서의 삶 대부분을 중가주에서 생활하고, 가르치고, 연구하며 보냈다. 그러한 삶의 결과가 오롯이 이 책에 담겨있다. 이 책은 센트럴 밸리 한인의 역사를 지역 경제와 정치사의 발전이라는 맥락 속에서 차근차근 설명해 주고 있다. 더 나아가 이 지역 한인들이 한국계 미국인의 전체 역사와 어떻게 연결되어 있는지도 보여준다. 이를 통해 다뉴바에 한인 타운이 들어서게 된 배경에는 관개 등의 사회 기반 시설이 갖춰지고 노동 관계가 진화하는 등의 역사적 맥락이 있었다는 점을 이해할 수 있게 된다. 다뉴바의 한인 공동체가 강력한 존재감을 보여줬기에 다뉴바는 짧게나마 한인 정치 활동의 집결지로 떠오를 수 있었다. 비슷한 의미에서 김호나 김형순, 한시대, 김종림 같은 이들의 역사적 공헌 역시 지역 차원에만 머무는 것이 아니라 더 넓은 시대적 맥락으로 확장해 다루고 있다.

초기의 미주 한인 사회는 다른 이민자 그룹과 크게 다른 독특한 특징이 있었다. 타국에 점령당한 조국을 떠나 의탁할 수 있는 피난처를 찾아왔다는 점이다. 미국 땅에서 한인들은 조국의 독립이라는 공동의 목표

아래 자유롭게 단체를 조직했다. 적지 않은 내부 갈등을 겪었음에도 불구하고, 미국 내 어떤 소수민족에서도 찾아보기 힘든 한인들의 강고한 연대 의식은 바로 독립이라는 목표를 공유했기에 가능했다. 오늘의 발전이 있기까지 샌호킨 밸리 한인들의 역사적 공헌은 이제 차만재 교수의 책을 통해 더욱 온전하게 평가받을 수 있을 것이다.

- 켄 클라인Ken Klein 박사
(남가주대학교 동아시아 도서관장)

머리말

'등잔 밑이 어둡다'는 한국 속담이 있다. 온갖 일을 아는 사람이라도 정작 자기 코 밑에 뭐가 묻었는지는 못 본다는 뜻이다. 캘리포니아에서 다섯 번째로 큰 도시 프레즈노는 1969년 이래 줄곧 내 삶의 터전이었다. 프레즈노에서 처음으로 집을 샀고, 아이들을 키웠고, 커리어의 대부분을 보냈다. 그런데도 프레즈노에서 남쪽으로 불과 12마일 떨어진 리들리, 다뉴바 두 농촌 마을이 한인 이민사의 보고寶庫였다는 사실은 미처 모르고 있었다.

이웃한 두 공동체가 간직한 보물의 존재와 중요성을 비로소 깨닫게 된 것은 2002년 4월 두 명의 방문자가 나를 찾아왔을 때였다. 로스앤젤레스 출신 극작가이자 역사가인 이자경 씨와 프레즈노의 해병대 참전 용사 김명수 씨였다. 그들은 내게 리들리와 다뉴바를 조사해서 지금껏 거의 알려지지 않은 한인 이민자들의 유산을 지역사회에 소개해 보라고 권했다. 2003년 열리는 미주 한인 이민 100주년 기념행사에 맞춰 이런 내용을 발표하면 더할 나위가 없겠다고도 했다. 나는 그 자리에서 바로 제안을 수락했다.

우선 리들리와 다뉴바 공동묘지에 있는 한인 이민자 무덤 200여 기에 대한 조사에 착수했다. 그러자 이민을 떠나온 선대 한인들의 매혹적인 초상화가 서서히 모습을 드러내기 시작했다. 대부분 19세기 후반 한국에서 태어났고, 1940~1950년대에 리들리, 다뉴바와 인근 지역에서 사망한 이들이었다. 그중 3분의 1은 김·이·박 씨 성을 갖고 있었다. 후손의 발길조차 거의 끊긴 쓸쓸한 묘역에 고이 잠든 그 영혼들은 의심의 여지 없이 우리 과거의 일부였다.

그럼에도 우린 그들에 대해 아는 게 거의 없었다. 언제 어디서 온 사람들일까? 어떻게 캘리포니아 중부 시골까지 오게 됐을까? 여기서 어떤 삶을 살았을까? 그 후손들은 지금 어디서 무엇을 하며 살고 있을까? 여기 사는 동안 고국과는 어떤 관계를 이어갔을까? 쉴 새 없이 쏟아지는 호기심을 주체할 수가 없었다.

능력이 허락하는 한 그들에 관한 모든 것을 알아내야겠다고 다짐했다. 묘비에는 망자의 성과 이름이 한글과 영어, 때로는 한자로 적혀 있었다. 출생일과 사망일, 혼인 여부까지 새겨진 경우도 있었다. 사인死因이 궁금해져 사망 진단서를 들춰 봤다. 어떻게 죽었는지 하나하나 짚다 보니 그들이 어떤 삶을 살았을지 눈에 선히 보이는 듯했다. 그들의 후손들도 인터뷰해 추억으로 간직해 온 그들 부모의 삶을 되살려냈다. 초기 한인 이민자들에 관한 여러 기록과 문헌을 파고드는 시간이 이어졌다.

　넉 달에 걸친 조사 끝에 〈미국 본토 최초의 코리아타운들: 캘리포니아 리들리와 다뉴바〉라는 논문을 썼다. 이 논문은 2002년 8월 16~18일 버지니아주 폴스 처치Falls Church의 페어뷰 파크Fairview Park 메리어트호텔에서 열린 '한인 이민 100주년 기념회의'에서 발표됐다. 논문은 일단락지었지만 이제부터가 새로운 시작이었다. 중가주 샌호킨 밸리 곳곳에 남아있는 한인 이민자들의 정착 흔적을 한층 깊이 조사해 볼 필요가 있었다. 파면 팔수록 기록으로 남겨야 마땅할 역사의 흔적들이 모습을 드러냈다.

　복원이 필요한 유적과 보존해야 할 건축물들이 하나둘 발견됐다. 기념비를 세워야 할 만한 현장도 있었고, 새로이 조명해야 할 수많은 사건과 인물들이 기다리고 있었다. 일개 연구자 홀로 이 모든 작업을 수행하기란 불가능했다. 충분한 자금을 확보해 보다 조직적으로 역사를 발굴하고 보전하기 위한 노력이 시급했다. 프레즈노의 몇몇 이들과 머리를 맞대고 지역 역사를 보전할 한인 커뮤니티를 조직하기로 뜻을 모았다. 그 결과 2002년 10월 프레즈노에서 '중가주 한인 역사 연구회CCKHS: Central California Korean Historical Society'

가 만들어졌다. 하와이의 미주 한인 이민 100주년 기념사업회와 재외동포재단, 한인 교회들과 지역 커뮤니티에서 창립 기금을 마련해 줬다.

　　CCKHS의 설립은 우리의 뿌리가 무엇인지, 또 지나간 역사가 현재의 모습에 어떻게 투영됐는지 확인함으로써 우리의 이웃, 친구들과도 서로의 역사와 유산에 대한 상호 이해의 폭을 넓힐 수 있을 거라는 믿음에서 출발했다. 그렇게 스스로에 대한 이해가 깊어지고 나아가 서로에 대한 이해도 깊어지게 된다면 더 나은 공동체, 더 나은 세상으로 발전할 수 있으리라 믿는다. 이런 철학에 바탕해 한국인이든 아니든 누구에게나 우리의 연구와 역사 보존 및 건설 프로젝트에 참여할 수 있는 문을 열어놓고 있다.

　　CCKHS는 이런 창립 이념 아래 리들리·다뉴바 시 관계자와 한국 정부, 한인 사회, 그리고 타 민족 후원자까지 참여해 기념비 건립 사업에 착수했다. 그 결과 2008년에는 다뉴바의 한인 이민자 선조들이 독립운동에 바친 희생을 기리는 의미에서 1912년 지어진 옛 다뉴바 한인 장로교회 자리에 아름다운 화강암 기념비를 세우는 데 성공했다. 이어 1920년 3월 1일 다뉴바에서 열린 3·1운동 1

주년 기념 행진에 참여했던 한인들을 기억하기 위한 기념비도 같은 해 다뉴바 중심부에 세웠다. 리들리에 있는 버지스호텔의 벽돌 담장에는 한국의 초대 대통령 이승만과 선각자 안창호를 기리는 청동패를 설치했다. 두 애국자는 20세기 초 리들리, 다뉴바의 한인 커뮤니티를 방문했을 때 이 호텔에 머문 인연이 있다. 2010년에는 5년에 걸친 계획 끝에 리들리에 한인 이민역사 기념각을 세우고 공원으로 조성했다. 이곳에는 서대문 독립문의 3분의 1 크기인 축소형 독립문이 세워졌다. 중가주와 깊은 관련이 있는 애국지사 13명, 즉 이승만, 안창호, 이재수, 윤병구, 한시대, 김호, 김종림, 김형순, 송철, 김용중, 한덕세, 장인환, 전명운 지사의 묘비가 독립문을 에워싸고 있다.

　이 밖에도 CCKHS는 각종 컨퍼런스와 세미나, 출판 활동을 통해 한인 이민자의 역사를 지역 사회에 널리 알리기 위해 노력해 왔다. 역사적인 옛 리들리 한인 장로교회 건물을 보존하기 위한 운동을 진행 중이고, 현재 캘리포니아 여러 지역에 흩어져 사는 1세대 이민자의 자녀들과도 연락을 유지하고 있다. 그들이 들려주는 조언은 과거와 현재를 이어주는 핵심 연결 고리다.

이 책이 나오기까지 연구 작업에 관해 설명하자면, 나는 집에서도 CCKHS의 철학을 실천하기 위해 노력했다. 가족들에게 연구를 도와달라고 부탁했고 가족들은 기꺼이 응해줬다. 아내 학조는 다양한 한국어 자료를 취합하는 작업을 도왔고, 딸 그레이스는 한인 이민 역사에 관한 어린이 책을 집필했다. 아들 앤드루는 자료를 수집하는 한편 생존하는 이민자 후손 40여 명을 인터뷰해 구술 역사로 엮어냈다. 앤드루는 에이즌 프로덕션Azen Productions을 통해 비디오 두 편을 제작하기도 했다. 비디오의 제목은 〈코리아 타운, 두 도시 이야기: 다뉴바와 리들리Korea Town: A Tale of Two Cities: Dinuba and Reedley〉, 〈노동의 결실: 캘리포니아 농장의 한인 노동자Fruits of Labor: Korean Farm Laborers in California〉였다. 가족 모두가 선조들에 대해 미처 몰랐던 엄청난 사실들을 알게 됐다고 털어놨다. 이 책을 읽는 독자들도 우리 가족과 같은 경험을 할 수 있기를 바란다.

배움과 상호 이해라는 CCKHS의 철학에 부응하는 의미에서, 연구자뿐 아니라 학생 독자들에게도 권말에 붙인 방대한 주석을 눈여겨보라고 권하고 싶다. 한인 이민사에 관한 학기 말 논문을 쓰거나 학술 연구를 수행하는 이들에게 유용한 정보가 되어줄 것이다.

인명, 지역, 단체명 등의 영어 표기는 문화관광부 산하 국립국어원이 2000년 개정, 보급한 로마자 표기법을 따랐다. 인명의 경우 한국식으로 성을 맨 앞에 쓰고 이름 첫 글자와 두 번째 글자 사이에 하이픈을 넣어 표기했다. 단, 이승만Syngman Rhee이나 서재필Philip Jaisohn처럼 이미 영어식으로 잘 알려진 이름에 대해서는 예외를 뒀다. 아울러 독자와 연구자들이 참고 문헌을 찾기 쉽도록 일부 한국인 저자 이름에 대해서도 표기법 예외를 적용했다는 점을 알려둔다.

캘리포니아 프레즈노에서
차만재

제1장

서론

> 과거를 기억하지 못하는 자들은 같은 과오를 되풀이하기 마련이다.
>
> — 조지 산타야나 George Santayana
> *The Life of Reason, First Volume* (1905)

우리가 지나간 역사를 기억하려는 이유는, 역사로부터 올바른 교훈을 얻어 선조들이 저지른 실수를 되풀이하지 않기 위해서다. 선조들이 남긴 지혜는 우리의 길잡이로 삼아야 한다. 과거를 알면 우리의 뿌리가 보인다. 뿌리 찾기는 자아 정체성과도 직결된다. 정체성이 확립되면 우리의 삶도 보다 윤택해질 수 있다. 이러한 역사의 중요성은 비단 개인에게만 국한되는 것이 아니다. 국가 차원에서도 과거로부터 배운 교훈을 더 나은 정책과 미래 비전을 세우는 데 활용해야 한다. 무릇 역사 인식이 결여된 정치 지도자는 큰 그림을 그리는 리더십을 발휘하기 어려운 법이다.

하지만 막상 역사에서 교훈을 배운다는 것은 그리 간단한 문제가 아니다. 역사를 기록한 사람이 누구인지에 따라 역사적 교훈도 확연히 달라지기 때문이다. 역사가들이 어떤 주제에 초점을 맞추고 어떻게 해석하느냐에 따라 저마다 다른 관점과 강조점을 가진 역사가 쓰이게 된다.

지금까지 미국 역사에 관한 수많은 연구는 주제 선택과 해석에 있어 다분히 유럽 중심[1]으로 치우쳐 있었다. 그도 그럴 것이 미국 역사 기록물은 대부분 유럽계 미국인의 역사적 경험에 관한 것이고, 역사 기록에 대한 해석 역시 영어권의 관점에서 이뤄졌기 때문이다. 미국 역사 발전에 비유럽계 미국인들의 역할과 공헌도 컸다는 당연한 사실은 애써 무시되거나 가려지기 일쑤였다.

유럽 중심으로 치우쳤던 편견을 바로잡는 차원에서, 민권 운동이 격렬하게 일었던 1960~1970년대에 걸쳐 미국의 많은 대학에서 민족 인종학 연구[2]가 활발해졌다. 소수민족/인종학 연구는 미국 역사에서 소홀히 다뤄져 온 비유럽계 소수자들의 위상을 바로잡는 적지 않은 성과를 냈고, 여전히 현재 진행형이다. 하지만 유럽 중심주의에 빠져 있는 역사가들이 보다 넓고 포괄적인 관점을 수용하도록 하려면 아직 갈 길이 멀다.

필자는 소수자를 외면해 온 미국 역사의 심각한 불균형을 바로잡겠다는 일념으로 20세기 전환기의 캘리포니아 한인들을 연구하는 데 5년간 매달렸다. 20세기 초 캘리포니아 주민들은 한국인을 중국인·일본인과 제대로 구분하지 못했다. 하지만 이런 실수를 탓하기도 어려운 것이, 그들의 눈에는 모두가 비슷비슷해 보여 누가 누군지 구분하기 힘들었다. 게다가 중국인들은 한국인보다 반세기 먼저,[3] 일본인은 20년 앞서[4] 캘리포니아로 왔으니 아시아계라고 하면 중국인과 일본인만 떠올리는 것도 당연했다.

하지만 한인들로선 일본인으로 오인되는 자체가 견디기 힘든 일이었다. 일본이 1910년 한국을 강제 병탄한 이래 35년간이나 식민 통치했기 때문이다.[5] 한인들로선 차라리 중국인으로 오인되는 게 낫다고 여길 정도였고, 실제 중국인 행세를 하는 사람도 많았다.

그런 와중에도 그들은 한국인의 정체성만은 결코 잊지 않았다. 끈끈한 공동체를 이루고 살면서 고유의 문화와 전통을 유지했다. 독립운동을 강력히 지원하며 조국과 연결된 끈을 놓지 않았다. 일하는 내내 저임금에 시달렸고, 일터와 공공장소에서 차별을 감내해야 했다. 미국 시민권 취득을 거부 당하며[6] 기본적인 권리와 자유조차 제대로 누리지 못했다.[7] 하지만 성실히 세금을 내고 자녀를 교육했다. 두 차례의 세계대전을 거치는 동안 미국 전시 국채[8]를 샀고, 그 자녀들이 미국을 위해 참전하기도 했다.[9] 그들은 꿋꿋이 살아남았다. 커다란 부를 일궈낸 이들도 있었다. 견뎌내고 생존함으로써, 지금의 미국을 세우는 데 일조했다. 그들에겐 절절한 이야기가 있다. 이 책은 그런 캘리포니아 한인들의 이야기를 담고 있다.

본 서론에서는 한인들의 정착지를 포함해 캘리포니아 한인의 역사에 대한 간략한 설명으로 시작하고자 한다. 다음으로 연구에서 다룬 연구 질문과 참고 문헌에 대한 소개가 이어지고, 각 장의 내용을 미리 엿볼 수 있는 개관으로 서론을 마무리할 것이다.

1.
캘리포니아 한인사 요약

모든 기록을 종합해 볼 때 캘리포니아에 최초로 정착한 한인은 미국명 필립 제이슨Philip Jaisohn으로도 알려진 서재필이라고 할 수 있다.[10] 대한제국의 명망 높은 관료였던 서재필은 1884년 개혁 쿠데타(갑신정변)가 실패하자 이듬해 미국으로 망명했다. 그가 샌프란시스코에 첫발을 디딘 때는 1885년 4월이었다.[11] 그는 샌프란시스코에 2년간 머문 뒤 미국 동부로 이주했다.

서재필의 뒤를 이어 1893년에는 중국을 거쳐 온 인삼 장수 몇 명이 샌프란시스코에 도착했다.[12] 인삼 장수들은 곧바로 샌프란시스코 차이나타운의 중국인을 상대로 인삼을 판매하면서 한인 커뮤니티를 형성했다.[13] 1905년에 이르러서는 샌프란시스코로 입항하는 인삼 장수의 수가 점차 감소했다.

1905년부터는 하와이에 있던 한인들이 미 서부로 이주해오기 시작했다.[14] 1903~1905년 사이 대한제국에서 하와이로 이주한 사탕수수 농장 노동자는 약 7,000명이었는데, 그중 미 본토로 유입된 숫자는 2,000명에 육박했다.[15] 1924년경에는 하와이 출신 이민자에 정치 망명객, 학생, 사진 신부picture bride(미주 한인들이 본국과의 사진 교환을 통해 신붓감을 고르던 중매결혼 방식-옮긴이), 그리고 이들이 낳은 자녀까지 더해지면서 20세기 초 북미 한인 사회를 이루는 주축이 됐다. 미 본토로 이주한 한인의 3분의 1 정도가 중부 캘리포니아의 400마일 농작 지대에 살며 농업에 종사했다.[16] 대부분 떠돌이 농장 노동자로 포도 따기, 과일 건조 및 포장, 소작농, 쌀 재배 등의 일을 하며 근근이 먹고 살았다.

2.
연구 초점 및 자료 출처

이 연구는 캘리포니아 농작 지대에 정착한 한인 노동자들과 그 가족에 초점을 맞췄다. 연구에서 다루는 범위는 1903~1957년 사이 한인들이 자리 잡고 살거나 거쳐 갔던 샌호킨 밸리San Joaquin Valley의 8개 지역, 즉 프레즈노Fresno, 바이셀리아Visalia, 핸포드Hanford, 다뉴바Dinuba, 리들리Reedly, 델라노Delano, 윌로우스Willows, 맥스웰Maxwell 등이다. 연구 의제를 관통하는 3개의 질문은 다음과 같다.

- 한인들이 캘리포니아, 특히 샌호킨 밸리로 이주한 이유는 무엇인가?
- 그들은 어떤 사람들이었는가?
- 캘리포니아에 도착한 후 어떤 일을 겪었는가? 즉, 어떻게 살고 일하다 죽었으며, 무엇을 남겼는가?

초기 중가주 이민자들의 기본 인적 사항은 그들이 묻힌 묘지의 비석에서 확보할 수 있었다. 또한 사망 진단서를 통해 생전의 생활 환경과 라이프 스타일을 짐작할 만한 단서를 얻었다. 1903~1905

년 한인들을 하와이로 실어 나른 선박의 승객 명단을 확보해 그들이 어느 지역 출신이었는지 특정할 수 있었다.[17] 한국과 한인에 대해 다룬 1910~1920년대 현지 신문에서는 한인들의 농촌 생활과 그들을 바라보는 언론의 시각까지 엿볼 수 있었다. 무엇보다 귀중한 정보원이 되어준 《신한민보 New Korea Times》를 빼놓을 수 없다. 1909년 창간된 《신한민보》는 미국에서 발행된 최초의 국문 주간지다. 김원용 Warren Kim[18]이 쓴 《미주 한인 50년사》와 이 책의 영문판 《코리언스 인 아메리카 Koreans in America》는 한인 이민사를 공부하는 학생들의 필독서라 할 만하다.[19] 캘리포니아의 8개 한인 정착지 중 일부 지역에 지금도 살고 있는 한인 후손들과 40차례 넘는 인터뷰도 진행했다. 인터뷰를 통해 한인 사회와 가족에 대한 귀중한 정보를 얻을 수 있었다.

2차 자료로는 도산 안창호 기념재단의 《미주 한인 운동사 자료집》(전 5권)이 가장 유용했다. 이 자료집의 1권에는 1919~1920년 대한인국민회 Korean National Association에서 수집한 인구 조사 자료가 담겨 있다.[20] 이를 통해 당시 한인들이 캘리포니아, 유타, 콜로라도, 와이오밍, 네브라스카, 오하이오, 캔자스, 텍사스 등 23개 주에 걸쳐 거주했음을 확인할 수 있었다. 자료집 3권에는 대한인국민회가 1920~1921년 사이 독립운동 자금을 기부한 이들에게 발급한 영수증 사본도 있다. 누가, 언제, 얼마를 냈는지 명확하게 기록돼 있다.

대한민국 국가보훈처가 2001년 발간한 《한국 평론》에는 서재필이 1919~1922년 3년여에 걸쳐 직접 집필하고 편집, 출간한 내용이 담겨 있다.[21] 이 자료를 살펴보는 사람이라면 누구나 영어 매체를 통해 일제에 빼앗긴 조국을 최대한 긍정적으로 세계에 알리려 애썼던 선대의 노력에 숙연함을 느끼게 된다. 국가보훈처가 1994년 발간한《대한민국 임시정부 승인에 관한 문서: 해외 한인의 독립운동 자료》역시 필독 문헌이다.[22] 이는 이승만 등이 상하이 임시정부를 미국으로부터 승인받기 위해 기울였던 노력을 설명해 주고 있다. 미국의 승인은 끝내 받지 못했지만 재외동포들은 꺾이지 않는 불굴의 의지를 보여줬다. 캘리포니아 농장의 한인들도 전폭적 지원으로 보조를 맞췄다.

극작가, 역사학자인 이자경이 중가주 한인 농장 이민자들을 연구하던 중 리들리, 다뉴바의 묘지와《신한민보》의 초기 판본에서 찾아낸 내용에서도 유용한 단서를 확보할 수 있었다.[23] 필자 역시 저명한 한국계 미국인 저널리스트인 K. W. 리Lee가 지난 몇 년간 펴낸《코암 저널KoreAm Journal》에서 초기 한인 이민자의 삶에 관한 여러 기록을 발췌한 바 있다.[24] 또한 독립기념관 산하 한국독립연구소 홍선표의 박사학위 논문인 〈미주 한인 위원회 연구와 미주 한인 위원회 회의록집〉은 한인 좌익 운동, 미주 독립운동을 연구하던 필자에게 좋은 정보와 통찰을 더해 줬다.[25]

특히 하버드대 옌칭도서관은 친절하게도 1920년 샌프란시스코에서 발행된《동무Comrade》창간호를 아무 대가 없이 보내줬다.《동무》는 미국 최초의 한인 사회주의 정당인 대한인노동사회개진당의 기관지다. 이 창간호에는 샌호킨 밸리 다뉴바에 근거지를 뒀던 대한인노동사회개진당의 조직 현황을 60페이지에 걸쳐 손글씨로 풀어 쓴 자료가 실려 있었다. 한인 독립운동 지도자들은 목표만 달성할 수 있다면 이념과 노선을 가리지 않았다. 사회주의 노선도 예외는 아니었다. 젊은 세대가 독립운동에 참여하면서 한인들의 좌익 정치 활동은 중대한 국면 전환을 맞게 됐다. 양은식[26]의 〈미주 한인의 혁명적 민족주의: 김강과 학생 서클〉은 베일에 가려져 있던 미주 한인 사회의 좌익 운동을 재조명한 자료다. 좌익 운동은 해방 이후에도 지속됐는데 김용중의 한반도 중립화 통일 운동이 대표적인 사례다. 김용중이 북한의 김일성과 주고받은 편지들을 컬럼비아대 희귀 도서관과 필사본 도서관에서 복사할 수 있었다. 김용중은 17년 동안 발간된 영문 매체 《보이스 오브 코리아Voice of Korea》를 포함한 자신의 논문집을 컬럼비아대 도서관에 기증한 바 있다. 캘리포니아 리들리를 근거지로 했던 김용중은 통일 운동의 발판을 마련해야 한다는 강한 책임감으로 무장한 인물이었다.

수정 챈Sucheng Chan 편저의 메리 백 리Mary Paik Lee 자서전인 《조용한 오디세이Quiet Odyssey》는 부록에서 20세기 초 북부 캘리포니아의 한인 쌀 농부들에 대한 귀중한 정보를 제공해 줬다.[27] 그 인용문을 이 책 제4장에 기록했다. 마지막 쌀 농부인 이재수의 가족은 집안에 보관해 오던 기록과 서류를 본 연구에 사용하도록 허락해 줬다. 1920년 2~12월 사이 발행된 《윌로우스 데일리 저널Willows Daily Journal》 기사에서 한때 가장 부유한 한인 쌀 농부였던 김종림이 캘리포니아 윌로우스에 한인 비행학교를 건설한 과정을 그려낼 수 있었다. 이 밖에도 수많은 문서와 그림, 80권이 넘는 책을 참조했다.

3.
책의 구성

이 책은 필자의 연구 보고서다. 제2장부터 제8장까지 개략적인 소개를 하자면 다음과 같다.

제2장 캘리포니아 센트럴 밸리 한인 정착의 시작

제2장에서 독자들이 가장 인상 깊게 읽을 만한 대목은 한인들을 캘리포니아로 끌어들였던 시대적 배경이 아닐까 싶다. 이 시기를 세 단계로 나눠 분석해 봤다. 우선 캘리포니아 농업의 급속한 발전으로 일손이 부족해짐에 따라 중국인, 일본인에 이어 한인들이 농장 노동자로 등장했던 과정을 추적한다. 이들은 급증하는 노동 수요에 부응했을 뿐이지만, 홍수·가뭄으로 경기 침체에 따른 해고의 풍파가 몰아칠 때면 '황화론黃禍論, Yellow Peril'의 외침 속에 인종 차별의 희생양이 되곤 했다. 자연재해와 경기 침체로 인한 살벌한 사회 분위기는 캘리포니아 노동 이민의 양상을 바꿔놓게 된다. 중국인, 일본인과 마찬가지로 한인 이민자들 역시 인종 차별의 긴장감이 고조되던 프레즈노, 바이셀리아, 핸포드를 떠나 한결 호의적이던 다뉴바와 인근의 신흥 농촌 마을로 향했다. 다뉴바는 금세 한인 이민자들의 중심지가 됐다. 1910~1920년대 여름 수확기에 다뉴바에 머물던 한인은 350명 이상으로 불어났다. 떠돌이 농장 일꾼이나 학생, 일자리를 찾아온 로스앤젤레스와 샌프란시스코 거주 한인들을 모두 포함한 숫자다.

제3장 다뉴바의 한인 개척자들

제3장에선 다뉴바 한인 사회가 형성된 과정을 분석한다. 한인들이 다뉴바로 이주하기 시작한 것은 다뉴바라는 마을이 생겨난 지 채 3년밖에 지나지 않은 시점이었다. 한인들은 다뉴바 노동력의 필수적인 한 축을 담당하며 다뉴바와 함께 성장했다. 1912년 건립된 다뉴바 한인 장로교회와 1921년 조직된 이승만 지지 그룹 동지회가 한인 공동체의 기반을 이뤘다. 다뉴바 한인은 대부분 한국의 기독교 거점이라 할 수 있는 경기도, 평안도에서 건너온 기독교 신자였다. 따라서 다뉴바에 첫발을 디딘 지 3년 만에 자신들만의 교회를 세운 것은 자연스런 수순이었다. 이승만이 독립운동의 핵심 인물로 떠오르면서 그를 지지하던 다뉴바 동지회의 세력도 커졌다. 1921년까지는 가장 오래된 민족주의 단체인 대한인국민회의 다뉴바 지부가 한인들의 압도적 지지를 받았다.

하지만 농장에서 일하던 한인 이민자들이 맑은 공기와 신선한 음식으로 넘쳐나는 전원생활을 영위했을 거라고 생각하면 큰 오산이다. 여름 수확기 날씨는 화씨 100도(섭씨 37.7도)를 넘나들 만큼 뜨겁고 건조했다. 가혹한 노동 환경 속에서 제대로 먹지도 못했다. 센트럴 밸리 한인의 사망 진단서 73건을 들여다봤더니 영양실조, 자살, 살인 등이 사망 원인의 14%를 차지했다.[28] 그들이 가난과 소외, 절망감에 허덕였음을 보여주는 증거다.

고난으로 점철된 삶도 교회에 대한 지지, 그리고 독립을 향한 의지까지 가로막지는 못했다. 1919년 4월 상하이 임시정부 수립 직후 대한인국민회가 채택한 정책에 따라, 중가주 한인들은 끼니를 거르는 한이 있더라도 수입의 20분의 1을 임시정부의 독립운동 자금으로 내놓았다. 기본 기부금 10달러는 별도였다.

몇 세대가 지나는 동안 다뉴바 한인의 직업 양상도 변화했다. 1950년대에 이르자 농장 노동으로 생계를 꾸리는 사람은 거의 사라졌고, 대부분 자영업을 하거나 숙련 직업에 종사했다.

제4장 리들리 그룹과 한인 사회

제4장에서는 리들리 한인 사회를 다룬다. 리들리는 다뉴바의 라이벌이라 할 만한 인근 마을이다. 다뉴바에서 한인 정착촌이 형성된 지 10여 년이 지난 후에야 리들리의 한인 공동체도 제대로 된 모습을 갖췄다. 제4장에서는 한인들이 리들리에 정착한 과정을 살펴본다. 김형순(해리 S. 김), 한덕세(데이지 김), 김호(찰스 호 김), 프레드 앤더슨, 윤병구, 김용중, 송철(레오 송), 김원용 등 주요 인물 8명의 삶과 상호 관계를 연대순으로 기록했다.

김형순·한덕세 부부는 1921년 리들리에 묘목상을 열었다. 이후 김호와 동업해 그 유명한 김형제상회Kim Brothers, Inc.를 설립한 뒤 과수원, 과일 포장, 운송업 등으로 사업을 확장해 갔다. 김형제상회는 식물 유전학자 프레드 앤더슨이 개발한 개량 품종인 "털 없는 fuzzless" 복숭아를 재배해 팔아 큰돈을 벌었다. 사업 규모가 커지면서 더 많은 일손이 필요해졌고 각지에서 찾아온 한인들이 일손을 메웠다. 한인들이 리들리에 정착하는 데 있어 김형제상회가 핵심 촉매제 역할을 한 것이다.

기독교 신자였던 김형순은 리들리에 교회를 지으려는 동포들을 위해 많은 돈을 기부했다. 1939년 문을 연 리들리 한인 장로교회는 다뉴바 교회가 그랬듯 리들리 한인 공동체의 중심지로 자리 잡았다. 리들리 장로교회에서 사역한 목사 중 가장 잘 알려진 인물은 지역 활동가이자 신학자였던 애국지사 윤병구 목사였다.

다뉴바와 달리 리들리는 이승만 반대파의 요새였다. 리들리의 반反 이승만 정서는 김호와 이승만의 개인적 갈등에서 비롯됐다. 두 사람은 주로 대한인국민회 재정 집행을 두고 충돌을 빚었다. 워싱턴 D.C.에서 외교 활동을 펼치던 이승만에 대한 재정 지원, 1941년 창설된 재미한족연합위원회 운영 등을 놓고 특히 의견 대립이 컸다. 중도 좌익이었던 김호의 성향도 이승만의 보수적 엘리트주의와는 궁합이 맞지 않았다. 김형순·한덕세 부부는 원래 이승만 지지자였다가 사이가 틀어졌다. 이승만은 부부의 맏딸인 메리에게 청혼했다가 거절당한 뒤 오스트리아 태생인 금발의 프란체스카 도너와 결혼했다. 민족적 순수성을 유지하기 위해 되도록 한인끼리 결혼하라고 설파하더니 정작 자신은 백인 여성과 결혼하는 자가당착에 빠진 것이다. 이를 계기로 김형순 부부와 이승만의 관계는 악화됐고, 김호, 김형순, 한덕세 등 리들리 3인방은 강고한 이승만 반대파가 됐다. 리들리 한인 사회의 전반적 분위기도 이승만 반대로 기울었다.

1948년 이승만이 대한민국 대통령에 당선된 뒤에도 김호와 김형순은 조직적인 반이승만 운동을 전개했다. 김형순의 딸 메리와 결혼한 김용중은 과일을 판매해 큰돈을 번 젊은이였다. 여운형, 김호를 정치적 멘토로 우러러보던 김용중은 이승만의 독재를 경멸하면서 분단된 조국의 중립화 통일을 필생의 사명으로 삼았다. 김호,

김형순으로부터 재정 지원을 받아 워싱턴 D.C.에 한국사정사Korean Affairs Institute를 설립하고 영어 월간 《보이스 오브 코리아Voice of Korea》를 통해 이승만 반대와 한반도 중립화 메시지를 널리 전파했다. 남한 정부는 중립주의를 표방한 김용중을 좌익으로 규정했고, 북한은 거꾸로 우익으로 간주했다. 김호, 김형순, 김용중은 스스로를 민족주의자이자 중도주의자라고 주장했지만 한인 사회 역시 세 사람을 중도를 가장한 좌익으로 의심했다.

김호, 김용중, 김형순은 자본주의 미국에서도 잘 나가던 부르주아였다. 설령 좌익 이념에 경도된 건 아니었다 해도 부르주아가 좌익들과 어울린다는 사실만으로 한인 사회를 당혹스럽게 하기엔 충분했다. 제5장은 이 문제를 다루고 있다.

제5장 좌익 한인들과 리들리 그룹

제5장은 한인 사회에서 오랫동안 금기시되어 온 결과 지금은 기억에서조차 사라져버린 존재들을 추적하고 있다. 1937년 제2차 중일전쟁 발발에 즈음해 캘리포니아에서는 한인 좌익 운동이 고개를 들고 있었다. 대체로 남부 캘리포니아의 한인 학생과 지식인들이 주도했다. 최소한 초기 단계까지는 리들리의 김호도 이들의 좌익 활동을 도왔다.

1919년 12월 미국 최초의 한인 좌익 단체인 대한인노동사회개진당이 샌프란시스코, 다뉴바에 설립되는 과정에서도 김호가 중추적 역할을 담당했다는 사실은 그동안 한인 사회에 거의 알려지지 않았다. 김호와 김용중은 좌익 계열의 대표적 독립운동 지도자였던 여운형을 정치적 멘토로 삼았다. 두 사람 모두 미국에 오기 전 중국에서 망명 생활을 할 당시 여운형과 어울린 바 있다. 김호는 미국에서 여운형과 그의 조직을 대변해 활동했던 것으로 보인다.[29]

하지만 김호가 동업자로 참여한 사업이 본격 궤도에 오르면서 바로 그 사업이 김호의 좌익 활동을 가로막는 걸림돌로 작용하기 시작했다. 다분히 실용적 이유로 이념 성향이 변화하게 된 것이다. 김호는 잘나가던 농업 회사의 오너였다. 그가 대한인노동사회개진당 창당에 일조했던 1919년 당시는 아직 사업을 시작하기 전이었지만, 계속해서 좌익 운동가로서의 활동을 이어갔다면 김호의 사업은 커다란 위험에 직면했을 수도 있다(미국 사법 당국이 체제 전복 혐의를 적용해 사업적 손실로 이어질 가능성이 다분했다). 하지만 중도적 입장으로 한발 물러나기만 하면 부르주아적 삶도 보호하고 좌우 어느 쪽에든 유연하게 대응하는 일석이조의 결과를 기대할 수 있었다. 따라서 중립 지대로의 위치 이동은 김호로서는 어쩌면 당연한 선택이었을 지도 모른다. 김용중도 김호와 입장이 다르지 않았다. 두 사람에게는 남한과 북한 어느 쪽도 편들지 않는 중립이야말로 중도적 민족주의 포지션에 부합하는 가치였다.

김호는 좌익 세력을 완전히 외면하지는 않되 일정한 거리를 두는 방식으로 중도적 입장을 유지했다. 김호와 좌익 학생들의 관계를 보면 이러한 중도 포지션이 쉽게 이해된다. 남가주의 한인 유학생들은 1937년 제2차 중일전쟁 전야에 모임을 열어 급변하는 극동의 정치 지형이 조국의 미래에 미칠 영향에 관해 토론했다. 매주 금요일에 모임을 가졌기 때문에 '금요 포럼'이란 이름으로 알려지게 됐다. 김호는 학생들의 모임 장소를 주선했을 뿐 아니라 자신이 이끌던 대한인국민회와 재미한족연합위원회의 회의에까지 참석할 수 있도록 배려해 줬다. 회의에 참석한 '금요 포럼' 멤버들은 독립운동의 목표를 소련, 중국 사회주의 혁명가들의 목표와 일치시켜야 한다고 주장했다. 한국의 미래는 미국이나 서구 자본주의가 아닌 공산주의 진영에서 찾아야 한다는 것이었다. 마르크스, 레닌, 마오쩌둥 사상으로 무장한 '금요 포럼' 학생들은 거리로 나가 급진적 견해를 선전했다. 공개 모임을 열어 연설하거나 상하이 임시정부 내 좌익 세력과 서신을 교환하기도 했다. 김호는 초기엔 학생들의 급진적 견해를 눈감아 줬지만 급진성이 강도를 높여가자 제동을 걸고 나섰다. 그래도 모임에서 아예 쫓아내지는 않았고, 학생들 역시 선전 활동과 급진주의 노선을 포기하지 않았다.

'금요 포럼'은 결국 중국에 있던 조선민족혁명당에 가입해 혁명당의 북미지부로 변신했다. 이후 중국 내 한인 혁명가들의 무장을 돕기 위한 자금을 모금했고, 한인 지지자들에게 중국 내 좌익 의용군과 합종연횡한 대한광복군에 자원해 싸우자고 독려했다. 한편 미 연방수사국FBI, 이민귀화국U.S. Immigration and Naturalization Service, 반미활동위원회Committee on Un-American Activities 등은 좌익 학생 지도자들의 뒤를 추적하고 있었다. 지도자들이 당국에 쫓기는 신세가 된 것이다. 일부는 학생 비자 기한을 초과해 체류했다는 이유로 추방됐다. 일부는 이민귀화국에 붙잡혀 구금됐고, 몇몇은 미국시민자유연맹American Civil Liberties Union을 찾아가 법률 자문을 구하기도 했다. 미국 공산당에 가입하거나 공산주의 북한으로 도망친 이도 있었다. 일부는 반미활동위원회에 출석해 묵비권을 행사했다. 1957년 '금요 포럼'의 마지막 지도자가 북한으로 떠나면서 조직은 20년 만에 와해됐다.

제6장 델라노, 윌로우스, 맥스웰의 한인들

초기 한인 이민자들이 힘겹게 생존했던 중가주의 나머지 세 지역은 델라노, 윌로우스, 맥스웰이다. 제6장에서는 그들의 이야기를 다룬다. 기독교인이었던 농부 한시대는 20세기 초 한인 이민자 중에선 보기 드문 미국 고등학교 졸업자였다. 다뉴바 남쪽 60마일 거리인 델라노에서 한인 공동체가 자리 잡는 데 중추적 역할을 담당했다. 한시대는 투지, 경험, 영어 능력 등 성공의 요소를 두루 갖춘 인물이었다. 그는 10대 시절 사탕수수농장 이민단의 일원으로 하와이에 왔다. 하와이에서 본토로 이주한 후에는 샌프란시스코에서 고등학교까지 졸업했지만 인종 차별 탓에 제대로 된 일자리를 잡을 수 없었다. 결국 다뉴바의 농장에서 일하게 됐는데, 농부로 성공하겠다는 야망을 품고 있던 한시대로서는 나쁘지 않은 선택이었다. 가족과 함께 인구가 적은 델라노로 이사한 뒤 가만 살펴보니 창업 자본만 빌릴 수 있다면 자기 소유의 농장을 가질 수도 있겠다는 판단이 들었다.

어느 날 용기를 낸 한시대는 동네 은행에 들어가서는 지점장을 보자고 청했다. 지점장이 나와 용건을 묻자 그는 대뜸 돈을 빌려달라고 했다. 지점장은 담보가 있느냐고 물었지만 그에겐 아무것도 없었다. 담보도, 보증인도 없는데 어떻게 대출이 가능하겠느냐며 난색을 표하는 지점장에게 한시대는 맨손을 내밀어 보였다. "이 손이 나를 보증합니다"라는 게 그의 대답이었다. 한시대의 대담한 태도에 매료된 지점장은 모험을 걸어 보기로 했다. 은행은 1923년 1,000달러를 빌려줬고,[30] 한시대는 그 돈으로 90에이커의 땅을 임대했다. 20년 후 그의 농장은 250에이커 규모로 성장했다. 농장이 커지면서 일손이 부족해지자 센트럴 밸리의 동포들이 화답해 왔다. 한시대는 1936년 델라노 한인 감리교회의 건축을 도왔고, 곧 델라노 한인 정착촌이 형성됐다.

다음으로 중요한 한인 정착지는 새크라멘토에서 북쪽으로 70마일 떨어진 윌로우스였다. 윌로우스와 그 주변은 캘리포니아의 쌀 곡창지대로 알려져 있다. 1913년부터 1920년대 중반까지 글렌, 콜루사, 유바 카운티 등지에서 쌀농사를 지은 한인은 31명이었다. 농사지을 땅과 농기구는 지주한테서 빌렸다. 수확물은 지주와 일정 비율로 나눴는데 보통 90%는 지주에게, 10%는 소작인에게 돌아갔다. 평균 재배 면적은 100에이커 정도였다. 제1차 세계대전(1914~1918) 동안 미국의 국내외 쌀 수요가 급증하면서 한인 농부들은 제법 성공을 거뒀다. 그중에서도 김종림의 성공이 특히 두드러졌다. 무려 1만 에이커가 넘는 규모로 쌀농사를 지어 거부가 된 김종림은 "백미왕Rice King"이라는 별명도 얻었다.

김종림은 투철한 애국심으로 무장한 인물이었다. 농사로 번 돈을 자신과 가족이 아닌 민족의 대의에 아낌없이 기부했다. 독립운동 자금 기부액으로는 단연 첫손가락에 꼽힌다. 1920~1921년에만 6,000달러 이상을 기부했다. 현재 가치로 환산하면 최소 6만 달러에 달하는 거금이다. 이뿐만이 아니었다. 김종림은 혼자 힘으로 윌로우스 한인 비행학교의 설립 자금을 조달했다. 태평양 상공에서 일본군과 공중전을 펼칠 전투 조종사를 배출하겠다는 게 그의 원대한 목표였다. 김종림은 비행장 부지 40에이커를 매입한 뒤 교관을 채용하고 학생을 모집했다. 비행기도 3대나 구입했다. 매달 3,000달러의 예산을 책정해 학교 운영비로 쓰도록 했다. 비행학교는 1920년 2월 개교했다가 1년 2개월 후 갑자기 문을 닫았다.

김종림의 야심 찬 비행사 양성 계획이 급작스레 좌초된 것은 1920년 11~12월 내내 북가주에 몰아닥친 재앙적인 홍수 탓이었다. 농장이 홍수에 완전히 휩쓸리면서 김종림은 하룻밤 사이에 모든 것을 잃었다. 만회가 불가능한 수준의 거대한 손실이었다. 이후 리들리 근처 센터빌에서 농사를 지었지만 끝내 재기하지 못했고, 로스앤젤레스의 요양원에서 91세를 일기로 쓸쓸하게 생을 마감했다.

1950년대까지 쌀농사를 계속한 한인은 20명 정도였는데,[31] 쌀 농부로 지금까지 이름이 남아있는 유일한 인물이 바로 이재수다. 이재수는 1956년까지 쌀농사를 지었고 두 아들 데이비드와 해리가 가업을 이어받았다. 손자인 제이슨은 윌로우스에서 남쪽으로 7마일 떨어진 맥스웰에서 지금도 가족의 전통을 잇고 있는 쌀 농사꾼이다. 현재 이씨 가문의 농장은 규모가 1만5,000에이커에 이른다. 이재수·백신실 부부는 매우 특이한 이력의 소유자였다. 모든 정황을 종합해 볼 때 이재수는 왕족 출신이었던 게 분명해 보이지만 정확히 어떤 신분이었는지는 확인할 길이 없다. 자녀들에게 약간의 힌트만 남겼을 뿐 한국에서의 삶을 철저히 비밀에 부쳤기 때문이다. 이재수는 북가주의 서늘한 기후에 맞춰 쌀농사를 지을 수 있도록 돕는 정확하고 혁신적인 수위 측정법을 개발하기도 했다.

이재수가 84세를 일기로 사망했을 때 지역 신문에는 다른 농부들을 돕고 지역 사회에서 영향력을 발휘했던 그의 삶을 추모하는 부고 기사가 실렸다. 이재수는 안창호와 친분이 깊어 안창호가 이끌던 흥사단에 가입하기도 했다. 1920년에는 김종림이 세운 한인 비행학교의 회계 담당자로 일하는 등 독립운동에도 많은 기여를 한 애국자였다.

이재수의 아내인 백신실의 정체 역시 지금까지 미스터리로 남아있다. 그녀는 중국 여권과 현금 1만 달러를 소지한 채 유럽을 경유해 미국으로 왔다. 당시 1만 달러는 2007년 가치로 환산하면 50만 달러에 해당하는 거액이었다. 20세로 미혼이었던 백신실의 여권에는 직업이 '학생'이라고 기재돼 있었지만 실제로 학교를 다니지는 않았다. 다뉴바에서 한인과 결혼해 두 아들을 낳았는데, 남편이 사망한 후 1926년 이재수와 재혼했다. 결혼 뒤엔 이름을 이재선으로 바꾸고 새크라멘토로 이주했다가 곧바로 맥스웰로 다시 거처를 옮겼다. 그녀의 정체는 무엇이었을까? 1만 달러라는 거액이 어디서 났을까? 그녀의 부모는 어떤 사람이었을까? 백신실 역시 남편 이재수처럼 자녀는 물론 어느 누구에게도 과거에 대한 실마리를 남기지 않았고, 여전히 베일에 싸여 있다.

제7장 국가, 사회자본, 초국가주의의 역할

제7장에서는 중가주 한인 이민자들의 경험을 미주 이민사라는

더 큰 맥락으로 확장해 본다. 먼저 한미 양국 정부가 한인들의 하와이 이민을 성사시키는 데 어떤 역할을 했는지부터 살펴본다. 중가주 이민자 대다수가 하와이에서 건너왔기 때문에 하와이 이민 과정을 살펴보는 작업은 중요한 의미가 있다. 두 번째로 어떤 부류의 사람들이 이민을 떠났는지, 어떤 방식으로 정착했는지 결정지은 요인이라 할 수 있는 당시의 사회자본social capital을 분석한다. 누가 이민 정보에 접근할 수 있었느냐는 관점에서 보면, 이민자가 가진 사회 자본은 거주 지역과 기독교 개종 여부에서 크게 갈렸다. 이민자들은 이민 모집소가 있던 해안 지역에 거주한 덕분에 다른 지역 사람들보다 손쉽게 이민 정보를 얻을 수 있었다. 또 기독교인들은 기회의 신세계로 떠나라고 권유했던 미국인 선교사들 덕에 이민에 대한 친밀감을 높일 수 있었다. 7장의 마지막 부분에서는 한인 독립운동의 정치사상이 어떻게 국경의 장벽을 넘나들었는지, 주변인으로 머물러야 했던 이민자들의 삶이 초국가적 관점 덕분에 어떻게 보상받을 수 있었는지 설명하고 분석한다.

제8장 결론

이 책은 몇 가지 의견을 제시하며 끝을 맺는다. 20세기 초 한인 이민자들의 삶은 차별과 가난, 불평등으로 점철돼 있었다. 하지만 시대 상황을 고려해 볼 때 미국 사회가 이민자들을 딱히 홀대했다고 보기는 어렵다. 이민자들에겐 기독교 신앙의 자유가 있었다. 미미하나마 직접 번 돈으로 사회적·정치적 대의를 지원할 수도 있었다. 미국 법률은 국경을 넘나드는 그들의 정치적 활동에 관대했다.

하지만 정치사상이 지나치게 왼쪽으로 기울었다 싶으면 미국의 국가 보안법이 뒤쫓아와 덜미를 잡았다.

한미 관계의 시작은 역사적인 조미수호통상조약이 체결된 1882년으로 거슬러 올라간다. 조약 덕분에 미국 선교사들이 한국에 들어와 자유로운 포교 활동을 할 수 있게 됐다. 하와이 이민단에는 미국 선교사들이 개척한 기독교 공동체 출신이 특히 많았다. 한국인들의 미국 이민은 계속 이어지고 있으며, 오늘날에도 한국인이 가장 선호하는 이민 희망국은 미국이다. 재미 교포들의 역사적 경험, 특히 캘리포니아 시골 마을에서의 삶에 대한 연구가 부족했던 현실에 이 책이 조금이나마 보탬이 되기를 희망한다. 젊은 재미 동포들이 이 책을 읽고 자신의 뿌리에 대해 더 잘 이해하게 된다면 그보다 더 만족스러운 일이 없을 것이다. 또한 한국학과 캘리포니아 역사 및 이민사를 공부하는 학생이라면 이 책이 제시하는 자료와 정보에 흥미를 느낄 만하다. 민족학 강사, 역사학자 역시 이 책에서 교육 자료를 얻을 수도 있겠다. 아울러 이 책은 고등학생이나 대학생이 한인 이민사와 미국 역사와의 관계에 대해 연구할 때 기초적 자료와 영감을 줄 것이다.

주

제1장 서론

1. 유럽 중심적 편향(Euro-centric bias)이란 신흥 학자들, 즉 흑인 및 소수민족을 연구한 역사학자와 사회과학자들이 미국의 주류 역사학자들을 비판한 개념으로, 1960~70년대의 떠들썩했던 민권 운동 시대에 최고조에 달했다. G. Reginald Daniel, "Eurocentrism: The Origin of the Master Racial Project" in his More than Black? Multiracial Identity and the New Racial Order (Philadelphia: Temple University Press, 2002), pp. 25~33.
2. 샌프란시스코주립대가 1968년 미국 최초로 인종학(민족학) 프로그램을 시작했다. 현재 미국 대학에는 다양한 종류의 인종학 프로그램이 700개 이상 있다. Evelyn Hu-DeHart, "Ethnic Studies in U.S. Higher Education", Color-Line to Borderlands: The Matrix of American Ethnic Studies, ed. Johnella Butler(Seattle, WA: University of Washington Press, 2001), pp. 103~112; G. Akito Maehara "Asian American Studies and Coalition", Multiethnic Coalition Building in Los Angeles, ed. Yu Eui-young and Edward Chang(Los Angeles: Regina Books 1995), pp. 209~220.
3. 중국인들은 캘리포니아에서 금이 발견된 직후인 1849년에 캘리포니아로 왔다. James Olson, The Ethnic Dimension in American History(New York: St. Martin's Press, 1979), p. 179.
4. 일본인의 북미 대륙으로의 이민은 1883년 〈중국인 배척법〉이 발효된 지 몇 년 뒤인 1886년부터 본격적으로 시작됐다. Olson, p. 329.
5. 일본의 한국 지배에 관한 자세한 설명은 Eugene C. I. Kim and Han-kyo Kim, Korea and the Politics of Imperialism (1876~1910)(Berkeley: University of California Press, 1967), pp. 121~150.
6. 1790년의 귀화법Naturalization Act은 백인이 아닌 인종의 미국 귀화를 금지했다. 중국인, 일본인, 조선인은 미국에 와서 일할 수는 있었지만 정착하거나 시민이 될 수는 없었다. 1924년 이민 제한법National Origins Act이 통과되자 일하는 길마저 아예 막혔다. Roderick McKenzie, Oriental Exclusion: The Effect of American Immigration Laws, Regulations, and Judicial Decisions on the Chinese and Japanese on the American Pacific Coast(San Francisco: R and E Research Associates, 1970).
7. 중국인들은 법정에서 백인에 대한 불리한 증언을 할 수 없었을 뿐 아니라 법원은 그들의 증언 자체를 인정하지 않았다. 1860년대에는 국가 및 지역 법령에 따라 중국인들이 물건을 운반할 때 전통적 방식으로 어깨에 막대기를 메거나 머리를 땋는 것조차 금지됐다. 한인에 대한 처우도 중국인과 다를 바 없었다. Olson, Ethnic Dimension, 18. Peter Kwong, Chinatown, New York: Labor and Politics, 1930~1950(New York: Monthly Review Press, 1979), pp.26~29.

8. 1943년 1월 기준으로 한인들은 23만 달러에 상당하는 미국 전시 국채를 매입했고, 1943년 8월 하와이의 한인들은 프랭클린 D. 루즈벨트에게 2,265달러를 한미 승리 기금으로 기부했다. 적십자에도 6,265달러를 기부했다. 정병준, "김호와 리들리 그룹", paper presented at Kim Ho Memorial Lecture, 국가보훈처, 서울, 대한민국, 2003, 35쪽. 최봉윤, Koreans in America(Chicago: Nelson-Hall, 1979), pp. 279~281.
9. 제2차 세계대전 당시 최소 250명의 한인이 미군에 입대했으며, 언어와 정보 등 특기를 가진 일부는 미 전략정보국에서 일하기도 했다(최봉윤, Koreans in America).
10. 미국과 조선 왕실이 조미수호통상조약을 체결한 지 1년 만인 1883년 9월 조선의 친선 사절단이 미국에 파견됐다. 민영익을 단장으로 하는 8명의 사절단은 1884년 5월 미국을 순방하고 귀국했다. 그들은 미국 땅에 발을 디딘 최초의 한인이었다. 사절단의 일원이었던 유길준은 귀국하지 않고 미국에 남았다. 그는 매사추세츠의 거버너 더머 아카데미Governor Dummer Academy에 등록해 수학했다. 유길준은 비록 캘리포니아는 아니었지만 매사추세츠주에 거주했던 첫 번째 한인이었다.
    서재필이 1885년 샌프란시스코로 정치적 망명을 했을 때는 갑신정변 동지인 박영효, 서광범과 동행했다. 이 두 사람은 미국에 머물지 않기로 결정했고, 일본을 거쳐 귀국했다. 최봉윤, Koreans in America, pp. 69~71. 캘리포니아의 첫 번째 한인으로 중요한 의미를 갖는 서재필에 대한 더 자세한 정보는 Channing Liem, Philip Jaisohn: The First Korean-American, a Forgetten Hero(Philadelphia: Philip Jaisohn Memorial Foundaion, 1984). 또한 매우 개인적인 기록에 관해서라면 서동성, "The 'Grandfather' I Didn't Know"(Los Angeles: Unpublished essay, 2005).
11. 이 독특한 개혁 쿠데타 및 19세기 후반 조선의 진보적 개혁 운동의 배경을 이해하려면 Bruce Cummings, Korea's Place in the Sun: A Modern History(New York: W.W. Norton, 1997), pp. 110~116. 황경문, "Country or State? Reconceptualizing Kukka in the Korean Englihgtenment Period, 1896~1910", Korean Studies Vol. 24, 2000, pp. 1~24. 최봉윤, Koreans in America, pp. 61~50. Kim & Kim, Korea, pp. 3~103.
12. 항만 당국이 집계한 샌프란시스코 입항 승객 통계를 보면 1893년 1월부터 9월까지 한국 인삼 상인 9명이 '중국인' 국적으로 샌프란시스코를 통해 미국에 입국했다. 성백걸, 《샌프란시스코의 한인과 교회: 상항 한국연합감리교회의 역사》, 서울, 대한민국: 한들출판사, 2003, 713쪽.
13. 초기 캘리포니아 한인이자 선구자적 애국지사였던 안창호는 1902년 아내와 함께 샌프란시스코에 상륙했을 때 인삼 상인과 학생 십여 명이 뒤섞인 한인 커뮤니티의 존재를 알게 됐다. 김형찬, Tosan Ahn Chang-ho: A Profile of a Prophetic Patriot, 서울, 대한민국: 도산안창호선생기념사업회, 1996, 31~32쪽.
14. 한인들의 조직적 하와이 이민을 다룬 최고의 기록은 Wayne Patterson, The Korean Frontier in America: Immigration to Hawaii, 1896~1910(Honolulu, Hawaii: University of Hawaii Press, 1988. 김원용, 《재미 한인 오십년사》(Reedley, CA: Charles Ho Kim, 1959).
15. 하와이에서 본토로 유입된 한인의 수는 출처마다 달라서 정확히 규정짓기는 어렵다. 해당 기간 동안 북미의 한인 인구에 관한 연구는, 유의영, "미주 한인의 인구학적 특성", 《미주 한인 백년사》, Los Angeles: Southern California Centennial Committee of Korean Immigration to the United States, 2002, 131~147쪽; 윤병욱, 《나라 밖에서 나라 찾네》, 서울, 대한민국: 박영사, 2006; Duk Hee Lee Murabayashi, 《하와이 이민 백년사》, 서울, 대한민국: 중앙M&B, 2003; Wayne Patterson, Korean Frontier.
16. 이 수치는 1920, 1921년 대한인국민회의 북미 한인 인구조사 및 국민회가 발급한 애국기금 영수증,

리들리 및 다뉴바 묘지의 한인 묘지 등을 종합한 것이다. 이 세 자료의 출처는 다음과 같다. 《미주 지역 한국 민족 운동사 자료집 1, 3, 4》, 서울, 대한민국: 도산안창호선생기념사업회, 2004, 203~446쪽 in volume 3 and 3~292쪽 in volume 4; 이자경, 《애국선열 명단》, 《제2회 중가주 애국 선열 추모대회》, 프레즈노: 중가주 한인 역사 연구회, 2003년 3월 13일, 35~45쪽.
17. Duk Hee Lee Murabayashi, Korean Passengers Arriving at Honolulu, 1903~1905(Manoa, Hawaii: Center for Korean Studies, University of Hawaii, 2001).
18. 김원용, 《재미 한인 오십년사》, 3~9쪽.
19. Warren Y. Kim, Koreans in America, 서울, 대한민국: 보진재, 1971.
20. 《미주 지역 한국 민족 운동사 자료집 1, 3, 4》, 서울, 대한민국: 도산안창호선생기념사업회, 2004.
21. 〈해외의 한국 독립운동 사료 미주편 1〉, 《한국평론》. 서울: 국가보훈처, 2001, 236~237쪽.
22. 《대한민국 임시정부 승인 관련 문서》, 서울, 대한민국: 국가보훈처, 1994.
23. 이자경, 〈중가주 초기 한인 이민사 개요〉, 《미주 한인 사회와 독립운동 1》, 서울, 대한민국: 박영사, 2003, 194~224쪽.
24. K. W. Lee, "Woman Warrior", KoreAm Journal 14, no. 2(February 2003), pp. 38~44; K. W. Lee, "Like Father, Like Son", KoreAm Journal 14, no. 5(May 2003), pp. 56~59; K. W. Lee, "A Bird of Passage in Exile", KoreAm Journal 14, no. 9(September 2003), pp. 32~34; K. W. Lee, "The Untold Story of the Rice King", KoreAm Journal 15, no.10(October 2004), pp. 46~57; K. W. Lee, "A Child of the Lost Century: A Daughter of Han, a Life of Forlorn Search", KoreAm Journal 17, no. 4(April, 2006), pp. 56~62; K. W. Lee, "The Woman Behind the Peach Kings", KoreAm Journal 17, no. 8(August 2006), pp. 52~56; and K. W. Lee, "An All-American Epic: A Founding Father", KoreAm Journal 19, no. 4(April 2008), pp. 46~54.
25. 홍선표, 〈재미한족연합위원회 연구〉, 한양대학교 박사학위 논문, 서울, 대한민국, 2002; 《재미 한족연합위원회 회의록》, 서울, 대한민국: 연세대학교 출판부, 2005.
26. Yang Eun-sik, "Korean Revolutionary Nationalism in America: Kim Kang and the Student Circle, 1937~1956", in The Korean Peninsula in the Changing World Order, ed. Yu Eui-young and Terry Randal(Los Angeles, CA: Center for Korean American and Korean Studies and California Sociologist, California State University, Los Angeles, 1990), pp. 173~198.
27. Mary Paik Lee, Quiet Odyssey: A Pioneer Korean Woman in America, ed. Sucheng Chan, (Seattle, WA: University of Washington Press, 1990), pp. 173~176.
28. 조사에 활용 가능한 사망 진단서는 73명분만 확보할 수 있었다. 리들리 묘지 관리소와 다뉴바의 도프킨스 채플은 중가주 한인역사연구회(CCKHS) 연구원인 앤드루 K. 차Andrew K. Cha에게 진단서 사본을 제공해 줬다. 중가주 한인 역사 연구회(프레즈노, 캘리포니아) 특별 소장품.
29. 여운형이 김호, 김용중의 정치적 멘토였다는 점은 분명하지만 여운형이 중국 상하이에 좌익 조직을 설립한 날짜는 두 사람이 중국에 머문 날짜와 어긋난다. 따라서 이들이 중국에서 여운형의 조직에 가입했는지 여부는 확실히 규명하기 어렵다.
30. 월터 한Walter · 제인 한Jane Han 인터뷰. 필자와 앤드루 K. 차가 2006년 9월 5일 캘리포니아 와스코에서 녹음했다. 중가주 한인 역사 연구회 특별 소장품, 프레즈노, 캘리포니아.
31. 1955년 북부 캘리포니아에는 10명의 농부가 있었다. K. W. Lee, "A Bird of Passage in Exile", KoreAm Journal 34.

제2장

캘리포니아 센트럴 밸리 한인 정착의 시작

1903
~
1909

캘리포니아의 센트럴 밸리Central Valley는 남북 간 길이가 무려 400마일(약 644km)에 달하는 평탄한 분지 지역이다. 센트럴 밸리의 북부에는 새크라멘토 밸리, 남부에는 샌호킨 밸리가 있다. 샌프란시스코에서 남쪽으로 약 200마일, 로스앤젤레스에서 북쪽으로 약 200마일 떨어진 두 분지의 한복판에 다뉴바와 리들리가 자리 잡고 있다.

    다뉴바와 리들리 두 농촌 마을은 한인 이민자들이 남긴 귀중한 유산을 품고 있다. 이민 초기 한인 농장 노동자들은 계절에 따라 서부 지역을 떠돌다 결국 다뉴바와 리들리에 정착했다. 그들은 두 시골 마을에서 일하고 살다 죽었다.

    다뉴바와 리들리에 있는 공동묘지 두 곳은 한인들이 여기에 정착해 살았음을 보여주는 가장 확실한 증거다. 다뉴바에 있는 스미스 마운틴Smith Mountain 묘지에는 53기의 한인 묘가 있고, 리들리 묘지에는 177기가 있다.[1] 두 묘지에 묻힌 한인 중 3분의 2는 19세기 후반 조선에서 태어난 이민 1세로, 대부분 1950~1960년대에 사망했다. 다뉴바의 스미스 마운틴 묘지에 맨 먼저 한인이 안장된 때는 1912년이었고 마지막은 1988년이다. 리들리 묘지의 경우 첫 안장이 1920년, 마지막은 2004년이었다. 최종적으로 북부 새크라멘토 밸리에 정착해 과수원과 논밭 등에서 일하다가 사망 후에는 윌로우스, 맥스웰, 새크라멘토의 공동묘지에 묻힌 이민자들도 있다. 이들은 어떻게 캘리포니아 곡창지대까지 다다르게 된 걸까? 이곳에서 어떤 삶을 살았고, 무엇을 남겼을까?

이번 장에서는 한인 농장 이민자들의 이야기를 풀어내기 위해 우선 당시의 시대적 배경과 상황을 몇 개의 섹션으로 나눠 설명해 보기로 한다. 첫 번째로 20세기 초 캘리포니아에서 농장 노동력 수요가 급증하면서 한인 이민자들이 샌호킨 밸리로 유입된 과정을 짚어본다. 큰 흐름으로 보자면 변화하는 캘리포니아 농업 환경이 한인들을 센트럴 밸리로 끌어들인 유인이었지만, 또 다른 직접적 이유도 있었다. 한발 먼저 샌호킨 밸리에 들어와 농장 노동자로 일하고 있던 중국인, 일본인의 존재였다.

두 번째로 중국인, 일본인이 먼저 자리 잡았다는 민족적 요인이 한인들의 이주에 어떤 영향을 미쳤는지 알아보고, 세 번째로는 한인 정착과 함께 생겨난 주요 조직, 단체에 관해 설명한다. 네 번째는 캘리포니아, 특히 센트럴 밸리 농경지대로 유입된 한인이 몇 명이나 됐는지, 그들이 어떠한 삶을 살며 어떻게 공동체를 형성했는지 그려본다. 이어서 한인 농장 이민자들이 프레즈노, 핸포드, 바이셀리아 등 초기 거점에서 벗어나 새로 개발되던 다뉴바, 리들리, 델라노, 그리고 북부 캘리포니아의 곡창지대로 이주한 과정을 짚어본다.

한인들의 엑소더스(대탈출)와 재이주를 분석하기 위해서는 당시의 인구 증가, 도시화, 경제적 변화 등을 살펴볼 필요가 있다. 한인 엑소더스가 시작된 것은 도시화가 진행되던 20세기 초 반복되는 경기 침체에 시달리던 백인 노동자들이 일자리에 큰 위협을 느끼면서부터였다. 샌호킨 밸리 농업에 종사하던 백인들은 경제적 불안의 책임을 아시아계 이주민들의 값싼 노동력 탓으로 돌렸다. 프레즈노, 핸포드, 바이셀리아 등지에서 아시아계에 대한 폭력 사건이 증가하기 시작했다. 한인들도 예외는 아니어서 결국 떠밀리듯 떠날 수밖에 없었다.

1.
농업 요소

한인들의 중가주 정착은 그 시기와 위치가 모두 캘리포니아 농업 경제의 성장과 정확히 맞물려 있다. 한인들은 시기적으로 캘리포니아 골드 러시(19세기 중반 금 발견기의 대이주-옮긴이)에는 동참하지 못했다. 한인 대부분은 20세기의 첫 25년 동안 캘리포니아 노동 시장에 진출했다. 1903~1907년 사이 사탕수수 농장에서 일하기 위해 하와이로 이민 온 한인 7,000여 명 중 약 2,000명이 캘리포니아와 미 서부 태평양 연안으로 재이주했다.[2]

한인들이 캘리포니아에 건너온 시기는 1869년 대륙횡단 철도 완공과 더불어 설립된 관개 시스템 덕분에 건조하던 중가주의 분지 지역이 비옥한 농경지로 탈바꿈한 뒤였다. 북부 새크라멘토 델타 지역과 중부 샌호킨 밸리의 농경지에서는 다양한 과실, 견과류, 포도 상품과 여러 농산물이 생산되고 있었다. 대륙횡단 철도가 개설되어 다른 주로 상품을 나를 수 있게 되면서 캘리포니아 농산물이 미국 전역으로 시장을 확대해 나가던 참이었다.[3] 제1차 세계대전으로 캘리포니아 쌀에 대한 수요가 늘면서 쌀 생산량도 급격히 증가했다.

유전 개발은 캘리포니아 경제에 또 다른 호재였다. 캘리포니아의 인구는 빠르게 불어났고 관개 구역과 기차역 주변으로 마을과 공동체가 속속 생겨났다. 프레즈노, 리들리, 다뉴바, 팔리어, 핸포드, 바이셀리아, 델라노는 모두 관개 운하와 서던 퍼시픽 레일로드 Southern Pacific Railroad의 기차역을 중심으로 형성된 마을이다.

한인들의 중가주 정착은 크게 보아 2단계로 이루어졌다. 한인 정착 1기는 1903~1910년까지 7년간이라 할 수 있다. 주로 중가주 3대 농업 중심지였던 프레즈노, 핸포드, 바이셀리아에 거주하며 일했던 시기다. 그러다 1910년이 되기 전 한인들은 이 지역에서 빠져나왔다. 정착 2기는 1909년쯤 막을 올렸다. 이 시기 한인들은 다뉴바에 정착하기 시작했고, 리들리를 비롯한 인근의 소규모 농경 지역으로 이주했다.

한인들이 처음 프레즈노, 핸포드, 바이셀리아로 유입된 것은 샌호킨 밸리의 발전을 좇아 이 지역들에 먼저 발을 들여놓은 중국인, 일본인으로부터 영향을 받은 바가 크다. 프레즈노 카운티는 1910년 인구 7만 5,657명에 달하는 국가 주요 농업 생산지 중 하나로 성장했다.[4] 현재 프레즈노 카운티 청사가 있는 프레즈노시의 1914년 당시 인구는 2만 4,000명이었다.[5] 주 수입원은 포도, 특히 건포도였고 감미료 수요가 증가하면서 설탕도 필수 작물로 떠올랐다. 하와이산 설탕만으로는 늘어나는 수요를 따라갈 수 없게 되자 캘리포니아도 수익성 높은 사탕무 농업에 뛰어든 것이다. 센트럴 밸리의 따뜻한 기후는 사탕무 농사에 마침맞았다. 프레즈노에서 남쪽 60마일 거리에 있는 툴레리 카운티의 바이셀리아 지역 농부들은 수요가 급증하던 사탕무 농사로 대거 전환하기로 결정했다. 그로부터 오래 지나지 않아 인구 4,550명의 바이셀리아는 사탕무 경작으로 크게 번창하기 시작했다.[6]

프레즈노에서 남쪽으로 30마일 떨어진 킹스 카운티 소재 핸포드 역시 주민이 4,800명쯤 됐던 번창하는 마을이었다. 센트럴 유니언과 서던 퍼시픽 레일로드가 철도를 고션Goshen 지역의 본선에서 핸포드 주변까지 연장하면서 농장뿐 아니라 철도 건설 일자리도 넘쳐났다.[7] 이렇게 센트럴 밸리의 고용 시장을 프레즈노, 핸포드, 바이셀리아가 싹쓸이했던 반면 다뉴바와 리들리는 당시만 해도 보잘것없는 상태였다. 20세기 초 리들리는 인구 300명도 채 되지 않는 작은 마을이었고,[8] 다뉴바는 그보다도 훨씬 적었다. 리들리와 다뉴바는 막 관개 시스템을 갖추고 성장할 채비를 마치긴 했지만 그때까진 거의 개발되지 않은 황량한 벽지나 다름없었다. 그러니 가진 거라곤 노동력뿐인 이주 노동자들로선 자연스레 일자리가 많은 프레즈노 등지를 찾아갈 수밖에 없었다.

2.
인종 요소

캘리포니아에서의 첫 7년 동안 한인들의 거주지를 결정지은 주된 요인은 지역의 농업 발전이었지만 그에 못지않게 중요한 또 다른 요인도 있었다. 한인들은 캘리포니아에 일찌감치 유입된 중국인과 일본인의 경로를 뒤따라 이동했다. 중국인은 한인보다 반세기 먼저, 일본인은 최소 20년 앞서 캘리포니아에 발을 들여놨다. 1890년대 샌호킨 밸리에는 이미 중국인이 7,000명이나 들어와 있었다.[9] 대부분은 프레즈노의 포도밭에서, 일부는 바이셀리아와 핸포드에서 일했다. 프레즈노의 차이나타운은 규모가 캘리포니아주에서 세 손가락에 꼽힐 만큼 빠르게 성장하고 있었다.[10] 바이셀리아와 핸포드의 성장세도 비슷했다. 한인들은 프레즈노와 핸포드의 차이나타운 반경 안에 살았기 때문에 아편 중독이라는 위험에 빠져들기도 했다.

한인들은 중국인과 어울리며 정치적 모임을 갖기도 했다. 조국이 일제에 의해 고통받는다는 공통분모를 갖고 있었기 때문이다.[11] 두 나라의 역사적·문화적 친밀감도 친밀한 관계를 유지하는 데 도움이 됐다.

센트럴 밸리의 일본인 인구 역시 19~20세기에 걸쳐 빠르게 증가했다. 1897년 1,000여 명이던 중가주 일본인은 1900년 4,000명, 1902년에는 5,000명으로 늘어났다.[12] 이 중 절반은 프레즈노 및 주변 지역에서 일했고 나머지는 남쪽의 샌호킨 밸리로 퍼져 나갔다.[13] 일본은 1902년 프레즈노 카운티의 41번 고속도로 서쪽 보울스Bowles에 집단 정착촌을 세우기도 했다.[14] 중국인과 달리 일본인들은 농지를 소유하고 임대했다. 개인들이 코ko, 타노모시 tanomoshi, 무지muji[15]라는 이름의 계契와 같은 신용협회를 만들어 돈을 모은 뒤 그 돈으로 땅을 매입하거나 임대했다. 20세기의 첫 10년 동안 일본인들은 캘리포니아 땅 6,449에이커를 소유하고 13만 7,233에이커를 임대했다.[16] 센트럴 밸리 토지 중 약 2,000에이커가 일본인 소유였다.[17] 또한 일본인 300명이 하숙집과 호텔을 소유했으며, 50명은 프레즈노 카운티와 그 주변 지역에서 장사를 했다.[18] 재팬타운, 리틀 도쿄, 불교 사원 등이 프레즈노, 핸포드, 다뉴바, 리들리 등지에 들어섰다.

초기에 하와이에서 샌프란시스코로 건너온 한인들은 일본인 하시모토가 운영하는 직업소개소를 통해 캘리포니아 안팎의 광산, 철도, 과수 농장에서 일했다.[19] 일본어에 능통한 한인은 일본인 업주와 계약을 맺고 한인 노동자를 보내주는 고용 중개업체 노릇을 하기도 했다. 평양 출신으로 일본어를 유창하게 구사하던 방건표도 그중 하나였다. 방건표는 하시모토 직업소개소와 한인들 사이에서 고용 중개자 역할을 했다.[20] 이런 노동 하청 구조 탓에 자신이 일하던 농장이나 포도밭 주인이 일본인이었다는 사실조차 모르는 한인들도 있었다. 한인 노동자들은 한인이 운영하는 하숙집을 구하지 못해 일본인 하숙집에 기거하기도 했다.[21] 일본인 하숙집은 무엇보다 음식이 입맛에 맞는다는 장점이 있었다. 문화적으로 친숙한 일본식 환경이 미국 생활 적응에 도움을 준 것이다.

그럼에도 불구하고 한인과 일본인 사이에는 언제나 팽팽한 기류가 흘렀다. 서로의 필요에 따라 어울려 지냈을 뿐 갈등의 불씨는 어디에나 도사리고 있었다. 1913년 프레즈노에서 일어난 소동은 그런 분위기를 잘 보여준다. 다뉴바에 살던 송태은이란 사람이 일본인 남성과 언쟁을 벌이다 결국 법정 다툼으로까지 비화됐다. 그 일본인이 "한국인은 일본의 식민 지배하에 있기 때문에 '새로운' 일본인이나 마찬가지"라고 조롱한 것이 다툼의 발단이었다. 법원은 송태은의 손을 들어줬다. 판사는 문제의 일본인 남성에게 벌금 10달러를 부과하는 한편 지역의 일본인 대표 3명으로 하여금 송태은에게 사과하라고 판결했다.[22]

일본에 대한 악감정에도 불구하고 한인들은 일본인들과 가까이 일하며 지냈다. 물론 중국인과도 가깝게 지냈다. 이민 후발주자인 한인들로선 선발대가 개척해 놓은 길을 따라가는 것이 여러모로 이득이었기 때문이다. 중국인, 일본인은 한인보다 훨씬 일찍 미국에 들어와 성공을 거뒀다. 한인들은 비록 당장의 삶이 고달프더라도 언젠가 중국인이나 일본인처럼 자리 잡을 수 있을 거라는 꿈을 버리지 않았다.

사실 별다른 선택의 여지도 없었다. 한인들은 가난에 시달렸고 돈이 될 만한 기술이나 자본도 없었다. 동양인 차별이 만연한 마당에 영어도 제대로 구사하지 못했다. 곤궁한 처지에서 중국인과 일본인이 먼저 이뤄놓은 경험과 성과로부터 취할 수 있는 이점을 외면하기란 쉽지 않았다.

요약하자면, 샌호킨 농업 경제의 발전으로 노동력이 부족해지면서 수많은 이민자가 중가주라는 거대한 기회의 무대로 몰려들었다. 먼저 이곳에 도착한 중국인과 일본인이 한인들에게 가능성을 제시해줬다. 그 가능성을 보고 한인들도 뛰어들었다.

3.
주요 조직

한인들의 초기 정착 단계에서 핵심 역할을 한 주요 조직으로는 인삼 상인, 인력 캠프labor camp 혹은 하숙집, 노동 도급업자labor contractor, 지역 사회 단체 등이 있었다.

1) 인삼 상인

한국의 토양과 지형은 인삼이라는 독특한 한방 뿌리 작물을 생산하기에 적합하다. 강장 효과로 유명한 인삼은 중국인들에게 특히 인기가 높았기 때문에 수익성 좋은 무역 상품이었다. 조선의 인삼 장수들은 하와이와 샌프란시스코까지 중국인들을 쫓아다니며 인삼 무역을 했다.[23]

2) 인력 캠프와 하숙집

한인들은 하숙집을 여관이라고 불렀다. 하숙집은 소유자(운영자)가 돈을 받고 독신 남성 근로자에게 숙식을 제공했던 객실 혹은 부동산을 말한다. 하숙집 주인(운영자)이 일자리를 알선해 주는 경우도 있었다. 단순한 숙식 제공에 그치지 않고 직업소개소 역할까지 겸한 것이다. 즉, 하숙집은 인력 캠프의 기능도 갖추고 있었다.

3) 노동 도급업자

전문적인 노동 도급업자가 일정 규모의 노동자들을 휘하에 두고 관리 감독했다. 도급업자는 고용주로부터 노동력 공급 계약을 따낸 뒤 자신이 관리하던 인부를 일터로 보내줬다. 다른 하청 업체를 거느리며 일감을 나눠주거나, 고용주한테서 임금을 받아 인부들에게 지불하기도 했다. 노동자와 고용주 사이를 중개하거나 건별로 인력 하청 일을 하던 이런 도급업자를 브로커라고 불렀다. 현장 노동자들 사이에서는 흔히 보스boss로 통했다.

4) 한인 사회 조직

아시아계 이민자들은 각자 고유의 공동체 조직을 갖고 있었다. 중국인은 '당tongs'과 같은 비밀 결사체를 만들기도 했고 가족, 거주 구역끼리 연합한 '중국인통합자선협회Chinese Consolidated Benevolent Association'라는 단체도 있었다. 켄진카이縣人會는 같은 현 출신 일본인들의 모임이었다.[24] 이들 민족 단체는 주로 혈연이나 사회·경제적 필요에 의해 생겨났다. 더러는 정치적 목적으로 결성된 경우도 있었다.

캘리포니아 최초의 한인 단체는 1903년 샌프란시스코에서 만들어진 '친목회'였다. 친목회는 1904년 '공립협회'와 통합됐다. '공립협회'의 라이벌인 '대동보국회'는 1905년 설립돼 1909년까지 존재했다. 하와이에서는 1907년 '한인합성협회'가 등장해 하와이

내 군소 조직들을 통합했다. '한인합성협회'는 북미의 한인 조직을 하나로 통합하자는 목표를 세웠고, 그 결과 '대동보국회'를 제외한 하와이·북미의 모든 단체가 '국민회'라는 새로운 깃발 아래 모이게 됐다. 마지막까지 버티던 '대동보국회'도 1910년 국민회에 합류했다. 이로써 '대한인국민회'라는 이름의 명실상부한 전국 협회가 새롭게 탄생했다.

샌프란시스코에 본부를 차린 대한인국민회는 공립협회와 대동보국회의 전통을 이어받아 한인이 15명 이상 거주하는 모든 지역에 지부를 세우도록 독려했다. 각 지부는 주민 자치와 상부상조의 원칙을 세웠다. 회원들은 서로 돕고, 존경받는 한인이 되기 위한 행동 규약을 따르고, 악습을 규율하고, 조국의 독립에 힘을 보태기로 서약했다. 각 지부는 회원 중에서 경찰원을 선출했다. 도가 지나쳐 타인이나 지역 사회에 피해를 입히는 사람이 나오면 경찰원과 대한인국민회는 공적 심의에 회부해 적절한 처분을 받도록 했다.[25]

4.
프래스노, 핸포드, 바이셀리아의 초기 한인들

초기 한인 이민자에 관한 문헌을 살피다 보면 1903년 이전에는 미국 땅을 밟은 한인이 거의 없었을 것이라는 인상을 받게 된다. 1903년에 이르러서야 하와이 이민자 몇 명이 북미 대륙으로 이주하기 시작했다. 기록에는 안창호 부부가 1903년 샌프란시스코에 도착했을 때 인삼 장수, 학생 등 한인 35명을 봤다는 목격담이 남아있다. 그렇다면 1903년 이전 미국 땅에 존재했던 한인은 이 35명이 전부였을까? 더 있었다면 어디에 있었을까? 인삼 장수와 학생 말고 누가 더 있었을까?

샌프란시스코 항구로 입항한 선박들의 승객 명부에 따르면, 1903년경에는 미국 내 한인이 35명 이상이었다고 보는 것이 합리적이다. 〈표 2.1〉은 1893~1909년 사이 샌프란시스코항의 승객 명부에 기재된 한인의 숫자를 보여준다. 시기를 1903년까지로 좁혀 보면 한인 112명이 샌프란시스코에 도착한 것으로 기록돼 있다.

〈표 2.1〉 미국에 초기 입국한 한인의 숫자와 직업(1893~1909)

Date	Merchants	Druggists[a]	Students	Other
1893–1896	12	7	15	1 cook 1 student's wife
1897–1899		23	1	1 secretary 1 govt. employee
1900–1903	3	43	8	2 servants 2 missionaries 1 join husband 1 join dad
1904–1905	1	9	18	2 magicians 1 grocer 1 laborer 1 teacher
1906–1909	4		11	2 nurse 2 grocer 1 laborer 2 wives 1 evangelist
Total (N = 178)	20 (11%)	82 (46%)	53 (30%)	23 (13%)

*출처: 성백걸, 《샌프란시스코의 한인과 교회: 상항 한국연합감리교회의 역사》, 서울, 대한민국: 한들출판사, 2003, 713~719쪽.

**참고: 대부분은 상하이, 홍콩, 고베, 요코하마에서 출발한 배에 탑승했다. 일부는 서울/요코하마/평양이나 진남포/상하이, 혹은 요코하마, 서울/고베/보스턴/로스앤젤레스/워싱턴 D.C.에서 왔다. 호놀룰루를 경유해 샌프란시스코에 온 사람도 3명 있었다.

인삼 장수는 약에 관한 상담도 했기 때문에 넓은 의미에서 약재상으로 볼 수 있었다. 상인으로 기록된 이들 역시 인삼 장수였을 가능성이 있다.

1893~1909년 사이 샌프란시스코를 통해 미국에 입국한 한인은 총 178명이다. 그들의 직업을 살펴보면 46%인 82명이 약재상, 30%인 53명이 학생, 11%인 20명이 상인, 13%인 23명이 '기타'로 분류되어 있다. 약재상으로 기록된 이들은 샌프란시스코 차이나타운 등지에서 중국인에게 한약을 판매하던 인삼 행상이었다. 상인이라고 기록된 이들 역시 인삼 장수 혹은 도매상이었다.

흥미로운 점은 약재상, 상인들이 조선이 아닌 중국 국적으로 미국에 입국했다는 사실이다. 반면 학생과 기타 인원들은 조선인 신분으로 입국했다. 이는 1882년 체결된 조미수호통상조약(자세한 내용은 7장 참조)에 따라 외교관과 선별된 전문직 종사자, 유학생과 그 가족 등에게만 미국 여행이 제한적으로 허가되었기 때문이다. 인삼 장수와 상인들은 원래 입국 불허 대상이었지만 자신들의 오랜 고객인 중국인들을 따라가면 입국할 수 있다는 정보를 파악하고 있었다. 그래서 중국인 행세를 하며 홍콩, 상하이 등지에서 샌프란시스코로 떠나는 배에 몸을 실었다. 생김새와 이름이 비슷했던 덕분에 중국인 행세를 하기는 별로 어렵지 않았다.

그런데 한인들이 중국인으로 가장해 미국에 들어오기 시작한 19세기 말~20세기 초는 1882년 발효된 〈중국인 배척법Chinese Exclusion Act〉으로 인해 중국인 역시 노동 목적의 입국이 불허되던 시기였다. 이 때문에 중국인으로 위장해 입국하려던 한인 인삼 장수들은 자신들이 노동자보다 신분이 높은 약재상이나 상인이라고 주장했다. 물론 현실적으로는 언제든 노동자로 전락할 수 있는 형편이었다. 실제로 장사할 물건이 동나자 상당수가 그렇게 됐다.

조선 국적으로 입국한 학생 53명은 조미 조약에 따라 조선이 여행을 허가한 이들이다. 여행 허가가 난 것은 그렇다 쳐도 19세기 조선에서 어떻게 미국 유학을 생각할 수 있었을까? 그 해답 또한 조미 조약으로 촉발되었던 사건들에서 찾을 수 있다. 1882년 조약 체결 후 첫 번째 조치로 미국 정부는 친선 사절단을 파견해 달라며 조선에 초청장을 보냈다. 이에 친선 사절단 8명이 1883년 9월 미국에 도착해 6개월간 여행한 뒤 1884년 귀국했다.

사절단의 막내였던 유길준은 미국 학교를 경험해 보고 싶은 마음에 귀국하지 않고 홀로 남았다. 1884년 보스턴 인근 거버너 더머 아카데미Governor Dummer Academy에 등록해 1년간 공부했고 1885년 귀국해 《서유견문》이라는 책을 썼다. 이 책은 조선의 젊은 엘리트들에게 깊은 인상을 남겼다. 부유한 집안의 청년들은 《서유견문》을 읽고 미국 유학의 꿈을 품었다. 학생이라고 기록된 입국자 53명은 어쩌면 유길준의 책에서 영감을 받아 미국행을 결심했을지도 모르겠다.

게다가 1885년경에는 이미 미국 선교사들이 조선에서 기독교를 전파하고 있었다. 선교사들은 서양식 학교를 세워 신학문도 가르쳤다. 헨리 G. 아펜젤러Henry G. Appenzeller가 1885년 설립한 배재학당과 메리 스크랜튼Mary Scranton이 1886년 세운 이화학당이 대표적이다. 서양식 학교 역시 엘리트 청년들의 마음속에 미국 유학의 꿈을 심어주는 데 큰 영향을 미쳤다.

'기타'로 분류된 조선인 23명은 대부분 학생에 딸린 부양가족이나 전문직 종사자였다. 이들의 정체를 추정해 보면, 우선 미국에 유학 온 상류층이 데려온 하인이나 요리사일 가능성이 크다. 아내가 동행했을 수도 있다. 〈표 2.1〉에 나오는 간호사 2명은 아마도 귀국길에 오른 미국인 선교사의 일행이었을 것이다. 중국인 노동자는 입국 불허였지만 조선 국적이 확인된 보조 노동자는 입국이 허락됐다. 이 시기 조선에 기독교가 뿌리내리고 있었던 점을 감안할 때, 직업을 선교사라고 밝힌 조선인 2명과 전도사라고 한 1명은 미주 한인 동포들에게 기독교를 전도하려 했던 것으로 보인다.

식료품상으로 기록된 2명은 요리사였을 것으로 짐작된다. 직업을 마술사라고 밝힌 2명의 정체는 수수께끼인데, 아마도 점쟁이가 아니었을까 싶다. 실제 직업이 무엇이었든 단순 노동자는 아니라는 인상을 이민국 심사관에게 심어주고자 했던 것 같다.

〈표 2.2〉에서 볼 수 있는 대로 조선인들이 미국에 오는 방법은 다양했다. 조선/홍콩 루트가 가장 일반적이어서 전체 인원의 41%에 해당하는 73명이 이 루트를 택했다. 그다음으로는 39명(22%)이 이용한 서울/요코하마 노선이었다. 상하이/홍콩 노선과 서울/고베 노선은 각각 31명(17%), 23명(13%)가 이용했다. 사실상 대부분 이민자가 중국이나 일본을 통해 건너온 셈이다. 4명은 캐나다의 브리티시 컬럼비아를 거쳤고 2명은 필리핀 마닐라를 통해 왔다. 2명은 파나마를 경유해 왔고, 타히티의 파페에테를 통해 건너온 이도 1명 있었다. 이런 식으로 1893~1909년에 걸쳐 샌프란시스코 땅을 밟은 조선인들은 1903~1905년의 하와이 이민자 7,000명보다 한발 앞서 미국에 도착한 사람들이라는 점에 주목할 필요가 있다.

인삼 장수 100여 명 중 일부는 샌프란시스코에 남아 차이나타

〈표 2.2〉 특정 경로를 통해 샌프란시스코에 도착한 한인의 숫자(1893~1909)

Route	Number	Percent of Total
Honolulu/San Francisco	3	1.6
Korea/Hong Kong	73	41
Seoul/Yokohama	39	22
Shanghai/Hong Kong	31	17
Seoul/Kobe	23	13
Korea/Victoria, BC	4	2
Manila/Hong Kong	2	1
Panama/San Francisco	2	1
Papeete/San Francisco	1	.56
Total	178	99.16

*출처: 성백걸,《샌프란시스코의 한인과 교회: 상항 한국연합감리교회의 역사》, 서울, 대한민국: 한들출판사, 2003, 713~719쪽.

운의 중국인을 상대로 장사를 계속했다.[26] 하지만 1892년 당시 중가주에 거주하던 중국인이 7,000여 명이나 됐기 때문에 새로운 중국인 고객을 찾아 중가주 센트럴 밸리까지 흘러들어온 인삼 장수들도 있었다.

박영순도 그때 센트럴 밸리에 유입된 초기 한인 중 하나였던 것으로 보인다. 인삼 장수였던 박영순은 멕시코 내 중국인들에게 인삼을 팔려고 유카탄반도까지 건너갔다가 한인들의 비참한 현실을 목격하게 된다. 당시 에네켄(용설란. 국내에는 〈애니깽〉이라는 영화 제목으로 잘 알려짐 - 옮긴이) 농장의 한인 노동자들은 선박 밧줄 원료인 선인장 껍질을 벗기는 일을 했는데, 이루 말할 수 없는 가혹한 환경에서 혹사당했다. 심지어 노예 경매에 부쳐지는 일까지 벌어지고 있었다. 박영순은 이 사실을 샌프란시스코에 있는 공립협회 본부에 보고했다. 박영순의 고발은 1905년 12월 공립협회 주간지에 게재된 데 이어 본국의《황성신문》에까지 보도됐다.[27] 대한제국은 즉시 멕시코 이민을 중단시켰고, 이 일로 박영순은 한인 사회에서 유명

인사가 됐다.

이후 박영순은 리들리에 정착해 살았고 사망 후에도 리들리에 묻혔다. 로스앤젤레스에서 하숙집을 잠깐 운영하기도 했지만 결국 뿌리 내렸던 곳은 리들리였다. 아마도 1905년의 멕시코 여행을 전후해 센트럴 밸리를 거쳐 갔거나 잠시나마 머물렀던 인연 때문이 아니었을까 싶다. 그렇다면 박영순은 센트럴 밸리에 처음 발을 내딛고 정착한 최초의 중가주 한인 중 하나라고 할 수 있다.

한인 유학생들 사이에서도 중가주는 잘 알려진 지역이었다. 네브라스카에서 공부하던 안성주는 일자리를 구하려고 1907년 프레즈노를 찾았다.[28] 그는 네브라스카 헤이스팅스의 한인소년병학교 Korean Youth Military Academy에서 교육 훈련을 받던 학생이었다. 한인소년병학교는 애국지사 우성 박용만이 항일 전선에 나설 군대를 양성하기 위해 설립한 학교였다.

한인 학생들 사이에서 프레즈노의 인기가 높았음을 보여주는 증거는 더 있다. 1908년 대동보국회가 소규모 학생 기숙사를 프레즈노에 설립했는데,[29] 김성수, 이정엽, 구찬오, 김용서, 이요한, 그리고 조지 리 등 6명이 이 기숙사에 머물렀다.[30] 프레즈노 사범학교(프레즈노주립대학의 전신, 현 캘리포니아주립대학교 프레즈노)가 1911년에야 설립되었다는 사실을 감안하면, 이들 여섯 학생은 학업보다는 일자리를 찾아 프레즈노에 왔다고 봐야 타당할 것이다.

1) 센트럴 밸리의 한인 인구

1906년 프레즈노에서 포도 수확 일을 하던 한인은 22명이었다.³¹⁾ 1907년에는 프레즈노의 700에이커 규모 포도밭에 한인 노동자를 알선하는 계약 2건이 성사됐다.³²⁾ 한 건은 최덕용, 다른 한 건은 임치호와 이재수가 주도했다. 최덕용은 공립협회 주간지에 프레즈노 포도밭에서 일할 일꾼 50~60명을 모집한다는 광고를 냈다. 임치호, 이재수가 모집한 숫자도 비슷했다.³³⁾ 두 건의 계약으로 최소 100~120명의 한인이 프레즈노에 유입됐을 것으로 추정된다. 이로써 1907년 기준 프레즈노 거주 한인은 약 140명으로 불어나게 된다.

위영민과 한치홍은 1908년 핸포드의 철도 건설 현장에 한인들을 데려오려고 계약 협상을 벌였다.³⁴⁾ 이때 노동자 몇 명과 계약했는지는 기록에 남아있지 않다. 다만 임성택이 철도 노동자들을 받으려고 하숙집을 열었는데, 하숙집 한 곳이 최소 24명을 수용했던 점을 감안하면 당시 핸포드에 머물렀던 한인은 24~30명 정도였을 것으로 추정할 수 있다.

바이셀리아의 사탕무 농장에서 품을 팔려는 한인들의 행렬도 꾸준히 이어졌다. 한인 인구가 늘자 훗날 한국에서 감리교회 총리사가 된 전도사 양주삼과 이덕이 예배를 위해 바이셀리아를 찾았고,³⁵⁾ 한인 감리교회 건립을 검토하기도 했다. 당시 바이셀리아에서 활동한 한인으로는 이영실, 박을성, 오충각, 이사국, 신유성, 김윤여, 이성철, 주원, 오진국 등이 있었다.³⁶⁾ 통상 교회가 유지되려면 교인 20~30명 이상은 필요하기 때문에, 1900년대 초반 바이셀리아에 살던 한인은 적어도 20~30명 이상은 됐다고 볼 수 있다.

모든 수치를 종합하면 1906~1908년 사이 프레즈노, 핸포드,

바이셀리아에서 거주하며 일했던 한인은 총 210여 명으로 추산된다. 1909년 대한인국민회로 통합되기 전 공립협회 8개 지부에 등록된 북미의 한인 인구는 1,167명이었다.[37] 그 5분의 1 정도가 프레즈노, 핸포드, 바이셀리아에 있었던 셈이니 이 지역의 한인 밀집도가 상당히 높았음을 알 수 있다.

2) 라이프 스타일

한인 남성은 대부분 미혼이었고 일자리가 있는 곳이라면 어디든 무리를 지어 찾아다녔다. 모두가 그들을 "기러기 떼flying geese"라고 불렀다. 이역만리 타국에서 문화와 언어의 장벽에 가로막힌 채 차별에 시달리며 외롭고 가난하게 지내는 처지였다.

이들은 주로 하숙집에서 단체 생활을 했다. 제법 큰 노동 계약이 체결돼 갑자기 사람들이 몰려들자 한인 하숙집 세 곳이 거의 동시에 문을 열었다. 1907년 10월 이원영이 프레즈노에 한국식 하숙집을 연 것을 시작으로,[38] 같은 해 11월 김원택이 프레즈노 툴레리 거리 1259번지에,[39] 임성택이 핸포드 이스트 5번가 209번지에 각각 하숙집을 열었다.[40]

하숙집은 보통 부부가 함께 운영했는데 하루 세끼의 한식을 제공하고 빨래를 대신해 줬다. 하루 일을 마친 노동자들을 위해 전통방식의 나무 욕조를 마련하거나, 일터에 챙겨갈 점심 도시락을 양은 통에 담아 보자기로 싸 주기도 했다.[41] 든든한 한식이야말로 노동자들의 정서적·신체적 건강을 유지하는 데 빼놓을 수 없는 필수 요소였다. 고향 집을 떠나온 이들에게 하숙집은 또 다른 집이나 다

임성택이 1907년에 운영한 핸포드의 첫 한인 여관 터.
현재는 건물이 헐린 채 공터로 남아있다.

름없었다.

하지만 외로운 미혼 남성들을 한 곳에 몰아넣으면 부작용도 따르기 마련이다. 심심풀이로 시작한 카드놀이가 심각한 도박으로 번지는가 하면, 담배를 피우다 아편에 손대거나 매춘 업소에 거리낌 없이 드나드는 경우도 늘어났다.[42] 이쯤 되자 공립협회의 지역 지부 리더들이 개입하고 나섰다. 당시 대한인국민회를 이끌던 안창호의 제안에 따라, 공립협회와 국민회의 경찰원들은 이런 문제를 한인 공동체 내에서 해결하기 위해 독신 남성들의 일탈을 최대한 제지하고 억제했다.

프레즈노에서 하숙집을 운영하던 김원택이 아편 근절을 위한 캠페인까지 펼친 점을 보면 아편 중독이 한인 사회의 큰 골칫거리로 떠올랐던 것은 분명해 보인다.[43] 1908년 캘리포니아 오클랜드에서 대규모 한인 아편 중독 사건이 발생하면서 김원택의 아편 근절 캠페인은 한층 긴박하게 전개됐다.[44]

당시 캘리포니아는 악덕 노동 도급업자들이 횡행하는, 여전히 무질서한 서부 시대에 머물러 있었다. 도급업자가 노동자들에게 지급할 임금을 떼먹고 달아나는 일이 다반사였다. 한인들도 계약 사기를 자주 당했던 것으로 보인다. 당시 바이셀리아에선 한인 노동자들의 체불 임금 회수를 도와주는 한인 추심 업체까지 등장했다.[45]

3) 한인 단체

1906년 공립협회가 툴럼니Toulumne 1503번지에 프레즈노 지부를 연 데 이어 1907년 경쟁 조직인 대동보국회도 F가 1340번지에 프레즈노 사무소를 열었다.[46] 센트럴 밸리 한인 210여 명 중 절반 이상이 프레즈노에 모여 살았기 때문에 공립협회 프레즈노 지부도 다방면으로 활발한 활동을 펼쳤다. 매주 토요일 저녁엔 자체 회의장에서 토요 토론회 모임을 갖고 조국과 동아시아의 정세를 논의했다. 회원들은 머지않아 일본에 나라를 빼앗길 것이며, 어쩌면 조국이 이미 망했을지도 모른다는 사실을 뼈저리게 인식하고 있었다. 토요 토론회를 이끈 리더 중에는 훗날 '백미왕'이라는 별명을 얻을 정도로 성공해 독립운동에 크게 기여한 김종림도 있었다.[47]

공립협회 프레즈노 지부는 주목할 만한 업적을 남겼는데, 바로 노동조합 결성을 시도했다는 사실이다. 지부 회원들은 샌프란시스코에 있는 공립협회 본부에 서한을 보내 한인들의 노조 조직을 도

공립협회 지부로서 한인들의 만남의 장소로 이용됐던 프레즈노 연합공립관이 위치했던 자리.
현재 주차장으로 사용되고 있고 아무런 표식도 남아있지 않다.

와달라고 요청했다. 타국 출신들은 이미 노조를 결성해 단체 교섭을 유리하게 이끌고 있다는 설명이 뒤따랐다.[48] 당시 중가주에는 일본인 고용을 독점하던 일본 노동 도급업자 협회가 있었고, 노동자 측에선 노동동맹회라는 이름의 급진적 노조가 영향력을 발휘하고 있었다.[49] 공립협회 본부가 프레즈노 지부의 도움 요청에 어떻게 대응했는지는 전해지는 바가 없다.

공립협회 프레즈노 지부는 김영수를 경찰원으로 선출했다.[50] 김영수는 한약에 조예가 깊어 동포들에게 약 처방을 해주기도 했다. 프레즈노 최초의 한의사였던 셈이다.[51] 핸포드의 한인들은 이스트 5번가 209번지의 하숙집에 공립협회 지부를 열었는데 나중에

대한인국민회 지부로 바뀌었다.[52] 핸포드에서는 조원두가 경찰원으로 선출됐다.[53]

5.
프레스노, 핸포드, 바이셀리아에서 이주하다

한인들은 초기 정착촌인 프레즈노, 핸포드, 바이셀리아를 1909년부터 떠나기 시작했다. 인근 다뉴바, 리들리나 밸리의 더 작은 마을로 이주한 사람도 있고, 먼 지역으로 떠난 사람들도 있었다. 이들이 프레즈노, 핸포드, 바이셀리아를 떠나기로 결정한 이유는 센트럴 밸리의 성장이 불러온 사회·경제적 변화와 맞물려 있었다.

센트럴 밸리의 초기 한인들이 거주하던 프레즈노, 핸포드, 바이셀리아는 그때나 지금이나 서로 인접한 카운티인 프레즈노, 킹스, 툴레리의 청사가 위치한 행정 중심지다. 프레즈노가 가장 앞서 1856년 카운티가 됐고, 1875년 툴레리, 1893년 킹스 카운티가 뒤를 이었다. 세 곳 모두 처음엔 경제적 기반이 건밀 농사였다. 관개 시설이 확장되면서 건밀 농사는 포도밭과 과일, 사탕무, 포도 농장에 점차 자리를 내줬다.

1) 인구 성장과 도시화

경제적 다양화와 지역 철도망의 확장으로 이 지역 인구도 급성장했다(〈표 2.3〉 참조). 1860년 프레즈노 카운티의 인구 분포는 백인 4,304명, 중국인 305명, 원주민 3,294명이었다.[54] 모두 합해 1만 명이 조금 넘는 수준이던 인구는 1890년에는 3만 2,026명으로 3배 넘게 증가했고, 1900년에는 3만 7,862명까지 늘었다. 1901년 카운티 인구는 40여 년 전보다 2배나 불어나 7만 5,657명이 됐다. 1885년 당시 주민 숫자가 수천 명에 불과하던 프레즈노시는 1914년 2만 4,000명으로 카운티 전체 인구의 30% 이상을 차지하는 도시로 성장했다. 프레즈노 카운티 전체 주민의 거의 3분의 1이 프레즈노시에 밀집했던 것이다. 어느 모로 보나 도시화가 이뤄졌다고 말하기에 부족함이 없는 수준이었다.[55]

〈표 2.3〉 프레즈노Fresno County, 툴레리Tulare County, 킹스 카운티Kings County와 프레즈노 시티Fresno City, 바이셀리아Visalia, 핸포드Hanford의 인구(1890~1914).

County or City	1890	1900	1910	1914	% of County's Residents, 1910
Fresno County	32,026	37,862	75,657		
City of Fresno				24,000	31
Tulare County	24,574	18,375	35,440		
City of Visalia				4,550	12
Kings County	County Formed	9,871	16,230		
City of Hanford				4,800	30

*출처: R.N. Preston, pp. 54~56.

킹스 카운티의 인구는 1900년 기준 9,871명이었는데 10년 만에 1만 6,230명으로 증가했다.[56] 킹스 카운티 청사 소재지인 핸포드는 1877년 처음 생겼을 때만 해도 주민이 269명[57]밖에 되지 않았으나 1914년 인구 4,800명의 도시로 성장했다.[58] 이 시기 킹스 카운티 인구의 30%가 핸포드에 살았다. 핸포드도 프레즈노에 버금갈 만큼 도시화가 진행된 것이다.

툴레리 카운티의 인구는 1890년 기준으로 2만 4,574명이었다.[59] 1900년에는 오히려 1만 8,375명으로 감소했는데,[60] 이는 한때 센트럴 밸리에서 성장 속도가 가장 빠른 도시였던 트레이버 Traver가 급속히 쇠락해버린 탓이었다. 관개 사업의 부작용인 염해鹽害, alkali festering로 인해 트레이버의 토양이 황폐화됐고[61] 이 때문에 인구가 1,000명 이상 급감했다.[62] 하지만 10년 만에 툴레리 카운티는 인구 3만 5,440명으로 두 배 가까이 증가하며 되살아났다. 바이셀리아는 1874년 인구 1,000명에 불과했지만[63] 시로 승격되면서 1914년에는 인구가 네 배나 불어나 4,550명이 됐다.[64] 1910년 툴레리 카운티 전체 주민의 약 12%가 바이셀리아에 살았는데, 프레즈노나 핸포드보다는 인구 밀집도가 낮은 편이었다.

2) 경제적 변화

1885년부터 1900년대에 걸쳐 프레즈노, 킹스, 툴레리 카운티 및 주요 도시들에서 인구 증가와 도시화가 진행되는 동안 지역 경제는 들쑥날쑥 부침을 반복했다. 자연환경과 인위적 요인이 두루 작용한 결과였다.[65] 1892년 전국을 강타한 경기 침체는 밸리의 지역 경제에도 큰 영향을 미쳤다.[66] 겨우 명맥을 이어가던 건밀 농업은 완전히 황폐화됐다.[67] 건포도 농사는 1889년의 폭우로 큰 피해를 입었을 뿐 아니라 1891년의 폭염과 1896년, 1897년, 1899년 반복된 냉해로도 손실을 봤다.[68] 포도, 과일 농업에서는 자연재해가 아예 연례행사였다.

지역 경제가 부침을 거듭하는 와중에도 노동력은 변함없이 중요한 요소였다. 호황기에는 일자리가 넘쳐난 반면 노동력은 부족했다. 불황기에도 노동력은 여전히 필요했지만, 경기 침체 탓에 저임금에도 기꺼이 일하겠다는 사람이 줄을 섰다. 번갈아 가며 찾아오는 경기 호황과 불황에 특히 유연하게 대응했던 것은 중국인들이었다. 남북전쟁(1861~1865)이 일어나기 직전인 1860년 프레즈노 카운티에만 305명의 중국인이 있었다는 점을 상기해 보자. 1891년에 이르러서는 중국인들이 샌호킨 밸리의 농장 일자리를 싹쓸이하고 있었다. 센트럴 유니언과 서던 퍼시픽 레일로드가 대륙 횡단 철도 완공 후 중국인 노동자 수천 명을 해고하자, 샌프란시스코의 노동 도급업자들이 해고된 중국인들을 대거 중가주 밸리의 농장으로 불러들였다.[69]

막 도시화된 지역에 경기 침체가 덮쳤는데 값싼 노동력까지 밀려드니 사회 분위기는 불안정해질 수밖에 없다. 현대 사회에서 도시화는 자유주의적 분위기를 띠게 마련이지만, 19세기와 20세기 초엔 양상이 사뭇 달랐다. 당시 도시화되던 지역은 노조 활동, 대중 선동가, 인종주의자들의 온상이었다. 호황기에는 백인들도 소수 인종 노동자의 존재를 별로 신경 쓰지 않았다. 하지만 경기 침체로 경제적 타격이 심각해지자 여기저기서 인종 차별이 튀어나오기 시작했다. 일자리를 잃은 백인들은 자신들의 경제적 곤경을 저임금으로 일하는 중국인 탓으로 돌리며 중국인을 희생양으로 삼았다.[70] 1893년 8월 백인 500여 명이 프레즈노의 차이나타운을 불태우고 약탈했다.[71] 프레즈노, 셀마, 생거, 리들리, 바이셀리아에서도 중국인을 고용한 과일 회사와 포도 농장이 습격당했다.[72] 노조 간부들까지 나서 조업 방해와 소수 인종에 대한 폭력을 노골적으로 부추겼다.

19세기 후반과 20세기 초 전반에 걸쳐 센트럴 밸리에선 중국인을 겨냥한 차별적 구호가 잊을 만하면 터져 나왔다.[73] 당시 샌호킨 밸리에선 "황화黃禍, yellow peril"의 구호가 울려 퍼지곤 했는데, 백인들의 이런 편견은 광란에 가까운 인종 차별로 이어졌다. 그 기저에는 1882년 미 하원에서 〈중국인 배척법〉이 통과된 이후에도 누그러지지 않은 반중 정서가 두텁게 깔려 있었다. 〈중국인 배척법〉은 기본적으로 중국인 노동자의 미국 유입을 막는 법이었기 때문에 미국 내 중국인 인구는 정체된 수준으로 유지됐다. 센트럴 밸리의 중국인 인구도 더 이상 늘지 않았다. 실제로는 점차 줄어들었다고 봐야 한다.

중국인 이민 금지로 인한 노동력 부족을 메우기 위해 1885년부터 미국은 일본인에게 하와이, 미국 이민을 장려했다. 1900년 무렵 미국 내 일본인 수는 12만 5,000명[74]을 넘어섰고, 그중 수천 명이 캘리포니아 센트럴 밸리의 포도밭과 과수원에서 일했다.[75]

일본인은 중국인보다 교육 수준이 높았고 한층 효율적이었다. 중국인 특유의 부정적 요소들도 없었다.[76] 그들은 성공에 대한 야망이 있었을 뿐 아니라 검소하기까지 했다. 만연한 인종 차별 속에서도 존중받길 원했던 일본인들은 땅을 소유하고 농사짓는 데서 돌파구를 찾으려 했다.[77] 토지를 매입하거나 임차해서 농사를 지었는데, 각고의 노력 끝에 황무지나 다름없던 땅을 경작지로 탈바꿈시켰다.[78] 백인 농부 중 일부는 중국인에게 그랬듯 일본인에게도 기꺼이 땅을 빌려줬다.[79] 1909년 일본인이 매입하거나 임차한 토지의 총

량은 캘리포니아 전체 농지의 2%가 조금 안됐다.[80]

하지만 기득권을 가진 캘리포니아의 백인 농장주들은 시민권도 없는 이방인들이 농지를 소유하는 모습에 불안감을 느끼기 시작했다. 캘리포니아 농민 조합California State Grange과 캘리포니아 농장연합회California Farm Bureau Federation 등의 단체는 외국인의 토지 소유를 금지시키라고 주 의회에 압력을 가했다.[81] 결국 캘리포니아 의회는 1913년 "시민권 자격이 없는" 자의 토지 매입을 금지하는 〈외국인 토지법Alien Land Act〉[82]을 통과시켰다. 이로써 일본인들의 야망은 큰 타격을 입었다. 존중받고 싶어 부지런하고 검소하게, 그리고 영리하게 영농 사업을 벌였지만 아이러니하게도 결국 돌아온 건 멸시뿐이었다.

일본의 국력 증대도 미국 내 일본인들에게는 별 도움이 되지 않았다. 1868년 통일국가가 된 일본은 차근차근 근대화·산업화의 길을 걸었고 군사적으로도 강력해졌다. 일본군은 청일전쟁(1894~1895)과 러일전쟁(1904~1905)에서 각각 중국과 러시아를 격파했다. 급기야 하와이에까지 전함을 보내 해군력을 과시하기에 이르렀다.[83] 미국은 태평양 지역에서 일본의 군사력 증강이 미국의 전략적 이익과 대척점에 서 있다고 보기 시작했다. 전문가들도 양국 간 충돌은 불가피할 것으로 예측했다.[84] 분위기가 이렇다 보니 일본인을 바라보는 캘리포니아 지역 사회의 시선도 싸늘해졌다.

한인들은 한창 고용 붐이 일던 시기에 중가주에 발을 들여놨다. 취업하기엔 더 없이 좋은 타이밍이었지만 동시에 반아시아 정서가 짙게 깔린 시기이기도 했다.[85] 중국인, 일본인과 달리 이 지역에서 별다른 역사나 연고도 없던 한인들로선 적대적인 도시 분위기에 쉬이 녹아들기가 힘들었다. 당장의 일자리를 구하긴 했어도 오래 머물기는 어려워 보였다. 더 좋은 기회가 보이면 언제든 떠나야 했다. 때마침 리들리, 다뉴바 같은 작은 마을에선 농업 생산이 증대되면서 일손 부족을 호소하고 있었다. 백인들은 현장의 거친 노동을 꺼리는 경우가 많았다.[86] 아시아계 혐오 정서가 높긴 했어도 흑인 혐오는 그보다 훨씬 심했다. 노동력이 절실한 농장주 입장에선 흑인이 아닌 소수민족 노동자들에게 손을 뻗을 수밖에 없었다.[87] 중국인, 일본인, 필리핀인, 멕시코인, 아르메니아인, 레바논인 등이 농장 일손을 필요로 했던 밸리의 작은 마을들로 이동했다. 한인들도 이 대열에 합류했다.

한인들이 떠나면서 1910년 대한인국민회 프레즈노 지부가 폐쇄되고 핸포드, 프레즈노에 있던 한인 하숙집 세 곳도 문을 닫았다. 이로써 한인들의 첫 센트럴 밸리 도전은 숱한 시행착오를 겪은 채 막을 내렸다. 이어지는 정착 2기 국면에서 한인들은 이제 단기 체류자가 아닌 장기 정착자로 거듭나게 된다. 다뉴바에서 시작된 정착은 리들리와 다른 지역으로 옮겨갔다. 이 시기를 살펴보기 위해서는 현재 다뉴바의 스미스 마운틴 묘지에 묻힌 한인 53명과 리들리 묘지에 묻힌 177명의 이야기로 되돌아가야 한다.

이어지는 장에서는 이들이 어떤 사람들이었고 한국의 어느 지역에서 왔는지, 삶의 모습은 어떠했을지, 어떤 열정과 가치관을 지녔는지, 오늘의 우리에게 무엇을 말해주는지, 그들의 다음 세대는 어떤 모습이었는지, 그리고 그들이 미국 이민 생활이라는 커다란 모자이크의 한 조각으로서 스스로를 어떻게 끼워 맞췄는지를 살펴본다.

이들의 이야기는 툴레리 카운티의 델라노와 글렌 지역, 콜루사 카운티의 윌로우스와 맥스웰의 너른 들판에서 펼쳐진다. 프레즈노 카운티 남쪽과 새크라멘토 델타 밸리의 북쪽에 위치한 이 외진 마을들에는 캘리포니아 외딴 지역에서 생존을 위해 투쟁했던 한인들의 못다 한 이야기가 서려 있다. 그들의 경험을 기록함으로써 신세계에서 전개됐던 선조들의 삶을 위한 투쟁, 미국에 대한 기여를 더욱 잘 이해할 수 있게 될 것이다.

주

제2장 캘리포니아 센트럴 밸리 한인 정착의 시작(1903~1909)

1. 프레즈노의 한인 해병 재향군인회장인 김명수가 리들리·다뉴바 묘지에 묻힌 한인 명단을 최초로 작성했지만 어디까지나 비공식적인 작업이었고 내용도 불완전했다. 필자는 이 목록을 2002년 3월 입수했다. 김명수는 다뉴바 스미스 마운틴 묘지에 묻힌 45명, 리들리에 묻힌 146명의 명단을 추려냈다. 그로부터 얼마 후 극작가이자 역사학자인 이자경은 묘지 탐사 등 연구 과정에서 새로 알아낸 사실을 바탕으로 김명수의 명단을 업데이트했다. 그는 리들리에서 177기의 무덤을 한인 묘지로 최종 확인했고, 추가로 12기를 한인 묘지라고 잠정 결론내렸다. 또한 다뉴바 스미스 마운틴 묘지에서는 53기를 확정, 5기를 잠정으로 판단했다. 이자경은 2003년 1월 31일부터 2월 2일까지 프레즈노에서 개최된 중가주 한인 역사 연구회 심포지움의 《제2회 중가주 애국선열 추모대회 문집》(35~45쪽)에서 애국선열 명단을 추려냈다. 필자는 2004년 가을 앤드루 K. 차의 도움으로 현존하는 무덤들과 묘지 관리소에서 얻은 정보를 이자경의 명단과 대조한 결과 한 가지 오류를 수정할 수 있었다. 이자경이 한인으로 지목했던 리들리 묘지의 1906년 사망자 Chas Park는 한인이 아닌 백인 미국인으로 밝혀졌다. 이로써 1906년 이전에도 한인이 리들리에 정착했을 가능성이 있다는 주장의 근거는 사라졌다. 당초 집계에서 1기가 빠지게 됐지만 2004년 리들리 묘지에 박금순(1906~2004)이 안장되면서 한인 무덤의 숫자는 다시 177기가 됐다.
2. 하와이에서 북미 본토로 이주한 한인이 몇 명이었는지는 아직 정확히 규명되지 않았다. 김원용은 《재미 한인 오십년사》에서 한인 2,011명이 하와이에서 본토로 이주했다고 적었다. 최봉윤은 Koreans in America(p. 77)에서 1,000명 이상이 본토로 건너왔으며 행선지는 주로 캘리포니아였다고 썼다. 유의영은 1920년까지 한인 1,500~2,000명이 하와이에서 본토로 이주했을 것으로 추산했다. 유의영, 〈미주 한인의 인구학적 특성〉, 《미주 한인 이민 백년사》(Los Angeles: Southern California Centennial Committee of Korean Immigration to the United States, 2002), pp. 131~132. Murabayashi. D. H. Lee는 《하와이 이민 백 년》(25쪽)에 하와이에서 본토로의 재이주자는 1903~1910년 기간에 약 2,000명이었다고 썼다. Wayne Patterson은 The Korean Frontier in America: Immigration to Hawaii, 1896~1910(Honolulu: University of Hawaii Press, 1988), p. 173에서 1903~1915년 사이 한인 1,087명이 하와이에서 본토로 넘어왔다고 했다. 윤병욱의 《나라 밖에서 나라 찾네》 242~243쪽에는 북미로 넘어간 하와이 이주자가 1,947명이고 1910년 북미의 한인 숫자는 2,097명이라고 기록돼 있다.
3. Carey McWilliams, Factories in the Field: The Story of Migratory Farm Labor in California (1939, report New York: Archon Books, 1969), pp. 4~5; Richard Street, Beasts of the Field: A Narrative History of California Farm Workers, 1769~1913(Palo Alto, CA: Stanford University Press, 2004), p. 267.
4. 1889년 기준 프레즈노의 농업 생산량은 미국 전체 카운티 중 25위였고 10년 뒤인 1899년에는 순위

가 4위까지 급상승했다. Charles Clough and William Secrest, Jr., Fresno County: Pioneer Years from the Beginning to 1900(Fresno, CA: Fresno Panorama Books, 1984), p. 329. 프레즈노 카운티의 인구에 관해서는 Fresno Historical Society Archival Collections, "1856-1956 Fresno County's First 100 Years", http://valleyhistory.org/ archives05.htm.
5. R. N. Preston, Early California Atlas, Northern Edition(Portland, OR: Binford and Mort, 1983), p. 54.
6. Ibid., p. 55.
7. "The Beginning Years, 1877-1899", in Hanford Centennial Committee, Hanford: A Pictorial History, Hometown America(Hanford, CA: Hanford Centennial Committee, 1990), p. 1.
8. Reedley: A Study of Ethnic Heritage(1988, reprt. Fresno, CA: Fresno Pacific College, 2001), p. 82.
9. Clough and Secrest, Fresno County, p. 333.
10. Reedley: A Study of Ethnic Heritage, p. 53.
11. 헨리 안Ahn Henry과의 전화 인터뷰(by 앤드루 K. 차), 프레즈노, 캘리포니아, 2006년 7월 5일. 중가주 한인 역사 연구회 특별 소장품.
12. Street, Beasts of the Field, p. 407.
13. Ibid., p. 407.
14. National Park Service, "A History of Japanese Americans in California: Historic Sites: Bowles, Fresno County", http://www.nps.gov/history/history/online_books/5views/5views4h10.htm.
15. James Olson, The Ethnic Dimension in American History(New York: St. Martin's Press, 1979), p. 337.
16. Lan Cao and Himilce Novas, Everything You Need to Know About Asian-American History(New York: Plume, 1996), p. 93
17. Robert Clark, "The Labor History of Fresno, 1886-1910"(master's thesis, California State University, Fresno, 1976), p. 135.
18. Ibid., p. 135.
19. Henry Cu Kim, The Writings of Henry Cu Kim: Autobiography with Commentaries on Syngman Rhee, Pak Yong-man, and Chung Sun-man, edited and translated by Daesook Suh(Honolulu: University of Hawaii, 1987), p. 257.
20. Ibid., p. 257.
21. 이자경, 〈중가주 초기 한인 이민사 개요〉, 《미주 한인 이민사회와 독립운동 1》, 서울, 대한민국, 박영사, 2003, 220쪽.
22. Ibid., 223쪽.
23. 조선과 미국 정부는 1882년 조미수호통상조약을 체결해 인적·물적·용역 교환을 시작했다. 조선 왕실은 조약 제11조에 따라 외교관과 학생에게만 미국 여행을 허가했다. 조약에는 미국 선교사들의 조선 내 기독교 전파에 관한 어떠한 언급도 없다. 선교사들은 조약에 나온 대로 그저 미국인 자격으로 조선에 입국했다. 반면 19세기 조선 인삼 상인들은 외교관, 학생에게만 미국 입국을 허용한다는 조약 때문에 중국인 신분으로 하와이, 샌프란시스코에 건너왔다.
24. Olson, Ethnic Dimension, p. 185.

25. 김형찬, Tosan Ahn Chang-ho: A Profile of a Prophetic Patriot, 35쪽. 이자경, 〈중가주 초기 한인 이민사 개요〉, 220쪽.
26. 김형찬, 앞의 책, 31~34쪽. 인삼 장수에 관해서는 안창호 선생이 1902년 샌프란시스코에 도착했을 때 거리에서 한인 인삼 장수들끼리 다투는 모습을 목격했다는 맥락에서 종종 언급된다. 그 후 안창호 선생은 샌프란시스코에 사는 한인들의 존재를 인지하게 됐는데, 그 숫자는 많아야 12명 정도였을 것이다.
27. 김원용, 《재미 한인 오십년사》, 13~16쪽.
28. Ibid., 214쪽.
29. Ibid., 212쪽.
30. Ibid., 212쪽.
31. 이자경, 〈중가주 초기 한인 이민사 개요〉, 207쪽.
32. Ibid., 211쪽.
33. Ibid., 212쪽.
34. Ibid., 212쪽.
35. Ibid., 212쪽.
36. Ibid., 212쪽.
37. 이 숫자는 《미주 지역 한국 민족 운동 사료집 4》, 서울, 대한민국: 도산안창호선생기념사업회, 2004에 실린 이만열의 〈해제〉, 32~33쪽에서 인용했다.
38. 이자경, 〈중가주 초기 한인 이민사 개요〉, 211~212쪽.
39. Ibid., 216쪽.
40. Ibid., 217쪽.
41. 허버트 신Herbert Shinn 인터뷰. 필자와 앤드루 K. 차가 2006년 6월 6일 캘리포니아 다뉴바에서 테이프에 녹음했음. 중가주 한인 역사 연구회 특별 소장품(프레즈노, 캘리포니아).
42. Gus Reyes 인터뷰. 2005년 10월 12일 캘리포니아 리들리에서 필자가 구술 기록했음. 중가주 한인 역사 연구회 특별 소장품(프레즈노, 캘리포니아).
43. Ibid., 217쪽.
44. Ibid., 217쪽.
45. Ibid., 211쪽.
46. 1908년 7월 29일 《공립신보》 광고란에는 공립협회의 지역 지부 명단과 주소가 실렸는데, 그중 6곳이 캘리포니아에 소재했다: 샌프란시스코, 로스앤젤레스, 리버사이드, 레드랜드, 프레즈노, 핸포드. 이 외에 유타주 솔트 레이크 시티, 와이오밍주 록 스프링스에 각각 한 곳씩 더 있었다.
47. 이자경, 〈중가주 초기 한인 이민사 개요〉, 215쪽.
48. Ibid., 208쪽.
49. Robert Clark, Labor History, pp. 138~140.
50. 이자경, 〈중가주 초기 한인 이민사 개요〉, 215쪽.
51. Ibid., 215쪽.
52. Ibid., 214쪽.
53. Ibid., 215쪽.
54. Fresno Historical Society, p. 1.
55. Preston, Early California Atlas, pp. 54~55.
56. Ibid., pp. 54~55.
57. Hanford Centennial Committee, p. 1.

58. Preston, Early California Atlas, p. 54.
59. Ibid., p. 54.
60. Ibid., p. 54.
61. Kenneth Zech, ed., The McCubbin Papers: An Early History of Reedley and the "76" Country(Reedley, CA: Reedley Historical Society, 1988), pp. 75~110.
62. Ibid., p. 77.
63. Preston, Early California Atlas, p. 54.
64. City of Visalia, http://www.ci.visalia.ca.us/frconten.htm.
65. Preston, Early California Atlas, p. 56.
66. Clough and Secrest, Fresno County, p. 329.
67. Ibid., p. 336.
68. Ibid., pp. 332~333.
69. Ibid., p. 343.
70. Ibid., p. 333.
71. Robert Clark, Labor History, pp. 101~102, 135~140; Olson, Ethnic Dimension, pp. 188~189, 33~336.
72. Clough and Secrest, Fresno County, p. 333.
73. Ibid., pp. 292, 334~336.
74. Ibid., pp. 61, 138.
75. Olson, Ethnic Dimension, p. 334.
76. Clough and Secrest, Fresno County, p. 336.
77. Olson, Ethnic Dimension, p. 329; Robert Clark, Labor History, pp. 131~132.
78. Cao and Novas, Everything You Need to Know, p. 93.
79. Ibid.
80. Ibid.
81. Olson, Ethnic Dimension, p. 337.
82. 1913년의 캘리포니아 외국인 토지법은 일본인 및 아시아계 외국인에게도 3년 이상 토지 임대와 상속을 불허했다. 1920년까지 13개의 다른 주도 비슷한 법을 만들었는데, 여기엔 허점이 있었다. 수정헌법 14조에 따라 미국에서 태어난 아이들은 미국 시민이었기 때문에 상당수 일본인들이 서류상 자녀 명의로 토지를 매입해 운영했다. 캘리포니아 의회는 일본인들이 미성년자 명의로 임대하거나 구매하는 것을 금지함으로써 법의 허점을 막았다. Cao and Novas, Everything You Need to Know, pp. 93~94.
83. Hilary Conroy, The Japanese Frontier in Hawaii, 1868-1898(Berkeley: University of California Press, 1953), pp. 94, 120, 128.
84. Conroy, The Japanese Frontier, pp. 120~121. Andrew Lind, The History of Contract Labor in the Hawaiian Islands: Hawaii's Japanese(New York: Arno Press, 1978), pp. 43~44.
85. 1902년 개정된 〈중국인 배척법〉은 미국 대중의 관념에 여전히 '황화론Yellow Peril'이 뿌리 깊게 박혀 있었음을 보여주는 증거다. 1905년 《샌프란시스코 크로니클》은 일본인을 적대시하는 시리즈를 게재했는데 이것이 현지 노동조합을 자극해 '일본인-한국인 배척 동맹Japanese-Corean Exclusion League'이라는 모임이 결성되는 지경에 이르렀다. 'Corean'으로 표기된 한국인들에 대해 노조 지도자들이 제대로 알지는 못했던 것으로 보인다. 다만 1905년경에는 이미 한국이 외교권을 잃고 일본의

보호국이 됐기 때문에 한국인이 일본인과 관련 있다는 정도로만 인지했을 수 있다. 더 나아가 1906년 센트럴 밸리에서는 노동조합 문제를 두고 격렬한 반일 감정이 일기도 했다. 한인들은 이런 적대적 환경 속으로 걸어 들어간 셈이다. Clark, Labor History, pp. 133~139.
86. Clough and Secrest, Fresno County, p. 333.
87. 이러한 견해는 당시 다뉴바와 리들리의 가치 및 권력 구조에 대한 필자의 연구를 반영한 것이다. 하지만 예외가 있다면, 캘리포니아 99번 고속도로의 베이커스필드 북쪽에 있던 앨런스워스Allensworth라는 역사적인 마을이다. 이 마을은 처음 세운 앨런 앨런스워스 중령의 이름을 따서 지어졌는데, 그는 남북전쟁 당시 연합군에서 흑인 하사관으로 복무하다 중령으로 제대한 군종 목사였다. 1908년 흑인 농장 공동체로 세워진 이 마을은 1930년대 들어 폐쇄됐다. 마을에 살던 200여 명의 아프리카계 미국인 가족들은 중가주로 뿔뿔이 흩어졌다. Charles Alexander, Battles and Victories of Allen Allensworth (Boston: Sherman, French & Company, 1914). Jim Benning, "In the Footsteps of the Colonel", Via (July 2004), http://www.viamanagazine.com.wekenders/Allensworth04.asp.

제3장

다뉴바의 한인 개척자들

1909~1945

인간이 무리 지어 살기 위해서는 수자원과 교통이 필수적이다. 물을 구할 수 없었다면 3.4평방 마일 규모의 도시 다뉴바도 탄생할 수 없었을 것이다. 1890년 공공 관개 시스템인 알타(스페인어로 "upper"라는 뜻) 관개구가 만들어지자 킹스강 남쪽을 따라 13만 에이커의 토지에 물을 공급할 수 있게 됐다(관개 시설이란 농업용수를 대고 뺄 수 있게 설치하는 스프링클러, 수로, 수문, 저수지, 양수시설 등을 말한다 – 옮긴이). 관개 시설 덕분에 물을 사용한 농사가 가능해졌고, 비로소 다뉴바에도 사람들이 정착해 마을을 건설할 수 있는 경제적 토대가 마련됐다.

관개 시스템과 동시에 철도도 들어섰다. 서던 퍼시픽 레일로드가 철도 기지와 철로를 건설하자 곧 철길까지 이어지는 도로들이 여기저기 생겨났다. 길을 따라 자연스럽게 돈과 사람도 모여 들었다. 이 초기 정착촌은 처음엔 제임스 시블리의 이름을 따서 시블리빌Sibleyville이라고 불렸다.[1] 무슨 연유에선지 철도 기술자들은 구약성서에 나오는 에돔의 마을 딘하바Dinhabah를 본따 이곳을 다뉴바라고 기록했고,[2] 그렇게 다뉴바가 마을 이름으로 굳어졌다.

1900년부터 철로 주변으로 대장간, 정육점, 우체국, 말 사료 판매점, 마을 회관, 사무실 등이 줄지어 들어섰다.[3] 이때만 해도 제대로 된 마을이라고 보긴 어려운 수준이었다. 집이라고는 전기도, 따뜻한 물도 나오지 않는 판잣집 수준이었다. 사람들은 맨바닥에 누워 잠을 청했다. 깃털로 가득 찬 매트리스는 꿈도 꿀 수 없었다.[4] 악취 풍기는 뒷간이라도 갖추고 있으면 그나마 다행이었다. 비포장 도로는 비만 오면 물에 잠기기 일쑤였다. 교통수단은 철도와 말뿐이었다. 포드 자동차가 모델-T(컨베이어 벨트 대량 생산으로 자동차 대중화 시대를 연 상징적 모델 - 옮긴이)를 처음 미국에 선보인 때는 한인들이 다뉴바로 모여들기 1년 전인 1908년이었다.

이번 장에서는 다뉴바 한인 커뮤니티의 형성 과정, 커뮤니티가 조직된 양상, 한인들의 삶의 모습 등을 다룬다. 첫 부분에서는 다뉴바 정착이 시작된 1909년, 열정적인 한인 세 명이 포도 농장과 협상을 벌여 50~60명 규모의 한인 고용 계약을 따낸 과정을 짚어 본다. 정착촌이 자리를 잡으면서 자연스레 지역 조직들도 발전했다. 정착 과정에서 선도적 역할을 했던 교회의 건립 과정을 돌아보고, 곧이어 출현한 정치·사회 단체에 대해서도 서술한다.

한인 이민자들에게 있어 정치 단체는 삶의 중요한 일부였다. 그도 그럴 것이, 한인들은 하와이에 도착한 지 5년이 채 지나지 않아 나라를 잃었다. 일본이 대한제국을 강제로 식민지화하면서 조국이 지도에서 지워져 버린 것이다. 이민자들의 가슴 속에는 조국의 독립에 힘을 보태야겠다는 열정이 꿈틀거리고 있었다. 1919년 3월 1일 고국에서 일제 통치에 대항한 집단 봉기가 발발하자 이민자들의 열정도 활활 불타올랐다. 중대한 역사적 변곡점이 됐던 이 정치적 항쟁에 다뉴바와 캘리포니아 한인들이 어떻게 반응했는지는 사회 조직에 관한 섹션에서 다뤘다. 여성 단체들이 나서고 한인 학생 대회가 열렸으며, 다뉴바 최초의 한인 사회주의 정당이 창당되는가 하면 3·1운동 1주년을 기념하는 활동들이 이어졌다.

사회·정치 활동에 대한 설명에 이어 다뉴바와 센트럴 밸리 한인 이민자들의 프로필을 집중적으로 분석해 본다. 한인 이민자들이 어떤 사람들이었는지, 어느 지역에서 왔는지 살펴보고, 사망 원인 분석을 통해 고단했던 삶의 일단을 들여다본다. 이민 2세의 삶에 대한 개인적 증언도 곁들였다. 교회 중심의 생활과 애국심에 관한 섹션에서는 한인 이민자들이 기독교 신앙을 포기하지 않았으며, 조국의 독립이라는 대의에 기여했다는 사실에 주목한다.

1.
정착촌이 모습을 갖추다(1909~1919)

1909년 8월 인력 도급업자였던 임성택, 임치호, 이재수가 고용 계약을 따낸 덕분에 한인 40~50명이 다뉴바로 들어와 600에이커 규모의 포도밭에서 일하게 됐다.[5] 도급업자들이 이 정도 규모의 계약을 성사시킬 수 있었던 배경에 대해선 정확히 알려진 바가 없다. 인력 캠프를 다수 운영하던 일본인들이 옆에서 거들었을 수도 있다. 한인들은 이 계약을 돌파구 삼아 센트럴 밸리의 안쪽 도시(프레즈노,

핸포드, 바이셀리아)를 떠나 막 번성하던 시골 마을들로 진출할 수 있었다. 이때 다뉴바로 향했던 40~50명의 한인들은 자신들 중 일부가 훗날 다뉴바에 정착해 평생을 살게 될 거라고 상상이나 했을까.

앞서거니 뒤서거니 다뉴바로 몰려든 한인들이 다뉴바 잔류를 확신했던 이유는 이곳에서 일자리가 끊임없이 생겨났기 때문이었다. 툴레리 카운티 동부 지역에서는 포도, 건포도, 과일 농장이 계속해서 번창하는 중이었다. 이미 지역 곳곳에서 일본인, 중국인, 멕시코인, 필리핀인이 일하는 모습을 쉽게 발견할 수 있었다.[6] 비록 생활 여건은 열악했고 인종 차별도 여느 지역 못지않았지만 그건 어디나 마찬가지였다. 다뉴바에는 소규모 가족 농장이 많다고 알려져 있었는데, 이곳에선 농지 임차는 물론이고 한 뙈기 땅이나마 소유해서 가족끼리 농장을 운영할 수도 있었다. 그런 식으로 성공한 일본인들을 보며 한인들도 성공의 희망을 품게 됐다.

한인들의 농장 경영은 점차 현실이 됐다. 존 고John Kor(고기옥)의 딸로 현재 84세인 로즈 고 카리소사Rose Kor Carissosa에 따르면 1930년대까지 한인 10여 가구 이상이 다뉴바 근방에서 농사를 지었다. 로즈의 아버지 존은 약 20에이커의 땅을 임차해 호박, 토마토, 멜론, 포도 등을 재배했다.[7] 로즈와 다른 자녀들이 아버지를 도와 밭을 일구는가 하면 수확기에 일손을 보태곤 했다고 한다. '1할 거래10percent deal'로 알려진 당시의 관행에 따라 농사를 지은 한인 소작농도 있었을 것이다.[8] 지주가 땅을 빌려주고 농기구와 영농 비용까지 모두 제공하면 소작농은 수확물(혹은 수입)의 10%를 갖고 나머지 90%를 지주에게 돌려주는 방식이었다.

서로 긴밀하게 연결된 한인 사회에서 다뉴바가 꽤 괜찮은 동네라는 소문이 빠르게 퍼져나갔다. 안창호의 부인 헬렌 안은 1911년 다뉴바에서 포도 따기 일을 하며 여름을 보냈다.[9] 여름에 일하러 왔다가 가을, 겨울이 지나도록 그대로 눌러앉는 사람들도 있었다. 아예 가족을 이끌고 이주해 온 이들도 있었는데 대부분 하와이 노동자였다.

1) 교회가 세워지다

1912년이 되자 다뉴바의 한인 인구는 교회를 운영할 수 있을 만큼 꽤 불어났다. 그해 9월 6일 한인 기독교 단체들이 샌호킨 장로교 노회에 선교 활동을 지원해 달라고 청원했다.[10] 노회는 이를 승인해 전도사 이치완을 파견했다.[11] 한인들은 이미 교회 건립 자금도 충분히 모아 놓은 상태였다. 말이 교회지 실제 모습은 소박한 오두막에 가까웠다. 다뉴바 한인들에 관심이 깊었던 린들리Lindley는 1920년 영문으로 작성한 교회 회의록에서 이렇게 적었다.

> 한국에서부터 기독교를 믿었던 한인 몇 명이 1912년부터 모여 예배를 드리기 시작했다.……그들은 십시일반 모은 650달러에 다뉴바 제일장로교회의 도움을 더해 방 두 개짜리 작은 오두막을 세웠고, 그 오두막을 자신들의 교회로 봉헌했다.[12]

이 오두막 교회의 위치는 다뉴바의 O 스트리트 204 N.이었다.

1930년대 다뉴바 한인 장로교회 신도들. 1912년 처음 세워진 다뉴바 한인 장로교회는 후일 완전히 철거돼 지금은 모습을 찾아볼 수 없지만 교회 터에 기념비가 세워져 있다.

1915년경 한인들의 신앙 활동은 오두막의 울타리를 넘어 성장하고 있었다. 1920년 교회 회의록 내용이다.

> 한인들이 다뉴바 마을과 그 인근으로 넘어와 정착하면서 교인도 크게 늘었다. 1915년에 새 교회를 더 크게 세우자는 내용의 결의안이 통과됐다. 방 두 칸짜리 오두막에서 시작한 교회는 100명 이상 수용할 수 있는 규모로 커졌다.[13]

1915년 10월 15일 착공한 새 교회는 그해 12월 23일 완공과 함께 축성됐다.[14] 건립 비용 2,000달러는 모두 한인들의 주머니에서 나왔다.[15] 2년 뒤인 1917년에는 목사관이 들어섰고,[16] 1920년 2월 15일 한인 선교회가 드디어 교회의 지위를 얻었다.[17] 정식 자격을 갖춘 다뉴바 한인 장로교회는 주일 예배와 주일 학교, 한국어 학교 등을 운영했다. 1958년 2월 4일 문을 닫기 전까지 교회는 한인들의 종교, 사회, 문화, 정치 활동의 구심점 역할을 했다. 교회 활동에 대한 보다 자세한 설명은 이번 장 후반부에서 다루기로 한다.

2) 사회 단체들

교회 말고도 한인들의 다뉴바 정착을 도운 중요한 기반이 또 있었는데, 바로 대한인국민회였다.[18] 대한인국민회는 교회가 세워지고 2년이 지난 1914년 다뉴바 지부를 설립했다. 교회가 종교적 차원에서 한인들의 삶을 조직했다면 대한인국민회는 민족주의와 민족 정체성을 내세워 공동체를 규합하고 나섰다. 국민회 다뉴바 지부는 경찰원과 재무를 포함한 간부 10명을 선출했으며 지부 구성원이 16명이나 됐다.[19]

아직 다뉴바에 깊이 뿌리내리진 못했지만 다뉴바 한인이라면 누구나 아는 단체가 또 하나 있었다. 바로 도산 안창호가 이끌던 흥사단이다. 도덕 사상가이자 독립운동가였던 안창호는 1913년 미국 샌프란시스코에서 흥사단을 설립했다. 도덕·윤리적 가치의 함양을 장려해 민족 혁신을 꾀하려는 조직이었다. 안창호는 1917년 여름 한인 공동체를 순회하던 중 다뉴바에 들렀다. 이때 다뉴바 한인들도 그의 육성 메시지를 직접 듣는 기회를 가졌다. 안창호의 연설회에는 한인 학생들도 청중으로 참석했는데 그중엔 훗날 주미 대사 및 서울대학교 3대 총장을 지낸 장리욱 박사도 있었다. 장리욱은 훗날 자서전에서 인격 혁신을 주창한 도산의 메시지에 큰 감동을 받은 나머지 그 자리에서 흥사단에 가입했다고 회고한 바 있다.[20]

안창호가 다뉴바에 남긴 족적은 그리 크지 않았던 데 반해 이승만은 꽤 성공적으로 다뉴바 한인 사회에 스며 들었다.[21] 이승만은 다뉴바 한인 장로교회 이살음 목사를 끌어들여 자신의 지지 조직인 '동지회'의 지부장을 맡겼다. 이살음은 목사의 지위를 활용해 이승만의 정치 자금 모집을 진두지휘했을 뿐 아니라 정치적 라이벌들의 공격으로부터 이승만을 옹호했다. 이후 다뉴바는 중가주 지역에서 이승만의 정치적 교두보로 자리매김했다.

로즈 고 카리소사의 기억에 의하면 이승만이 마을을 방문할 때면 어른들이 환영 준비를 하느라 떠들썩했다고 한다.[22] 로즈와 언니 사라(85세)는 부모님이 이승만 부부를 위해 만찬을 열었던 날의 기억을 간직하고 있다. 이승만이 오스트리아 출신 여성 프란체스카와 결혼한 뒤 한인 사회에 처음 소개하러 다뉴바에 왔을 때의 일이다.

> 결혼식을 올린 이승만 박사가 신부를 다뉴바로 데려오자마자, 이살음 목사가 교회에서 우리 집까지 이승만 부부를 모시고 왔어요. 우리 부모님이 이 박사 부부와 손님들을 위한 저녁 식사를 준비했죠. 결혼을 축하해 주려는 자리 같았어요.[23]

여름 방학이면 농사 일거리를 찾아 다뉴바에 온 한인 학생들의

1934년 이승만, 프란체스카 부부를 위한 결혼 축하연이 열렸던 다뉴바 주택의 현재 모습.
현지 주민이 거주하고 있다.

존재도 지역 사회에 활기를 불어넣었다. 학생들은 저녁에 짤막한 연극을 선보여 흥겨움을 자아내기도 했다. 특히 1918년 여름 유명 극작가 홍언의 작품을 바탕으로 했던 애국적 주제의 연극이 기억에 남을 만하다.[24]

2.
3·1운동

센트럴 밸리에서 한인 공동체가 뿌리내리는 동안 한반도에선 일본의 강압 통치가 날로 강도를 높여가고 있었다. 일제의 억압이 극심해지자 1919년 3월 1일 식민 지배에 항거하는 민중 봉기가 전국적으로 일어났다. 남녀노소 없이 거리로 쏟아져 나와 "대한 독립 만세"를 외쳤다. 일본군 헌병은 폭력적 진압과 연행으로 맞섰다. 1920년대 후반까지 이어진 시위는 4만 7,000명 체포, 7,500명 사망, 1만 5,951명 부상이라는 끔찍한 결과를 낳았다.[25]

고국에서 대규모 봉기가 일어났다는 소식이 1919년 3월 말 캘리포니아 한인 사회를 휩쓸고 지나갔다. 다뉴바 한인들은 가장 신뢰하던 현지 신문인 《다뉴바 센티넬Dinuba Sentinel》을 통해 고국의 소식을 접할 수 있었다. 다뉴바 한인 장로교회 해외 선교회의 지원으로 조선에 파견됐던 선교사 역시 일본 헌병의 잔혹한 진압에 관한 생생한 목격담을 편지로 전해왔다. 선교사의 편지는 일본 경찰의 검열을 아슬아슬하게 피해 미국까지 건너올 수 있었다. AP통신이 이 편지를 인용해 보도하자 《다뉴바 센티넬》이 1919년 7월 22일 자 신문에 다음과 같은 헤드라인으로 활자화했다. "흥미롭지만 끔찍한 한국의 이야기 전해져: 최근 AP통신이 보도한 편지의 사본을 이곳 해외 선교회장이 입수했는데 일본의 만행을 고발하고 있다." 선교사의 편지는 숨이 넘어갈 듯한 고통스런 어조로 고문 장면을 전하고 있었다.

여기서 불과 수백 야드 떨어진 곳에서 매일 구타가 계속되고 있다. 피해자들은 발가벗겨진 채 형틀에 묶여 몽둥이로 두들겨 맞고 있다. 의식을 잃으면 정신을 차리게 찬물을 끼얹고는 다시 구타를 반복한다. 믿을 만한 정보에 의하면 팔다리가 부러

진 사람들도 있다고 한다.[26]

한편 중국으로 망명한 독립운동가들이 1919년 4월 대한민국 임시정부를 수립한 데 이어 같은 달 14일부터 사흘간 서재필이 필라델피아에서 제1차 한인 자유대회를 소집했다. 대회에는 이승만, 벤 C. 림, 조병옥, 장택상, 유일한, 민찬호, 윤병구, 헨리 구 김, 민규식, 노디 도라 김 등 명망 높은 한인 지도자들이 망라됐다.[27] 지도자들은 한국에 기독교 민주주의에 기반한 공화정을 수립하겠다는 의지를 선포했다(이때 한인들이 처음으로 공화정이라는 용어를 사용했으며, 민주주의와 기독교를 연결지었다). 이승만은 새로운 공화국의 수장으로 추대됐다.[28] 지도자들은 미국 독립기념관까지 행진해 이승만에게 독립 선언서를 낭독하게 한 뒤, 조지 워싱턴이 앉았던 의자에 이승만을 앉히기도 했다.[29]

2) 다뉴바 한인들의 3·1운동 대응

서재필이 주도한 한인 자유대회는 다른 주와 도시에 살던 한인들을 크게 고무시켰다. 다뉴바 교포들도 분연히 일어나 애국심을 고취하는 다양한 행사와 활동을 폈다. 1919년 4월 이후 다뉴바에서 일어난 주요 사건은 다음과 같다.

1. 한인 여성단체 대표단이 5월 18일 소집됐다.
2. 대한여자애국단이 설립됐다.
3. 대한부인구제회 다뉴바 지부가 설립됐다.

4. 일본간장 불매 운동이 시작됐다.
5. 미 의회를 대상으로 대한민국 임시정부를 인정받기 위한 로비가 펼쳐졌다.
6. 한인학생대회가 8월 14~16일에 열렸다.
7. 대한인노동사회개진당이 12월 13일 창당대회를 열었다.

한인 여성들은 남성들 못지않게 강한 애국심을 표출했을 뿐 아니라 능동적이기도 했다. 원래 다뉴바 한인 여성들이 단체를 결성했던 이유는 자선 활동과 독립운동 기금 마련을 위해서였다. 샌프란시스코, 새크라멘토, 윌로우스, 로스앤젤레스의 여성 단체들도 마찬가지였다. 하지만 3·1운동을 겪은 뒤 지금까지의 방식으로는 부족하다는 사실을 뼈저리게 깨달았다. 도움을 필요로 하는 곳이 너무나 많았다. 고국에서는 수천 명이 다치거나 체포됐고, 지하로 숨어든 사람은 셀 수 없을 정도였다. 중국, 시베리아 등지로 추방된 사람도 수천에 달했다. 중국에 새로 세워진 임시정부도 지원을 요청해 왔다. 재외동포들은 보다 효율적으로 돈을 모아 필요한 곳에 제대로 전달해야만 했다. 1919년 5월 18일 다뉴바에 모인 캘리포니아 등지의 여성 대표단은 한국과 중국 쪽을 지원할 수 있도록 지역 단위 조직들을 전국 조직으로 전환하자고 결의했다. 이에 1919년 8월 5일 다뉴바에서 '대한여자애국단'이 결성됐다.[30] 이 단체의 핵심 지도부는 헬렌 안, 김혜원, 그리고 한시대의 부인과 어머니 등 한인 여성계의 유명 인사들이었다.

이 무렵 하와이에선 자연재해 피해자와 박해 희생자 구호를 목표로 하는 '대한부인구제회'라는 새로운 단체가 생겨났다.[31] 다뉴바에도 곧바로 구제회 지부가 결성됐다. 이 모임 회원들은 박애 정신의 상징인 간호사복을 입고 활동했다. 구제회와 애국단은 공동으로 약 3만 달러를 모금해 한글학교, 고국의 이재민과 정치범, 대한인국민회, 상하이 임시정부를 지원했다.[32]

다뉴바 한인 여성들이 남긴 업적은 이뿐만이 아니었다. 일본의 압제에 저항하고 항의하는 의미로 일본간장 불매 운동을 전개하기도 했다.[33] 한 달이 채 지나지 않아 불매 운동은 미 전역의 한인들에게로 번져 나갔다.

한편 대한인국민회 다뉴바 지부는 대한민국 임시정부를 미 의회가 승인해 줄 것을 촉구하며 미 상하원 의원들을 상대로 로비를 벌이기 시작했다. 1919년 8월 1일 자 《다뉴바 센티넬》은 "지역 한인들이 의원들의 워싱턴 활동에 대해 감사를 표하다"는 제하의 기사를 보도했다. 다뉴바 지부장 이순기와 여성부 담당 강영선은 맥코믹 상원의원과 호크 스미스 상원의원에게 다음과 같은 전보를 보냈다.

> 다뉴바 한인과 3개 대표 단체의 이름으로, 한국의 상황과 관련해 현시점에서 가장 적절하고 효과적인 결의안을 의회에 상정해 주신 데 대해 진심으로 감사드립니다.……여러분의 노력이 결실을 맺어 하루빨리 우리 2,000만 동포를 구원할 수 있기를 간절히 기원합니다.[34]

3) 다뉴바 한인 학생들의 대응

1919년 다뉴바에서는 학생들이 주도해 캘리포니아 버전의 한인대회를 개최했다. 1919년 8월 14~16일에 걸쳐 캘리포니아 곳곳에서 온 500명 가까운 학생이 다뉴바 한인 장로교회에 집결했다. 조국의 독립을 위해 젊은이들이 어떤 역할을 해야 할지 자유롭게 토론해 보자는 의도였다. 이 모임은 훗날 한인 학생대회로 불리게 된다. 《다뉴바 센티넬》은 이 사실을 충실히 보도했는데, 1919년 8월 5일 자에는 "한국인들이 8월 14~16일 여기로 모여: 참가자 500명 예상"이라는 제목의 기사가 실렸다.

한인 학생대회는 난상토론 끝에 학생들이 외교, 군사, 재정 등 세 가지 분야에 적극 개입해야 한다는 결론에 도달했다. 독립을 위해서는 미국의 도움이 절실했고, 학생들은 미국 정부, 국민들과의 우호 관계를 증진시키자고 뜻을 모았다. 일본으로부터 독립을 쟁취하려면 군사력이 필요했기에 전투 능력도 키워야 했다. 이 모든 것을 위해선 더 열심히 일하고, 더 많이 벌어 저축하고, 독립의 대의에 더욱 헌신할 필요가 있었다. 다음은 학생대회에서 청중들의 감성에 호소했던 한 참가자의 발언이다.

> "맞아요, 맞서 싸우고, 하늘을 날고, 바다를 가로지르고, 승리를 쟁취하려면 충분한 재정적 기반이 필요합니다. 그러니 학생 여러분은 밖으로 나와 포도 넝쿨(포도 따기 노동을 뜻함-옮긴이)을 꽉 움켜쥐세요. 거기에 여러분의 인생과 조국의 미래가 걸려 있으니까요."[35]

사흘간 이어진 토론회는 대한민국 임시정부에 대한 지지 서약으로 갈무리됐다.

4) 한인 사회주의 정당 결성

학생들의 목소리가 잦아들 즈음에 다뉴바 한인들이 다시 움직이기 시작했다. 20세기 초 세계 정치 환경을 그대로 반영하듯 사회주의 정당인 대한인노동사회개진당의 창당대회가 열린 것이다. 제국주의 일본이 한반도 지배의 야망을 이룰 수 있게 된 건 역시 제국주의 노선을 걷던 영국과 미국이 일본을 편들어 준 덕분이었다.[36] 반대편에선 러시아 볼셰비키 혁명의 성공에 힘입어 사회주의가 세력을 확장하고 있었다. 기본적으로 반제국주의 신념을 갖고 있던 사회주의자들은 조선인처럼 억압받는 처지에 놓인 이들을 동정하는 입장이었다. 1919년 8월 8일 국제 사회주의자들이 대한민국 임시정부의 국제적 인정과 자결권에 지지 의사를 표명한 것도 그런 맥락이었다.[37]

이러한 사회주의 진영의 지지를 놓칠세라, 리들리의 김호와 다뉴바의 이살음이 이끌던 한인 그룹이 사회주의 노동자 정당을 결성했다. 당시 임시정부를 대표해 파리에 머물던 조소앙의 창당 권유도 한몫했다. 이 정당은 1919년 12월 7일 샌프란시스코의 한 한인 교회에서 '대한인노동사회개진당Korean Labor Socialist Progression Party'이라는 이름으로 정식 발족했다. 이어 12월 13일에는 한인이 가장 많이 살던 다뉴바의 한인 장로교회에서 창립총회가 열렸다.[38] 김호가 주 연사로 나섰고, 당 대표로 이살음이, 총무로는 김호가 선

출됐다.[39]

5) 3·1운동 1주년 기념식

1920년이 되자 한인들은 3·1운동 1주년을 기념하기 위한 채비를 시작했다. 중가주 지역에선 다뉴바와 새크라멘토에서 각각 3·1운동 기념행사가 열렸다. 다뉴바의 행사는 오전 10시부터 밤늦게까지 이어졌다. 이번에도《다뉴바 센티넬》은 한인들의 3·1운동 기념일 행사를 매우 상세하게 보도했다. 샌호킨 밸리와 로스앤젤레스 지역의 한인 300여 명이 다뉴바 한인 장로교회로 모여들었다. 《다뉴바 센티넬》은 이날의 엄숙한 분위기를 꽤 잘 전해주고 있다.

> 오전 10시가 되자 강당이 발 디딜 틈 없이 꽉 들어찼다. 오케스트라가 비장한 군가 톤의〈내셔널 엠블럼National Emblem〉을 색다르게 연주했다.……한 목사의 기도 후에……대한인국민회 전권 대사인 홍언이 불멸의 독립 선언서를 낭독하자 참석자들은 우레와 같은 박수로 화답했다.[40]

이 기사에 상세하게 묘사된 내용을 보면 이날 기념행사가 어떻게 펼쳐졌는지 파악할 수 있을 뿐 아니라 얼마나 훌륭하게 준비됐는지도 직접 눈으로 보듯 떠올릴 수 있다.

> 분위기에 맞춰 금은으로 장식한 의상을 입은 아름다운 소녀 두 명이……미니어처 독립문의 아치 위에 태극기를 게양했다. 무

대 뒤에서 날린 바람에 태극기가 힘차게 펄럭였다. 한 학생이 나와 이 영광스러운 국기 아래 대한민국의 새로운 공화 헌법을 낭독하자 더욱 열광적인 박수갈채가 터져나왔다.[41]

신문은 또 캘리포니아 한인들이 일본의 잔인한 시위 진압으로 사망한 수천 명의 동포를 애도하는 장면을 감동적으로 그려냈다.

이날 오전 행사에서 가장 인상 깊고 감동적인 장면은 망자들을 기리는 의식이었다. 간호복을 입은 파우파 림, 제시 림, 프랜시스 허, 마사 킴이 찬송가 〈내 주를 가까이 하게 함은 Nearer My God to Thee〉을 조용히 부르며…… 객석이 무거운 침묵에 잠긴 가운데 가상 무덤 위에 화환을 올려놓았다. 곧이어 오케스트라가 〈석별의 정 Auld Lang Syne〉을 연주하자 청중 모두 진심으로 화답했다. 연주 후 대한민국 국민과 정부, 대통령을 위한 만세 삼창이 이어졌다.[42]

오전 행사를 마친 낮 12시 30분쯤 한인 300명이 밖으로 나와 폭죽이 터지는 가운데 줄지어 다뉴바 시내를 행진했다. 갑작스런 소나기가 한인들의 머리 위로 쏟아졌지만 한 블록쯤 걷자 비가 그쳤다. 《다뉴바 센티넬》은 이를 두고 '아폴로 신'이 멋진 퍼레이드를 계속 구경하고 싶어 미소지은 것이라고 썼다. 확실히 다뉴바 같은 작은 마을에서 그런 행진은 좀체 보기 힘든 장관이었다.

퍼레이드에서는 간호사복을 입은 한인 여성 8명(대한부인구제

● 1920년 3월 1일 다뉴바 한인 장로교회에서 열린 3·1운동 기념행사의 무대.

●● 1920년 3월 1일 3·1운동 1주기 기념식이 열린 다뉴바 한인 장로교회 강당.

회, 대한여자애국단 회원들)이 커다란 태극기를 들고 행렬의 맨 앞쪽 좌우에 섰다. 그 뒤를 무개차無蓋車와 말에 올라탄 남자들이 따랐고, 남자들 뒤로는 남녀노소 할 것 없이 손에 태극기와 성조기를 들고 있었다. 다뉴바 마칭 밴드는 활기찬 행진곡과 함께 미국 국가The

Star Spangled Banner를 연주했다. 주민 수백 명이 길가에 줄지어서 한인들의 행진을 지켜보며 박수를 보냈다. 원래 일정에는 윌로우스의 한인 비행학교에서 훈련받던 조종사 이용선이 행진 경로에 맞춰 다뉴바 상공을 비행하는 계획도 포함되어 있었다.[43] 하지만 이용선의 비행기는 프레즈노까지 날아왔다가 우천으로 프로펠러가 작동하지 않아 비행을 포기해야 했다.[44] 오후와 저녁에는 몇 차례의 연설에 이어 에드워드 김이 연출하고 제이슨 한이 조연출한 드라마〈새로운 삶A New Life〉이 발표됐다.[45] 그렇게 3·1운동 기념식은 1920년부터 다뉴바 한인들의 연례행사로 자리잡았다.

같은 날, 같은 시각에 북부 새크라멘토의 한인들도 연설과 꽃수레, 시가행진 등으로 3·1운동을 기념했다. 기념행사는 11번가 H 스트리트에 있는 피시언 캐슬Pythian Castle에서 열렸다.[46] 한인 사회의 저명한 지도자였던 윤병구 목사가 주 연사로 나서 다음 세 가지 주제로 연설했다. 대한 독립 선언문이 민주주의, 기독교, 자유, 박애의 원칙을 어떻게 구체화했는가, 일본 군국주의의 발호를 세계에 어떻게 경고할 것인가, 그리고 한인들을 기꺼이 받아들여 준 미국 정부의 요청에 어떻게 부응하고 행동해야 하는가였다.[47]

새크라멘토에서의 행진은 독특했다. 일본군과 싸울 전투기 조종사가 되기 위해 군사 훈련을 받던 젊은이들도 참가했다. 이와 관련해서는 현지 매체《새크라멘토 비》가 주목할 만한 보도를 했다.

이날 오후의 행진에서 특히 눈에 띈 것은 글렌 카운티의 윌로우스에서 훈련받는 한인 젊은이들이 참가했다는 점이다. 이들

① 1920년 3월1일 다뉴바에서 열린 3·1운동 1주기 기념식 퍼레이드에서 간호사복 차림으로 태극기를 들고 행진하는 한인 여성단체 회원들
② 1920년 3월 1일 다뉴바의 3·1운동 1주기 기념 퍼레이드에 참가한 한인들.
③ 1920년 3월 1일 다뉴바에서 열린 3·1운동 1주기 기념식 퍼레이드에 참가한 한인 여성단체 회원들.
④ 1920년 3월 1일 다뉴바에서 열린 3·1운동 1주기 기념식 퍼레이드에서 태극기를 들고 행진하는 한인들.
⑤ 1920년 3월 1일 다뉴바에서 열린 3·1운동 1주기 기념식 퍼레이드에서 행진하는 한인들.

중가주 한인역사연구회가 2008년 다뉴바에 세운 3·1운동 1주년 시가행진 기념비.

은 한국이 독립전쟁을 벌일 경우 항일 투쟁을 하려고 조종사가 된 젊은이들이었다.……멋지게 장식된 꽃수레 차량도 몇 대 합류했다.[48]

한인 비행학교는 1920년 부유한 쌀 농부 김종림의 자금 지원으로 노백린 장군이 북가주 글렌 카운티의 윌로우스에 설립했다. 비행학교에 대한 더 자세한 내용은 제6장에 기술하기로 한다.

지금까지 다뉴바 한인 사회를 형성한 세력과 단체, 사건들을 중심으로 다뉴바 한인들이 체류자에서 정착자로 변모한 과정을 살펴봤다. 이제 다뉴바뿐 아니라 센트럴 밸리의 한인 전반을 좀 더 속속들이 들여다볼 차례다. 이들이 누구였는지, 한국 어디에서 살다 왔는지, 나이와 성별, 그리고 미국에서의 삶은 어떠했는지를 두루 분석해 보기로 한다.

3.

다뉴바, 센트럴 밸리 한인들의 프로필

먼저 리들리와 다뉴바의 차이점 몇 가지를 짚고 넘어갈 필요가 있다. 두 지역은 언뜻 별 다를 바 없어 보이는 캘리포니아의 전형적인 농촌 마을이다. 인구도 리들리 2만 2,000명, 다뉴바 1만 9,000명으로 엇비슷하다. 리들리를 처음 세운 사람은 토마스 로 리드Thomas Law Reed였다. 리들리라는 지명도 그의 이름에서 따왔다. 리드는 샌 호킨 밸리의 중심부에서 가장 큰 밀 농장을 운영하던 농장주이자 목장주였다. 리드가 농장을 경영하며 투자한 지역이 나중에 리들리가 됐고 그 덕분에 리들리는 정착촌으로서의 면모를 갖출 수 있었다.

리드는 고향인 오하이오주 체스터에서 연합군(북군)의 일원으로 남북전쟁에 참전했다. 전쟁 중 부상을 입었지만 1865년 전쟁이 끝날 때까지 군 복무를 계속했다.[49] 북군으로 참전해 부상까지 입은 경력으로 미뤄볼 때 리드는 노예 해방의 신념을 가진 인물이었을 것으로 추측된다. 리드의 자유주의 성향이 자연스럽게 리들리에도 뿌리내리게 된 셈이다.

실제 리들리에는 핀란드 출신 정착민들이 많았는데, 그들이 리들리로 이주해 온 데는 신대륙에서 핀란드 스타일을 고수하며 살고자 했던 이유도 있었다.[50] 당시 러시아 황제가 핀란드의 정체성을 말살하는 정책을 폈기 때문에 핀란드인들이 자유주의적 분위기인 리들리에 정착하는 것 자체가 사회 정의의 회복을 의미했다. 평화와 정의를 중시하는 메노나이트 교파 독일인들이 리들리로 들어와

지역 발전에 크게 기여한 것도 우연이 아니었다.[51]

리들리와는 대조적으로 다뉴바는 가장 가까운 이웃이자 인근에서 가장 오래된 마을인 바이셀리아의 분위기를 그대로 빼닮았다. 바이셀리아는 남북전쟁 기간에 남부 지지세가 강했던 곳으로, 바이셀리아 주민들이 노골적으로 남군을 지원하지 못하도록 연방 정부가 군대를 주둔시킬 정도였다.[52] 다뉴바는 바이셀리아의 분위기를 그대로 반영해 보수 색채가 강한 지역이 됐다.

두 마을의 서로 다른 역사적 배경은 하루하루를 힘겹게 살아가는 소수민족 이민자에게는 사실 큰 의미가 없었다. 리들리에 살든 다뉴바에 살든 인종 차별을 당하기는 매한가지였다. 하지만 한인들이 죽어서 어디에 묻혔는지를 보면 두 마을의 차이가 확연히 드러난다. 당시 다뉴바에 거주하던 한인 인구는 리들리의 4배 이상이었지만, 거꾸로 리들리 묘지에 묻힌 한인의 숫자가 다뉴바 스미스 마운틴 묘지보다 3배나 많다. 다뉴바의 공동묘지는 오드 펠로우즈 소사이어티Odd Fellows Society의 사유지였기 때문에 소수민족의 경우 따로 격리된 구역에만 안장 허가를 받을 수 있었다. 리들리 공동묘지 역시 사설 묘지였지만[53] 원하는 지역민은 누구나 사랑하는 사람을 그곳에 안장할 수 있었다. 다뉴바에서 태어나 평생을 그곳에서 산 83세의 한인 2세 허버트 신Herbert Shinn이 털어놓은 경험담이다.

> "아버지가 돌아가셨을 때 제 누이 로즈가 다뉴바 공동묘지에 안장을 문의했다가 약간 푸대접을 받았어요. 그래서 리들리 공동묘지에 확인했더니 당연히 가능하다고 하더군요."[54]

다뉴바 스미스 마운틴 묘지 전경(위)과 한글, 영어, 한자로 새겨진 다뉴바 한인의 묘비(아래 왼쪽). 리들리 공동 묘지의 한인 묘지석들(아래 오른쪽).

신 씨 가족의 경우 장남 말고는 모두 다뉴바에 살았지만 죽어서는 리들리에 묻혔다. 리들리에 안장된 한인 중 3분의 2는 아마 다뉴바 주민이었을 테고, 일부는 샌호킨 밸리 출신이었을 것이다. 늘그막에 자녀들이 사는 근처 동네로 이사했다가 사망한 뒤에는 리들리로 돌아와 묻힌 사람들도 있다.

리들리의 한인 묘는 177기, 다뉴바는 53기로 총 230기의 한인 분묘가 확인됐다. 1919년 대한인국민회가 실시한 인구조사에 응한 한인은 1,500여 명인데, 이 중 한국에서 살던 주소지나 미국 내 거주지, 결혼 여부나 가족 관계 등의 정보가 기록돼 있는 사람은 492명에 불과하다. 나머지는 누락, 분실, 불명 등의 이유로 기록이 없다. 기록이 남아있는 492명 중 절반(51%)에 해당하는 255명이 캘리포니아에 살았고, 그중 31%인 78명이 다뉴바에 살았다. 다뉴바 한인 78명 중 다뉴바, 리들리 공동묘지 두 곳의 사망자 명단에 기록된 숫자는 35명뿐이다. 나머지 43명은 다른 지역에 안장된 것으로 추정된다. 본 연구에서는 확인된 분묘 230기에 다른 어딘가에 묻혔을 43명까지 더한 273명을 중가주 한인 집단[55]으로 묶어 그들의 프로필을 도출해냈다. 이 프로필을 기초로 다양한 데이터를 분석하고 들여다봤다. 그렇게 모은 정보를 종합해 보면 1910년 이후 센트럴 밸리 한인의 초상을 그런대로 뚜렷하게 그려볼 수 있다.

사망 진단서, 인터뷰 및 역사적 문헌 등도 기초자료 보강에 도움이 됐다. 하지만 모든 자료가 같은 형태의 데이터를 사용하는 건 아니어서 한인 숫자는 273명과 어긋날 때도 많다. 예컨대 어떤 묘지석엔 안장 연도와 날짜만 새겨진 반면 생년월일, 출생지, 가족 등

완전한 정보가 적힌 비석도 있다. 인구조사 응답은 오락가락하는 면이 많고, 사망 증명서는 일부 한정된 케이스 외에는 별 도움이 되지 않았다. 옛 상공인 인명록에서 몇몇 정보를 찾아낼 수 있었지만 인명록에 수록되지 않은 한인도 많았다. 1903~1905년 기간에 하와이 호놀룰루에 도착한 한인 승객의 명단은 이름, 마지막 주소, 나이, 결혼 여부, 도착 날짜, 그리고 탑승한 선박명 등을 알려주는 좋은 자료다. 하지만 이 역시 기껏해야 1~2년에 한정된 한인 공동체의 모습을 보여주는 스냅샷에 불과하다는 점을 감안해야 한다. 인구 변화 및 이동 상황을 제대로 파악하려면 일정 기간을 추적하는 종적 데이터가 필수적인데, 안타깝게도 이 자료만으로는 그것이 불가능하다.

1) 이름, 성별, 연령, 혼인 여부

성姓은 신원 확인의 기본이다. 우리는 중가주 한인 집단으로 묶어낸 273명의 이름을 모두 확보했다. 명단을 보면 김, 이, 박이 한국에서 얼마나 흔한 성씨인지가 한눈에 보인다. 김 씨만 전체의 25%를 차지한다. 희귀 성씨들도 눈에 띈다. 〈표 3.1〉에서 확인할 수 있듯 다뉴바, 센트럴 밸리의 한인 정착민들은 한국 사회의 축소판이라고 할 만하다.

김 씨 다음으로 가장 많은 성인 이 씨와 박 씨가 집단 전체의 24%를 차지한다. 모두 38개의 성씨가 등장하는데, 이 중에는 선우, 설, 좌 등 1명뿐인 희귀 성씨도 12개가 있다. 각각 16번씩 나오는 오, 정, 장을 포함해 10번 이상 등장하는 성씨가 전체 273명 중

〈표 3.1〉 다뉴바, 센트럴 밸리 한인의 성씨 분포(N=273)

Name (n)	Name (n)	Name (n)	Name (n)	Name (n)	Name (n)
Kim (70)	Lee (46)	Pak (20)	Oh (16)	Cheong (16)	Chang (13)
Sinn (9)	Cho (7)	Song (8)	Kang (7)	Ko (7)	Wang (5)
Im (4)	Han (4)	Baek (4)	Yun (4)	An (3)	Son (2)
Ju (2)	Nam (2)	Ma (2)	Hong (2)	Hyeon (2)	So (2)
Seonu (1)	Seoll (1)	Sim (1)	Jin (1)	Cha (1)	Ha (1)
Ra (1)	Mun (1)	Wi (1)	Kil (1)	Kweon (1)	Jwa (1)
Yang (1)	Yu (1)				

*출처: 이자경이 취합한 〈리들리, 다뉴바 묘지의 한인 사망자 명단〉, 23~34쪽;《미주 지역 한국 민족 운동 사료집》4, 3~229쪽에 수록된 북미 한인 인구 조사 자료.

181명으로 66%를 차지한다. 이 비율은 한국의 일반적인 성씨 분포와 놀라울 정도로 비슷하다.

그렇다면 남녀 비율은 어땠을까? 가능한 범위에서 추정해 보면 273명 중 여성은 3분의 1 미만이었을 것이다. 이는 2세 여성 자녀들도 포함한 수치다. 여성의 비율이 낮은 것은 결혼 여부와 밀접한 관련이 있다. 이런저런 이야기가 담긴 기록이나 인구 조사 자료, 묘지석 등을 보면, 이 지역에 가정을 꾸린 한인이 그리 많지 않았다는 사실을 파악할 수 있다. 남성 182명 중 어림잡아 3분의 1 정도만 결혼했는데, 이는 한인 남성 상당수가 독신으로 살다 죽었다는 뜻이다. 그들은 왜 결혼하지 않았던 걸까? 〈표 3.2〉는 1903~1905년 하와이 호놀룰루에 도착한 승객 명단과 묘비, 인구조사 기록에서 골라낸 111명의 나이를 정리한 것이다. 표에 표시된 나이는 그들이 한국을 떠나 하와이로 향했던 1903~1905년 당시의 대략적인 나이다. 따라서 다뉴바나 샌호킨 밸리에 도착했을 때는 그보다 3~5살씩 더 나이를 먹은 상태였다.

〈표 3.2〉 센트럴 밸리 한인의 이민 당시 연령 분포(1903~1905)

Age Range	Number
10–20	29 (26%)
21–30	56 (50%)
31–40	19 (17%)
41–50	5 (05%)
51–60	1 (01%)
61–70	1 (01%)
Total	111 (100%)

*출처: 이자경이 취합한 〈리들리, 다뉴바 묘지의 한인 사망자 명단〉, 23~34쪽;《미주 지역 한국 민족 운동 사료집》4, 3~229쪽에 수록된 북미 한인 인구조사 자료.

〈표 3.2〉에 나오는 한인 이민자 111명 중 56명, 즉 정확히 절반이 21~30세 사이였다. 그리고 29명은 10대일 때 나라를 떠났다. 다시 말해 전체의 76%인 85명이 한창때의 청소년이거나 20대였다는 뜻이다. 젊은이들은 이민 기회를 향해 용감하게 몸을 던졌다. 가족 단위로 이민 길에 나선 이들도 있었다. 20대 후반, 30대 중 일부는 아내와 아이들을 데리고 하와이에 도착했다. 우리는 어느 인터뷰에서 조부모, 부모, 자녀까지 3대가 함께 이민 온 가정도 있었다는 얘기를 들었다. 이민에 나서기엔 고령인 51~60세, 61~70세 연령대가 각각 한 명씩 존재했던 이유, 그리고 10대가 전체 집단의 4분의 1이나 차지했던 배경을 설명해 주는 대목이다.

하와이에서 3~5년을 보낸 후 센트럴 밸리에 당도했을 때는 남성 대다수가 결혼 적령기에 도달했거나 아예 적령기를 훌쩍 넘겼을지도 모른다. 하지만 그들에게 결혼은 그리 만만한 일이 아니었다. 1910년 한국이 식민지화되면서 한인들은 국적 없는 신세가 됐다. 나라가 사라진 탓에 신붓감을 찾기 위해 고향에 돌아가려면 한국 여권을 일본 여권으로 바꿔야 했다. 일본인 신분이 아니면 여행 자체가 불가능한 상황이었지만 한인들의 애국심은 국적 변경을 차마 용납할 수 없었다. 사진 신부라도 구하려면 큰돈이 들 뿐 아니라 법적 신분도 확실해야 했다. 사진 신부는 일본 여권을 발급받는 것 못지않게 어려운 루트였지만 이를 활용하는 남성도 일부 있었다. 현지인과 결혼하는 방법도 있었는데, 결혼 대상은 주로 히스패닉계 여성들이었다.[56] 꽤 많은 이민자가 이쪽을 선택했다. 그러지 못한 나머지는 독신으로 지내는 수밖에 없었다. 묘비에 사망 일자만 적혀 있는 무덤은 이런 독신자들의 것으로 추정된다. 리들리에 거주하는 84세의 한인 2세 윌리 강Willie Kang의 회고에 따르면 노년에 접어든 한인 독신자 중 상당수가 자신의 아버지인 강화정에게 돈을 맡겼다고 한다. 90세를 넘겨 1970년대까지 생존했던 강화정은 아마도 리들리의 마지막 1세대 이민자였을 것이다. 독신자들이 강화정에게 돈을 맡기며 남긴 부탁은 간단했다. 자신이 죽으면 장사 지내는 데 그 돈을 써달라는 것이었다. 윌리 강은 아버지 강화정이 독신자들의 생전 부탁대로 장례를 치러줬다고 회고했다.[57]

2) 출신 지역

이민자들이 한국의 어느 지역에서 살다 왔는지를 파악할 수 있다면 초기 캘리포니아 한인들의 배경을 이해하는 데 도움이 될 것이다. 하지만 아쉽게도 데이터는 그리 많지 않다. 출신 지역을 파악할 수 있는 사람은 전체 집단 273명 중 79명뿐이다. 부족하나마 79명의 출신 지역에 나타난 비율, 경향성으로도 전체 집단의 윤곽 정도는 그려낼 수 있다. 79명의 출신 지역은 〈표 3.3〉에서 확인할 수 있다.

〈표 3.3〉 다뉴바, 센트럴 밸리 한인들의 출신 지역

Province	n (%)	Province	n (%)
Kyeonggi	14 (18)	South Pyeong-an	14 (18)
North Kyeong-sang	12 (15)	Hwang-hae	7 (09)
South Kyeong-sang	7 (09)	South Jeolla	6 (08)
Jeju	6 (08)	North Pyeong-an	5 (06)
North Jeolla	4 (05)	South Ham-kyeong	4 (05)
North Chung-cheong	0 (—)	Gang-weon	0 (—)
South Chung-cheong	0 (—)	North Ham-kyeong	0 (—)

*출처: 이자경이 취합한 〈리들리, 다뉴바 묘지의 한인 사망자 명단〉, 23~34쪽;《미주 지역 한국 민족 운동 사료집》4, 3~229쪽에 수록된 북미 한인 인구조사 자료.
**참고: N=79. 반올림한 수치이기 때문에 합계는 100%가 되지 않는다.

이민자의 출신지 중 최다는 평안남도와 경기도(서울 포함)로, 한인 집단 내 79명 중 33%에 해당하는 28명이 이 두 지역에서 왔다. 인구가 많은 경상북도 출신은 12명이고 경상남도 출신은 7명이다. 육지에서 멀리 떨어진 제주도에선 6명이 이민 온 반면, 충청도와 한반도 최북단 함경북도 출신은 한 명도 없었다. 이민자를 배출한 지역은 모두 미국 선교사가 활동하던 곳들이다.

선교사들이 기독교인들에게 이민을 적극 권유한 데는 여러 이유가 있었다. 당연하게도 선교사는 기독교인들과 쉽게 접촉할 수 있었다. 당시 한국인 대부분은 유교를 신봉했는데, 외국에서 새롭게 도전한다는 아이디어에 보수적인 유교 신봉자보다는 기독교도가 훨씬 개방적이었다. 선교사 주변의 기독교인들은 이국적인 서양 문물에 보다 익숙하다는 이점도 있었다. 선교사들은 가난과 궁핍에서

벗어날 수 있을 뿐 아니라 자녀들의 미래를 위해서도 좋은 기회가 될 수 있다며 교인들에게 이민을 설득했다.

〈표 3.4〉는 앞서 밝힌 출신지별 한인 이민자 숫자와 해당 지역의 선교사 숫자를 나란히 비교한 것이다. 완벽하게 비례하지는 않아도 확실한 상관관계를 보여준다. 선교사가 많을수록 그 지역 출신의 이민자도 많았다. 전체 선교사 247명 중 거의 절반인 119명, 즉 48%가 경기도와 평안남도에 몰려 있었다. 그리고 다뉴바, 중가주 이민자들의 출신 지역 역시 이 두 곳이 전체의 28명(36%)로 가장 많다.

선교사가 특정 지역에 편중됐던 이유는 무엇일까? 선교사들은 생활 편의 시설이 비교적 잘 갖춰져 있고 엘리트 계층에 접근하기

〈표 3.4〉 다뉴바, 센트럴 밸리 한인 이민자들과 출신 지역별 선교사 숫자 비교(1909)

Province	Immigrants		Missionaries	
Kyeonggi	14	(18%)	82	(33%)
South Pyeong-an	14	(18%)	37	(15%)
North Kyeong-sang	12	(15%)	13	(05%)
Hwang-hae	07	(09%)	08	(03%)
South Kyeong-sang	07	(09%)	16	(06%)
South Jeolla	06	(08%)	12	(05%)
Jeju	06	(08%)	0	
North Pyeong-an	05	(06%)	16	(06%)
North Jeolla	04	(05%)	20	(08%)
South Ham-kyeong	04	(05%)	23	(09%)
North Chung-cheong	0		07	(03%)
Kang-weon	0		02	(01%)
South Chung-cheong	0		08	(03%)
North Ham-kyeong	0		03	(02%)
Total	79	(101%)	247	(99%)

*출처: 이자경이 취합한 〈리들리, 다뉴바 묘지의 한인 사망자 명단〉, 23~34쪽;《미주 지역 한국 민족 운동 사료집》4, 3~229쪽에 수록된 북미 한인 인구 조사 자료; J. S. Gale, p. 193.
**참고: N=79. 반올림한 수치이기 때문에 합계는 100%가 되지 않는다.

쉬운 수도권을 선호하는 경향이 있었다. 경기도 안에는 수도 서울이 있었기 때문에 선교사들의 활동도 이 지역에 집중됐다. 엘리트 계층을 기독교로 개종시키면 그들을 지렛대 삼아 고등 교육을 받은 다른 상류층에게 접근하기도 쉬웠다. 선교사 호레이스 앨런이 좋은 예다.[58] 대한제국 황실과 가깝게 지냈던 앨런은 고종을 설득해 하와이 이민 허가 결정을 이끌어냈다.

평안남도는 현재 북한의 수도이자 '동양의 예루살렘'[59]으로 불렸던 평양이 위치한 곳이다. 일찍이 1700년대 초 중국으로부터 기독교가 전해진 이래[60] 평안남도 지역에는 기독교 전통이 깊숙이 퍼져 있었다. 그러니 평안남도의 선교사 숫자가 경기도의 절반에 불과했는데도 이 지역 출신 이민자는 경기도 못지않게 많았던 것이 전혀 놀라운 일은 아니다.

경기도, 평안남도 다음으로는 경상북도가 기독교 개종에 가장 전향적이었다. 선교사 13명이 경상북도에 거주했고 이민자 12명이 경상북도 출신이었다. 황해도의 경우 선교사 7명 대 이민자 7명으로 정확한 상관관계를 보여준다. 평안북도, 경상남도, 함경남도, 전라남도, 전라북도에는 전체 선교사의 34%에 해당하는 87명이 여기저기 흩어져 있었다. 이들 5개 도에서 건너온 중가주 이민자는 26명으로 전체의 33%에 해당했다.

중부 지역인 충청남·북도와 동북부의 추운 지역인 함경북도, 그리고 강원도에는 전체 선교사 중 9%인 20명밖에 없었다. 중가주 이민자 중 이들 지역 출신으로 기록된 사람은 한 명도 없지만 통계적으로는 적게나마 존재했을 것으로 봐야 한다. 예외적으로 최남단 외딴 섬인 제주도의 경우 선교사가 전혀 파견되지 않았는데도 제주도 출신 이민자가 6명이나 된다. 제주도 뱃사람들이 이민에 대한 입소문을 접하지 않았을까 짐작해 볼 수 있다. 하와이행 배를 타려면 제주에서 인천항까지 몇백 마일이나 되는 거리를 배와 말을 이용하거나 도보로 이동했을 것이다. 꽤 많은 숫자의 제주 고씨[61]들이 그렇게 하와이에 갔다가 다뉴바까지 넘어 왔다.

3) 다뉴바 한인들의 삶

다뉴바 정착민 중 대략 200명 정도는 농장에서 일자리를 구했다. 직접 가족 농장을 경영한 한인은 최소 12명 이상이었다. 존 고와 맥팔랜드의 좌용빈이 농장을 운영했고, 김사용은 쌀 농장을 운영한 사실이 확인됐다.[62] 세 사람 모두 현재 리들리 묘지에 안장돼 있다. 나머지는 농장 일꾼들이었다. 1930년대 센트럴 밸리 농장 노동자들의 시급은 10~15센트였다. 하루에 보통 10시간씩 일했고 수확기에는 쉬는 날이 아예 없었다.[63] 수입의 절반은 숙식비 조로 인력 캠프 운영자에게 상납했다.

다뉴바, 리들리 및 인근 지역에는 한인이 운영하는 인력 캠프/하숙집이 도합 8군데 정도 생겼다 사라졌다 했다. 윌리 강의 부친인 강화정은 수년간 리들리 J스트리트 1445번지에서 하숙집을 운영했고, 백만선은 김형제상회의 인력 캠프용 하숙집을 운영했다. 장병훈은 리들리의 말로이 스트리트 17번지에서 하숙집을 운영했다.[64] 다뉴바에는 하숙집이 3채 있었다. 그중 한 곳은 생거Sanger에서 임치성이 운영했고, 또 한 곳은 박호근이 팔리어Parlier에서 운영했다.

각 인력 캠프/하숙집마다 20명을 수용했다고 가정하면 센트럴 밸리의 한인 미혼 남성은 160명 정도였을 것이다. 그들이 가장 바빴던 때는 농작물 수확기였다. 일자리를 유지하려고 이 농장 저 농장으로 옮겨 다녔다는 점에서 떠돌이 노동자였다고 할 수 있다. 팔리어에서 인력 캠프/하숙집을 운영했던 한인 1세대 박호근의 아들 박영은 자서전《하이픈 붙은 미국인의 삶과 시간 The Life and Times of a Hyphenated American》에서 부친의 떠돌이 시절 경험에 대해 이렇게 썼다.

> 초창기에 아버지는 동포들을 데리고 일종의 작업반을 만들어서는, 캘리포니아 밸리의 큰 농장들에서 농작물을 수확하는 일을 했다. 임페리얼 밸리에서 시작해 북부 살리나스 밸리로, 다시 동쪽의 샌호킨 밸리로 이동했다. 거기서부터 다시 북쪽 새크라멘토 밸리 마을로 가거나 오리건, 워싱턴으로 곧바로 넘어가기도 했다. 워싱턴에 간 사람들은 야키마 밸리에 잠시 머물다 나중에 동쪽 몬태나로 옮겨갔다.[65]

4) 노동 환경

오늘날의 기준으로 보면 끔찍하다고밖에 달리 표현할 수 없다. 섭씨 37~38도를 넘나드는 뙤약볕 아래 일하는 날이 많았다. 방에는 에어컨은커녕 물도 안 나와서 차라리 나무 아래서 자는 게 나을 정도였다. 학생 신분으로 여름 동안 다뉴바에서 포도 따기 노동을 했던 장리욱은 매일 밤 무화과나무 밑에서 잠을 청할 만큼 환경이 열악했다고 술회했다.[66] 차이석 역시 《골드 마운틴: 어느 한인 이민자의 자서전 The Golden Mountain: The Autobiography of a Korean Immigrant, 1895-1960》에서 프레즈노에서의 포도 따기 경험을 이렇게 묘사했다.

> 과일 수확 시즌이 끝나고 포도 수확기가 다가오자, 모든 길은 포도 제국 샌호킨 밸리의 수도인 프레즈노로 통했다.……와인용 포도 수확은 실로 고된 노동이었다. 낮에는 덥고 밤에는 추워서 헛간이나 무화과나무 아래서 잠을 잤다.[67]

1910~1920년대는 다뉴바뿐 아니라 중가주 다른 지역의 한인들에게도 가장 혹독한 시기였던 것 같다. 여전히 미국 땅에서 자리 잡기 위해 고군분투하는 상황이 이어졌다. 고국에서의 삶보다 못하지는 않았을지 모르지만 더 낫다고 할 수도 없었다. 사회 분위기도 그리 유쾌하지 못했다. 곳곳에 인종 차별이 도사리고 있었다. 상점마다 소수 인종의 출입을 금지했다. 리들리에선 유색 인종이 수영장에 들어갈 수 없었고,[68] 극장 좌석은 소수 인종과 백인용이 따로 구분돼 있었다.[69] 아시아계는 귀화도 허용되지 않았다. 당당하게 주장할 만한 시민권이란 게 없었다. 일반 은행에서는 대출조차 불가능했다.

이민자들은 오랜 시간을 이런 부당한 대우에 시달리며 묵묵히 지내야 했다. 그러나 1910년 8월 25일 자 《다뉴바 센티널》에는 한인이 부당한 대우에 맞서 싸운 일화가 실렸다. 기사의 제목은 "폭행당한 한국인"이었다.

어제 Y.S. 김이라는 한국인이 J.T. 고드먼Godman과 임금 문제로 말다툼을 벌이던 중, 김 씨가 고드먼에게 욕설을 퍼붓자 고드먼이 갈색 피부의 남성인 김 씨의 머리를 갈퀴로 내려쳤다.[70]

김 씨는 폭행 사건을 법정으로 가져갔다. 법원이 어떻게 판결했는지는 알 길이 없지만, 지역 신문 기자마저 김 씨를 "갈색 피부의 남성"이라고 지칭한 점으로 미뤄볼 때 법정 분위기가 김 씨에게 그다지 우호적이지는 않았을 것 같다.

1930년대는 사상 최악의 대공황으로 대규모 실업이 발생한 힘겨운 시기였다. 소수 인종 노동자들은 희생양이 될 수밖에 없었다. 한 작가는 리들리 인근에서 필리핀인 등 소수자들이 불황으로 고통받던 모습을 이렇게 묘사했다.

> 1930년 8월 대공황이 노동자들을 덮쳤다. 임금이 시간당 15센트에서 10센트로 떨어졌다. 계약서에 따르면 노동자들은 포도 가지치기 한 건당 0.5센트, 톰슨 포도 수확 한 접시에 0.5센트를 받았다. 이로 인해 필리핀인과 다른 인종 노동자 사이에 폭동이 일어나기도 했다. 일부 노동자들은 필리핀인들이 얼마 안 되는 일자리마저 빼앗아 가고 있다고 주장했다.[71]

일터에서 필리핀인과 가깝게 어울린 한인들 역시 1930년대 대공황 시기의 처지가 필리핀인과 별반 다르지 않았을 것이다. 고용주들은 시급 10~20센트에 불과한 임금조차 현금으로 주지 못해 농장에서 나는 우유, 계란, 과일, 야채 같은 현물로 지급할 때도 있었다.[72]

샌호킨 밸리의 중심부인 와스코Wasco에서 태어나 다뉴바에서 자란 헬렌 션 김Helen Shon Kim은 1987년 K. W. 리에게 어릴 적 다뉴바 생활에 대해 털어놨다. "그야말로 인간 이하의 생활이었죠. 아마 가축들도 우리보단 잘살았을 걸요."[73] 그녀는 다뉴바에서의 어린 시절을 이렇게 기억했다.

> "어린 시절 제가 기억하는 첫 장면은 부모님과 일하러 갔던 밭의 풍경이에요. 그때 전 다섯 살이었죠. 우린 하루종일 일했어요. 여름이면 새벽 4시 30분에 하늘에 뜬 별을 보면서 들판에 나갔죠. 그리곤 해질 때까지 쉴 새 없이 일만 했어요."[74]

다섯 살짜리 여자아이가 대관절 무슨 일을 할 수 있었을까? 헬렌은 뭐든지 했다고 했다. 심지어 남자들이 도맡던 거친 일까지 포함해서 말이다. "어떤 일이든 닥치는 대로 했어요. 도랑 파고, 작물을 심고, 괭이질하고, 잡초도 뽑았죠. 딸기, 포도, 목화 등등 떠올릴 수 있는 모든 작물을 다 키웠어요. 그러면서 시간당 1센트를 벌었죠. 그 시절엔 정말 쉬지 않고 일해야만 했어요."[75]

다뉴바에 얽힌 헬렌의 기억을 더 듣다 보면 절로 목이 메일 정도다. 그 어린 소녀가 겪었던 박탈감은 한인 이민자 자녀 모두가 겪어야 했던 아픔이었다.

"난 강아지나 장난감을 한 번도 가져본 적이 없어요. 9살인가 10살 생일날이었는데, 없는 형편이지만 선물이란 걸 주고 싶으셨나 봐요. 토마토 소스 한 캔을 생일 선물로 받았죠. 그걸 맘껏 퍼먹을 수 있어서 얼마나 신났는지. 정말이지 잊을 수 없는 생일이었죠."[76]

농장의 한인 노동자들이 얼마나 척박한 여건에서 생활했는지를 보여주는 일화도 있다.

"난 제대로 된 옷 한 벌 가져본 적이 없었어요. 13살 때 포장 공장에서 일하며 시간당 10센트를 벌었죠. 일하는 중엔 절대로 멈추거나 쉴 수 없었고, 15분 휴식 같은 것도 없었어요. 화장실이나 소파도 없어서 급할 땐 가까운 덤불이나 나무에서 해결해야 했죠."[77]

이 정도 되면 한인 이민자들의 삶은 말 그대로 사는 게 사는 게 아니었음을 짐작할 수 있을 것이다. 그것은 그저 생존을 위한 투쟁이었다. 다시 헬렌의 말을 들어보자. "첫 아이를 임신하기 전까진 우유를 마셔본 적이 한 번도 없었어요. 늘 밥과 김치뿐이었죠. 고기는 1년에 한 번 먹을까 말까였어요."[78]

5) 죽음의 방식
한인들이 어떻게 살았느냐와 어떻게 죽었느냐는 또 다른 문제다. 어떻게 죽었는지, 어떤 이유로 죽었는지를 들여다보면 삶의 일단을 이해할 수 있다. 사망 진단서에는 72명의 사망 원인이 기록돼 있는데, 이는 다뉴바, 리들리 공동묘지에 묻힌 한인의 약 3분의 1에 해당한다.

〈표 3.5〉의 데이터는 죽음의 실상을 말해준다. 사망 원인이 알려진 72건 중 23건, 즉 32%가 심장병, 뇌졸중, 암과 같은 가장 흔한 질병으로 사망했다. 폐렴과 결핵으로 인한 사망자는 20건, 28%로 다소 높았다. 이는 형편없는 식단, 비위생적 환경, 과로, 그리고 농장에서 각종 화학 물질에 노출됐던 결과로 설명할 수 있다. 영양실조로 인한 사망 1건은 생존 자체가 위태로운 상태였음을 의미한다. 알콜 중독 1건, 자살 6건은 좌절에 빠진 삶의 단면을 보여준다. 기타 사망 원인으로는 고혈압, 자동차 사고, 신장병, 설사 등이 있다. 그중 화상으로 인한 두 명의 죽음은 특히 비극적이다. 40세의 한인 트럭 운전사와 8살 소년이 같은 해 화상으로 세상을 떠났는데, 두 사람은 할아버지와 손자 사이였다. 사고로 할아버지가 죽은 지 얼마 안 돼 손자마저 사망한 것이다. 익사로 기록된 두 명은 연달아서 사고를 당했다. 1931년 42세 남자가 즐거운 소풍 길에 나섰다가 그만 익사했고,[79] 이듬해인 1932년 23세의 미혼 여성도 물에 빠져 숨을 거뒀다.

가장 눈길을 끄는 것은 살인과 자살률이다. 두 건의 살인 사건에서 한인 세 명이 목숨을 잃었는데, 범인 역시 전부 한인이었다. 1916년 8월 2일 발생한 첫 살인 사건은 다뉴바에서 W. H. 석이 B. Y. 박과 S. B. 윤을 총으로 쏴 죽인 사건이다.[80] 사망한 박 씨는 다뉴

<표 3.5> 다뉴바, 리들리, 중가주 한인들의 사망 원인별 분류(1912~1994)

Cause	n
Heart diseases	14
Pneumonia	10
Tuberculosis	10
Cancer	5
Stroke	4
Still birth	3
Gun shot wound from homicide	3
Uremia	2
Self-inflicted gun shot wound	2
Suicide (self-poisoning)	2
Auto accident	2
Accidental drowning	2
Accidental burn	2
Gastric hemorrhage	2
Suicide-hanged self	1
Suicide (knife)	1
Cardio renal vascular disease	1
Atelactosis	1
Hypertension	1
Toxic diarrhea	1
Congestion of lung	1
Alcoholism	1
Asthma	1
Malnutrition	1
Total	73

*출처: 스미스 마운틴 다뉴바 공동묘지 매니지먼트; 2005년 6월 캘리포니아 다뉴바 돕킨스 퓨너럴 채플; 리들리 공동묘지 매니지먼트. 리들리 묘지 관리인 빌 콘래드가 발췌해 준 자료. 상당수 자료가 소실됐고 사인이 기록되지 않은 경우도 많았다. 망자의 프라이버시 보호를 위해 사인 외 다른 정보는 제공되지 않았다. 논의 끝에 자료의 신뢰도 제고를 위해 살인과 자살 건의 경우에는 조금 더 많은 정보를 제공받았다. 이 경우에도 될 수 있는 대로 신분을 감추기 위해 성과 이니셜만 사용했다. 여기서 중가주 한인이라는 용어는 생전엔 리들리, 다뉴바 이외 지역에서 살았더라도 사망한 뒤 두 지역 묘지에 묻힌 한인들을 가리킨다.

바 스미스 마운틴 묘지에 묻혀 있다. 이 비극적 사건은 한인 사회 전체를 충격과 공포에 빠뜨렸다. 그로부터 15년이 지나 살인의 기억을 다시 떠올리게 한 사건이 일어났다. 1930년 11월 17일 생거에서 Y. J. 김이 사냥용 소총을 J. C. 신에게 발사한 것이다.[81] 희생자

신 씨는 리들리 묘지에 묻혀 있다.

자살의 경우 자살 도구별로 보면 총기 2건, 음독 2건, 결항(목줄) 1건, 칼 1건 등 총 6건이었다. 결항은 27세 주부가 스스로 목을 맨 사건이었다. 헬렌 김은 1987년 K. W. 리와의 인터뷰에서 비극적 자살 사건들을 직접 목격했다고 증언했다. 희생자 중에는 헬렌 아버지의 친구도 있었다. "지금껏 살면서 자살 사건을 여러 번 겪었어요. 내 주변 사람들의 죽음도 지켜봤구요. 우리 아버지의 가장 친한 친구였던 분의 시신을 내가 발견한 적도 있어요. 스스로 목을 매셨더라구요."[82]

헬렌은 친구의 어머니가 음독자살한 사건과, 자살로 추정되는 두 건의 익사 사고에 대해서도 언급했다. "친구와 집에 갔는데 걔 엄마가 스스로 목숨을 끊었더군요. 독약을 마셨죠. 동네 여자가 자기 아이 둘을 마대 자루에 넣어서 강물에 던지는 것도 봤어요."[83]

중국인, 일본인도 사정은 나을 게 없었다. 그들 중에도 자살 사건들이 일어났는데, 이는 소수민족 이민자들의 삶이 너나없이 얼마나 힘들었는지를 보여준다. 헬렌은 중국인 사이에서 발생한 한 사건을 떠올리기도 했다.

> "길 건너 중국인 농장 노동자들 사이에서 일어난 사건을 본 적이 있어요. 그때는 너무 순진하고 어려서 어떤 상황인지 잘 이해하지 못했는데, 중국인들이 판잣집 숙소에 못을 박아 문을 못 열게 막고는 집에 불을 질러 버렸어요. 그들 중 네 명이 불에 타 죽었죠. 경찰이 왔는데 난 입도 뻥긋하지 않았어요."[84]

헬렌은 멕시코인이 어려움을 겪는 모습도 관찰했다고 한다. "근처에 살던 멕시코인들이 곤경을 견뎌내는 모습도 지켜봤어요. 참혹함 그 자체였죠." 헬렌은 일본인 가족의 동반 자살을 목격하기도 했다. "일본인 가족도 생각나네요. 그 집엔 딸이 셋이었는데, 농장 사업이 실패하자 가족 전체가 동반 자살했거든요."[85]

1930년대 미국의 자살률이 10만 명당 13.5명, 살인률은 10만 명당 8명이었던 점을 감안하면, 200~300명에 불과한 작은 커뮤니티에서 3건의 살인과 6건의 자살 사건이 발생한 것은 극도로 높은 수치라고 할 수 있다. 한인의 자살률은 미국 일반 시민보다 1,300배 높았고 살인율은 3,000배 이상이나 됐다. 1916년의 살인 사건을 제외하면 초기 한인 이민자들의 자살과 살인은 죄다 1920년대 후반, 1930년대에 일어났다. 이 시기 대공황이 몰고 온 좌절과 절망감을 다른 동포들에게, 그리고 스스로에게 퍼부어 버린 한인들도 있을 것이다. 자살 사건들은 절망과 고독에 시달렸던 한인 이민자들의 모습을 처절하게 반영한다. 살인 사건들은 가난한 독신으로 살았고, 향수병에 시달렸으며, 내일의 희망이 없다고 생각했던 일부 한인들이 삶의 의미를 완전히 상실한 채 아노미[86] 상태에 빠졌음을 보여주고 있다.

6) 비행 Vices

중국인과 이웃해 이민 생활을 시작했을 때부터 아편 중독은 한인들을 괴롭힌 몹쓸 습관이었다. 다뉴바나 리들리에서 심각한 사건이 보고된 바는 없지만 한인 사회에는 언제나 아편 중독이 만연해

있었다.[87]

한인 독신자들의 또 다른 일상적 풍경은 잦은 매음굴 출입이었다. 리들리에 거주하는 80대 후반의 한 히스패닉계 노인은 이런 목격담을 들려줬다. "어렸을 때 본 한국 사람들이 기억납니다. (다 허물어져 가는 낡은 건물을 가리키며) 주말마다 한국 남자들이 줄 서서 차례를 기다리던 모습이오. 무슨 말인지 아시겠죠?"[88]

도박 역시 삶의 일부였다. 허버트 신의 기억에 따르면 한인 두 명이 중국인 도박장에서 싸움을 벌여 지역 신문에까지 보도된 적이 있다고 한다. 돈을 잃은 한인이 자기를 속였다며 다른 한인에게 시비를 건 사건이었다. 중국 도박장은 공짜 식사를 제공했기 때문에 독신 남성들이 즐겨 찾기도 했다.[89]

7) 직업

한인 농장 노동자들의 떠돌이 생활은 제2차 세계대전을 지나며 양상이 변했다. 미국이 세계를 호령하는 강대국으로 떠오르자 미 정부는 차별적 법제를 철폐하기 시작했다. 한인에게도 귀화와 시민권 취득이 허용됐다. 시민권을 얻은 농장 노동자들은 비수기, 특히 겨울에 정부로부터 실업 급여를 받을 수 있게 됐고, 보다 안정적인 삶이 가능해졌다. 이제 일자리를 찾아 여기저기 떠돌아다닐 필요가 없어졌다. 떠돌이 노동은 차츰 역사 속으로 사라졌다.[90]

한인 공동체의 변화는 이뿐만이 아니었다. 1세대 노인들이 하나둘 세상을 떠났다. 한인 인구는 점점 줄어서 2세대 한국계 미국인으로 구성된 가족 몇몇만 남게 됐다. 1950년대가 됐을 때 다뉴바에는 고 씨 성을 가진 가족이 세 집, 신 씨 가족 세 집, 이·김·오 씨 각 두 집, 장·정·송 씨 가족이 각 한 집씩 남아 있었다.[91] 다뉴바 한인 사회의 모자이크 모양이 크게 달라진 것이다.

2세대가 주류를 이루면서 직업의 변화도 확연하게 일어났다. 대부분 농장 노동자로 일하던 시절은 이제 흘러간 옛 노래가 됐다. 2, 3세 한인들과 한국계 미국인들의 직업은 다양해졌다. 오늘날의 옐로우 페이지와 비슷한 R. L. 폴크사社의 1953~1954년 툴레리 카운티 전화번호부를 보면 한인 성씨가 적힌 직업은 다음과 같았다.

> 바디샵/ 경리/ 요리사/ 치과의사/ 설계 엔지니어/ 농부/ 꽃가게/ 과일 가게/ 식료품점/ 일용직 노동자/ 정육점/ 포장 및 유통업자/ 주유소/ 전화 교환원/ 트럭 터미널 운영/ 트럭 운전사/ TV&라디오 수리점

이처럼 소기업 형태의 자영업이 주류를 이뤘는데, 이는 1세대 부모가 자녀들에게 어느 정도의 자본을 물려줬음을 의미한다. 전문직 종사자도 드문드문 나왔다. 한국인 아버지와 히스패닉계 어머니 사이에서 태어난 에드워드 김Edward Kim은 변호사가 된 뒤 툴레리 카운티 고등법원의 판사를 지냈다. 에드워드는 20세기 말까지 순탄하게 판사로 재직했다. 리스트에 나온 포장 및 유통업자는 다뉴바 남부의 술타나에서 김송위탁판매소K&S Jobbers와 송씨 목장Song Ranch을 설립한 송철Leo Song이다. 그의 막내아들 유진 송Ugene Song이 아버지의 뒤를 이어 2004년까지 이 회사를 운영했다.

송철과 김용중이 동업해 캘리포니아 술타나에 설립한
김송위탁판매소의 광고 이미지

미국에서 태어난 한인 2세 남성들이 미군에 입대하기 시작했다는 사실은 다뉴바 한인 공동체가 더 이상 고립된 민족 집단에 머물지 않고 주류 사회로 융합되고 있었음을 보여주는 또 하나의 증거다. 1919년《다뉴바 센티넬》에는 "한국인 청년 세 명이 군에 입대"라는 제하의 기사가 실렸다.

> 잘 알려진 대로 에드워드 림, 제임스 S. 김, 윌리엄 리 등 한국인 청년 3명이 내일 아침 다뉴바를 떠나 프레즈노에 가서……신병 모집을 통해 정식으로 미 육군에 입대할 예정이다. 세 명 모두 보병에 지원하기로 했다.[92]

그렇게 한인 이민자의 자녀들이 태어나고 자라서 교육을 받았고, 부모보다 나은 직업을 가졌으며, 미국 시민으로서 입대해 나라에 봉사했다. 올림픽에서 두 번이나 다이빙 챔피언이 된 사무엘 리 Dr. Samuel Lee는 부친 이순기가 살던 프레즈노에서 태어나 온 가족이 로스앤젤레스로 이주하기 전까지 다뉴바에서 자랐다. 비록 성공하지 못한 이들도 있었지만 한국인 개척자들은 결국 해냈고, 그러기까지 수많은 역경과 맞서 싸워야 했다. 어떻게 이것이 가능했을까? 개개인의 역량도 있었겠지만 두 개의 정신적 버팀목이 그들을 지탱하는 힘이 되어줬다. 바로 교회 중심의 영성과 애국심이었다.

4.
교회 중심의 삶

중국인은 유교·도교 사원을, 일본인은 절을 지었다. 한인들은 교회를 세웠다. 이민에 지원한 한인들은 이민 이전부터 기독교도였기 때문에 미국 정착 후 교회 건립에 나선 것은 당연한 수순이었다. 그리하여 1912년 다뉴바에 한인 교회가 세워졌다. 앞서 인용한 다뉴바의 허버트 신은 교회가 한인 사회의 구심점 노릇을 했던 모습을 두 눈으로 지켜봤다.

교회는 공동체의 허브였다. 교회가 후원하던 소풍에는 최소 100명의 한인이 참가했다는 게 허버트 신과 로즈 고의 공통된 전언이다. 젊은이들은 교회의 친교실에서 어울리며 춤을 추곤 했다. 결혼식, 장례식은 물론이고 3·1절 기념행사, 한국식 추수감사절인 추석, 그리고 크리스마스 파티가 모두 교회에서 열렸다. 자녀 교육도 교회에 많이 의존했다. 미국에서 태어난 2세 자녀들은 주일학교에 다녔고, 교회가 후원하는 한글학교에서 한국어를 배웠다.

한인 개척자 가정의 상당수는 다음과 같이 교회와 깊숙이 얽혀 있었다.

- 신 씨. 신봉서의 딸 로즈 신은 교회 선생님인 동시에 상담사였다고 로즈 고는 기억하고 있다. 신 씨 집안은 다뉴바 한인 사회의 성장에 많은 기여를 했다.[93] 로즈 신의 남동생 허버트 신은 은퇴한 고등학교 교사이자 역사가이다.
- 하 씨. 이든 하(하일청·1886~1953)는 수년간 한국어 학교의 교장을 지냈다.[94]
- 오 씨. 1세대 개척자 중 한 명인 오충국은 교회 학교의 중요한 후원자였다. 오 씨 집안은 다뉴바에서 토지와 주유소를 소유하며 번창했다. 오충국의 차남 에드워드는 치과 의사가 되어 제2차 세계대전에 중위로 참전했다.
- 제주도 출신 존 고 역시 교회의 든든한 후원자였다. 존 고 부부는 아들 다섯, 딸 일곱 등 자녀를 12명이나 뒀다. 그중 아들 넷, 딸 다섯이 대학을 졸업하는 놀라운 성취를 이뤘다. 존 고의 손자인 테드 셀라야는 베트남에서 미군으로 복무했으며, 명예 제대 후 현재 다뉴바에 살고 있다. 테드의 이모인 로즈 고 카리소사는 "한국인들은 교육의 힘을 믿는다"고 말했다.[95] 존 고는 1960년 79세의 나이로 세상을 떠났는데 무려 45명의 손자 손녀와 7명의 증손을 뒀다.[96]

다뉴바 교회가 유지된 38년간 다뉴바의 한인 신도들을 이끈 목회자로는 시무한 순서대로 이치완·홍치범 전도사, 러플린·한승

권·사병선·이살음·이기준·구왕도·김형일·최정섭 목사가 있었다.[97] 그중 가장 두드러지게 활동한 인물은 이살음 목사였다. 이살음은 이승만의 열렬한 지지자였던 동시에 대한인노동사회개진당의 당수였다. 이 목사의 지도 아래 다뉴바 한인 장로교회는 많은 활동을 벌이며 성장했다. 로즈 고에 따르면 주일학교 아이들이 힘을 모아 다뉴바 건포도 축제, 제2차 세계대전 기념 퍼레이드 등 마을 행사 때 쓰던 시가행진용 꽃수레를 꾸미곤 했다.[98]

한인들은 기독교 신앙을 얼마나 진지하게 여겼던 것일까? 또래 세대의 정서를 잘 알고 있는 허버트 신은 부모들이 교회에 가기 싫어하던 아이들을 구슬려 교회, 주일학교에 보내고 한국어를 배우게 했다고 생각한다. "종교적 이유보다는 사회적 이유로 교회에 온 아이들이 많았다"[99]는 허버트 신의 진술은 교회에 가기 싫어했던 2세대 자녀들의 편향된 인식을 반영한 것일 수 있다. 신앙이 없었다면 이민 1세대는 아마 미국 땅에서 살아남기 어려웠을 것이다. 그들은 영어를 거의 구사하지 못했고, 아무런 자본도 기술도 없었다. 차별과 편견에 맞서야 했던 그들의 유일한 버팀목은 신앙이었다.

백신구의 사례는 한인들이 결코 신앙에 등 돌리지 않았음을 보여준다. 그는 미국에 오기 전 한국 교회의 보루였던 평양에서 기독교로 개종했다. 신실한 교인이었을 뿐 아니라 성경에 해박해서 종종 교민들을 상대로 설교했고, 그래서 백 목사라고 불리기도 했다. 백신구는 여러 지역을 옮겨 다녔는데 다뉴바에도 거주했다. 그의 자녀 11명 중 하나인 86세의 메리 백 리(백광선)는 1990년 수정 챈 편저의 자서전 《고요한 여정 Quiet Odyssey》에서 가족이 굶고 있는데도 아버지가 하나님께 감사한다고 기도했을 때 너무 짜증이 났다고 썼다. 다음은 그녀의 표현 그대로 옮긴 것이다.

> "우리 집엔 비스킷 말고는 먹을 쌀도, 고기도, 아무것도 없었다. 그런데도 가족들이 식탁에 둘러앉으면 아버지는 우리 모두를 축복해 주셔서 감사하다고 기도하곤 했다. 너무 짜증 나는 일이었다. 11살이었던 나로서는 감사할 만한 일이 단 하나도 떠오르지 않았다."[100]

메리는 나중에 부모님이 얼마나 큰 고통을 감내하고 있었는지도 모른 채 불평을 늘어놨던 이기적인 모습을 반성했다.

> "잘 먹지를 못해서 배가 아프더니만 위경련이 심하게 왔다. 어느 날 저녁 통증이 너무 심해서 일어나 물로 배를 채웠더니 어느 정도 진정이 됐다. 부엌 쪽으로 갔다가 아버지와 어머니가 식탁에 마주 앉아 손을 맞잡은 채 눈물을 흘리는 모습을 봤다. 그때 부모님이 얼마나 많은 고통을 겪고 있는지, 내 감정 따위는 부모님의 고통과 비교하면 얼마나 하찮은지를 깨달았다."[101]

백 씨 가족의 비참한 상황은 사실 이민자 가족에겐 흔한 일상이었다. 그럼에도 백 씨 가족처럼 신앙을 굽히지 않은 한인들이 많았다. 그랬기 때문에 자녀를 잘 키워내고 교육시키며 역경을 이겨

낼 수 있었다. 그렇게 지켜낸 신앙이 비록 자녀 세대에서는 퇴색해 버렸지만 자녀들에게 단단한 문화적 기반을 물려준 부모들의 공로를 잊어서는 안 된다. 그들에겐 자녀들에게 한국 문화와 언어를 가르쳐야 한다는 확신이 있었다. 그 책임을 교회가 넘겨받았다. 청소년들은 주로 여름에 교회에서 한국어 교육을 받았는데, 아무래도 그 정도로는 충분치 않았던 것 같다.

허버트 신은 또래의 모국어 학습이 이웃 일본 아이들과는 사뭇 달랐다고 말한다. 한인 아이들은 여름에만 한국어를 배웠지만 일본 아이들은 매일 학교를 마친 뒤 모국어 수업을 받았다. 그 결과 일본인들은 모국어에는 능숙해졌지만 일본어 억양이 섞인 영어를 구사하게 됐다. 반대로 한인 아이들은 한국어는 서툴렀어도 완벽한 영어를 구사했다.[102] 이렇게 된 데는 교회의 책임이 컸지만, 한인 부모들이 정말로 열심히 노력했다는 사실만은 부인할 수 없다.

교회가 한인들의 정신적·사회적 버팀목이었다면 독립운동은 정치적 배출구였다. 한인들은 독립운동에 엄청난 양의 시간과 자원, 에너지를 쏟아부었다.

5.
애국심

다뉴바의 한인들은 대한인국민회가 지도력을 발휘해 애국 활동을 이끌어 주길 기대했다. 3·1운동이 발발한 이후 강경한 민족주의자들은 중국에서 가장 국제화된 도시였던 상하이로 망명해 임시정부를 세웠다. 이제 국내외 가릴 것 없이 한국인 모두가 독립운동의 희망을 임시정부에 걸게 됐다. 임시정부 운영에 필요한 자금을 마련하려면 한국민은 물론 해외 교포, 특히 재미 교포들에게 인두세 의무 납부를 기대하는 외에는 달리 뾰족한 수가 없었다. 물론 납세를 거부해도 처벌할 수 있는 정식 정부가 아니었기 때문에 재외동포들이 내는 세금은 사실상의 기부금이었다. 세금이든 기부금이든 책임감 있게 자금을 조달해 사용할 신뢰감 있는 주체가 필요했다. 이를 위해 임시정부는 미국 내 가장 오래된 한인 단체인 대한인국민회에 인두세·기부금 징수 및 지출 관리 책임을 위임했다.

대한인국민회는 먼저 하와이, 미국에서 인구조사를 실시했다. 수입을 예상하고 효율적으로 모금하려면 인구 통계부터 확보할 필요가 있었다. 모금 방식은 다음과 같았다. 1인당 10달러의 기본 기부금에 더해 수입의 20분의 1을 의무 기부금으로 내도록 한다. 여력이 있다면 더 많은 애국기금을 낼 수도 있다.[103] 〈표 3.6〉은 1918년 11월부터 1919년 12월까지 다뉴바와 중가주 한인들이 낸 기부금 액수다.

센트럴 밸리에서 73명이 의무 기부금으로 낸 돈은 도합 9,340.95달러로, 1인당 평균 128달러를 기부했다. 당시 한인 노동자의 한 달 수입이 보통 25~30달러였기 때문에 128달러는 4~5개월 치 수입을 몽땅 모은 큰 금액이었다. 기본 기부금 10달러를 낼 여유가 없는 사람들은 1달러든 3.5달러든 낼 수 있는 만큼 냈다. 1918~1919년에 다뉴바와 중가주 한인이 국민회에 낸 기부금 총

⟨표 3.6⟩ 다뉴바, 중가주 한인들이 대한민국 임시정부 등 지원금으로 대한인국민회에 기부한 액수(1918년 11월 24일~1919년 12월 15일)

Name	Amt.	Name	Amt.	Name	Amt.
Kim Eung-kyu	$74.32	Kim Taek-sun	$29.40	Kim Ho Charles	$10.00
Kim Chun-sik	418.35	Kim Chang-seong	162.30	Kim Yeonng-ho	50.00
Kim Jeon	73.50	Kim Kyeong-seon	5.00	Kim Sa-ok	252.83
Kim Bong-o	69.00	Kim Sun-yong	8.33	Kim Hyeon-sik	5.00
Kim Seon-ik	5.00	Park Seong-ji	2.00	Kim Jeong-il	170.70
Kim Mun-hi	19.50	Kim Ji-seon	50.00	Kim Ebby	10.00
Kim Jae-mun	24.75	Kim Weon-yong	51.91	Kim Seong-su	25.00
Kim Seong-dae	200.00	Kim Seong-kweon	127.50	Kim Yong-jeung	65.50
Kim Hyung-soon	14.75	Kim Chong-lim	3,345.00	Kim Ik-seon	39.65
Pak Yeong-sun	400.00	Kim Sa-jin	26.00	Kim Il-man	10.50
Kim Chang-jeong	15.00	Kim Byeong-mo	66.77	Kang Hwa-jung	117.57
Kweon Myeong-hwa	7.50	Ko Eung-do	68.80	Ko Byeong-gwan	112.46
Ko Weon-ik	49.70	Kil Yun-hyeong	26.30	Kil In-yeong	10.00
Nam Jeong-sun	3.50	Chang Li-wuka	10.00	Jeong Guk-hyeon	202.90
Lee Yeong-su	20.00	Lee Sareum	24.00	Lee Eung-mok	67.45
Lee In-hwa	20.00	Yu Do-bo	20.00	Yang Taek-yong	35.63
Ma Yeong-jun	70.00	Ma Luther	17.00	Bae Hae-seong	35.00
Song Tae-eun	83.80	Song Hyeong-du	93.15	Sinn Eun-ju	1.00
Sinn Bong-seo	10.00	Seoll Jong-seok	30.00	Helen Ahna	90.00
Yun Byeong-gu	39.50	Oh Chung-guk	570.00	Oh Kyeong-sim	151.20
Im Ji-seong	182.00	Wi Yeong-min	10.00	Wang Un-bong	45.00
Jeon Hong-rok	102.10	Jo Seong-hak	188.00	Jo In-seong	22.00
Jwa Yong-bin	79.00	Han Si-dae	550.08	Han Seok-keun	153.00
Heo Hak	49.25	Hyeon Chu-seong	120.00	Bak Bo-kyun	1.50
Baek Man-su	7.00				

*출처: 《미주 지역 한국 민족 운동사 자료집》 3, 203~302, 305~446, 451~474쪽.
**참조: 기부자 수=79명; 총 기부액=$9,340.95

안창호의 부인 헬렌 안이 명단에 포함된 것은 장리욱처럼 1919년 여름 다뉴바에서 포도를 따며 살았기 때문이다. 김종림은 프레즈노에서 농사를 시작해 윌로우스에서 쌀농사로 부를 쌓았다. 홍수와 흉작으로 모든 것을 잃은 김종림은 후일 프레즈노 동쪽으로 16마일 떨어진 센터빌로 돌아왔다.

액은 1만 6,736.35달러였는데, 이는 국민회가 북미 전역에서 걷은 전체 기부금의 무려 55%에 달하는 액수다.[104] 중가주 한인들은 의무 기부금 외에도 상당한 액수의 독립운동 자금을 댔다. 기부금을 낸 사람과 기부액이 ⟨표 3.7⟩에 정리돼 있다.

다뉴바, 중가주 한인들은 애국기금에도 총 4,495달러를 기부했다. 기부금 액수는 20달러부터 3,000달러까지 다양했다. 1인당 평균으로 따지면 374달러였는데 이는 연평균 소득의 절반이 넘는 금액이다. 애국기금 기부자 명단에는 유명 인사들의 이름도 여럿 등장한다. 올림픽 다이빙 챔피언 사무엘 리의 아버지이자 이승만의 추종자였던 이순기(200달러 기부)가 대표적이다. 오충국(570달러)은 다뉴바 한인교회와 주일학교를 아낌없이 후원한 사업가였다. 박

〈표 3.7〉 다뉴바, 중가주의 애국기금 기부자 명단(1919년 10월~1920년 5월)

Name	Amount	Name	Amount
Lee Sun-gi	$200	Kim Ki-su	$100
Ko Eung-do	20	Ko Weon-ik	25
Lee Eung-mok	50	Ma Yeong-jun	50
Kim Sa-ok	100	Oh Chung-guk	400
Oh Kyeong-sim	100	Kim Seong-kweon	50
Im Ji-seong	400	Kim Chong-lim	3,000

*출처: 미주 지역 한국 민족 운동사 자료집 3, 341-479.
**참고: 기부자 수=12명; 총 기부액= $4,495.

영선(400달러)은 인삼 상인으로 샌프란시스코에 와서 멕시코에 건너갔다가 한인 이민자들의 비참한 현실을 목격하고 고발했던 인물이다. 찰스 호 김(김호, 10달러)과 해리 S. 김(김형순, 14달러)은 의외로 적은 금액을 낸 것으로 기록돼 있다. 김형제상회를 함께 차려 한인 사회의 거물로 떠오른 두 사람이었지만 명단이 작성된 1919년만 해도 아직 벌이가 신통치 않았기 때문이다. '백미왕' 김종림은 6,000달러가 넘는 거액을 쾌척했고, 한시대는 400달러를 내놨다. 이 두 명의 애국자에 대한 자세한 이야기는 제6장에서 확인할 수 있다.

 대한인국민회는 이렇게 모은 돈 5,000달러를 1919년 6월 16일 처음으로 임시정부에 송금했고, 그해 8월 20일 다시 5,000달러를 보냈다. 하지만 두 차례의 송금이 이뤄진 뒤 얼마 지나지 않아 모금 활동은 교착 상태에 빠졌다. 이승만과 국민회가 옥신각신 주도권 다툼을 벌였기 때문이다. 당시 임시정부 수반이던 이승만은 워싱턴 D.C.에 '구미주차한국위원회(구미위원부)'라는 외교 담당 기관을 만들어 운영하고 있었다. 구미위원부는 대외적으로 임시정부를 대표하는 동시에 미주 지역 한인들의 정치 단체인 '한인자유대회 Korean Congress'의 외교 조직이기도 했다.

이승만은 채권 발행으로 자금을 모은 중국 혁명가 쑨원한테서 영감을 받았는지 구미위원부 명의로 '한국 독립공채표'를 발행해 캐나다와 북미 채권 시장에 유통시키려 했다. 대한인국민회는 이승만의 계획을 극구 반대했고, 공채표는 거의 팔리지 않았다.[105] 실제 이 시도는 완전한 실패로 끝났다. 그런데도 이승만이 뻔뻔하게 국민회의 독립 기금 모금 및 지출 기능마저 구미위원부에 넘기라고 요구하면서 양측 간 갈등의 골은 더욱 깊어졌다. 국민회는 이승만의 요구에 눈 하나 깜빡하지 않고 함부로 요행을 바라지 말라고 경고했다. 결과적으로 국민회는 재정권을 장악하려는 이승만의 시도를 막아낼 수 있었다.

양측이 갈등을 빚자 한인 사회도 분열됐다. 이승만을 편들던 사람들은 국민회 지지자들과 대립하기 시작했다. 이승만 지지자에는 동지회 소속의 다뉴바 한인들도 다수 포함돼 있었다. 리들리 한인들은 국민회를 지지했고, 점차 반이승만의 정체성을 띠게 됐다. 불과 몇 마일 떨어진 다뉴바와 리들리의 한인들은 서로를 정적으로 여길 정도까지는 아니었지만 정치적으로 라이벌 구도를 형성했다.

6.
요약

한인들은 성장하던 시골 마을 다뉴바에 먼저 뿌리를 내렸다. 왜 하필 다뉴바였을까? 그저 그곳에 일자리가 있었기 때문이다. 다뉴바의 성장과 함께 한인 사회도 성장했다. 중국인, 일본인과 달리 한인 이민자들은 기독교인이었다. 초기 이민자 대다수는 선교사들이 주로 활동했던 경기도와 평안남도 두 지역에서 왔다. 당연히 다뉴바 교민들에게는 교회를 세우는 일이 우선이었다. 교회는 한인 사회에서 다목적으로 기능했다. 종교, 사회, 정치적 일상이 교회를 중심으로 돌

중가주 한인역사연구회가 2008년 다뉴바의 옛 한인 장로교회 터에 건립한 애국선열비.1918~1919년 독립운동 기금을 기부한 75명의 명단이 새겨져 있다. 기념비 뒤쪽에 설치키로 한 '기증자의 벽Donor Wall'은 재정 문제로 미완공 상태다.

아갔다.

1930년대 경제 불황으로 다뉴바 한인들도 최악의 고통을 겪었다. 자살과 살인은 한인들의 쓸쓸했던 풍경을 보여주는 증거다. 그들은 국적도 없이 가난과 차별에 시달렸다. 그럼에도 임시정부에 엄청난 금액을 기부한 것을 보면 한인들이 잃어버린 조국을 되찾는 일에 얼마나 많은 에너지와 열정을 쏟아부었는지 짐작하고도 남음이 있다.

이승만과 대한인국민회의 마찰에서 보듯 지도자들 사이에 불거졌던 갈등이 한인 사회를 분열시켰다. 어떤 지역 공동체든 어느 정도의 분열은 있기 마련이다. 중요한 것은 한인들이 독립을 쟁취하고 조국을 부활시킨다는 공동의 목표 앞에서는 한 치도 물러서지 않았다는 점이다. 그저 목표를 이루기 위한 수단에서 차이가 있을 뿐이었다. 사회적 노력이란 단편적으로 이해하기 어려운 복잡성을 내포하는 법이다. 미국에서 삶의 수준을 끌어올리길 원했고, 더 나은 조국의 미래를 그리고자 애썼던 한인들의 이야기도 마찬가지다. 이제 한인들의 또 다른 정착촌, 리들리에 대한 이야기로 넘어가 보자.

주

제3장 다뉴바의 한인 개척자들(1909~1945)

1. William Morrison, The Alta Empire: the Story of Conquest and Development in the San Joaquin Valley(Dinuba, CA: Alta Irrigation District, 1988), pp. 40~42.
2. Ibid., p. 43.
3. Ibid.
4. Ibid., p. 45.
5. 이자경, 〈중가주 초기 한인 이민사 개요〉, 《민주 한인 이민사회와 독립운동 1》, 서울, 대한민국: 박영사, 2003, 216, 220쪽.
6. Reedley: A Study of Ethnic Heritage, 1988(Fresno, CA: Fresno Pacific College, Professional Development Division, 2001), pp. 1~10.
7. 로즈 고 카리소사Rose Kor Carrisosa 인터뷰. 필자가 2006년 8월 12일 전화로 인터뷰했다. 중가주 한인 역사 연구회 특별 소장품(프레즈노, 캘리포니아).
8. 이러한 거래는 소작 및 공유 작물 시스템의 일부였다; 나누는 비율은 상황에 따라 달라졌다. 일본인, 중국인은 10% 이상을 받았다. 한인 쌀 농사꾼 사이에서는 흔한 관습이었다. Mary Paik Lee, Quiet Odyssey: A Pioneer Korean Woman in America, edited by Sucheng Chan(Seattle: University of Washington, 1990), pp. 68~94, 169. 미국의 소작농에 관한 이론적 관점은 Miriam Wells, "Sharecropping in the United States: A Political Economy Perspective", in Michael Chibnik, ed., Farm Work and Fieldwork: American Agriculture in Anthropological Perspective(Ithaca, NY: Cornell University Press, 1987), pp. 211~244.
9. 안창호는 유럽을 여행하던 중 1912년 9월 11일 아내에게 엽서를 보냈다. 엽서에 적힌 주소는 RFD, No. 2, Box 1a, 다뉴바, 캘리포니아였다. 수신 주소는 겨울 즈음에 로스앤젤레스로 바뀌었는데, 이는 헬렌 안이 여름 동안 다뉴바에 머물다가 수확기가 끝난 뒤 로스앤젤레스로 거처를 옮겼음을 시사한다. 안창호 부부의 아들인 랄프 안은 2006년 6월 17일 필자와의 전화 인터뷰에서 어머니가 여름에 다뉴바에서 일한 게 사실이라고 확인해 줬다.
10. 김원용, 《재미 한인 오십년사》(Reedley, CA: Charles Ho Kim, 1959), 78쪽.
11. Ibid.
12. 《다뉴바 대한인 장로교회 일지》(다뉴바, 캘리포니아, 1912, 중가주 한인 역사 연구회 특별 소장품).
13. Ibid.
14. 김원용, 《재미 한인 오십년사》, 79쪽.
15. Minutes of Dinuba Korean Presbyterian Church, 3.
16. Ibid.

17. Ibid.
18. 이자경, 〈중가주 초기 한인 이민사 개요〉, 220쪽.
19. Ibid.
20. 장리욱, 《나의 회고록》, 서울, 대한민국: 샘터, 1975, 63쪽.
21. 로즈 고 카리소사 인터뷰.
22. Ibid.
23. 사라 고Sarah Kor 인터뷰. 필자가 2006년 3월 12일 전화로 인터뷰했다. 중가주 한인 역사 연구회 특별 소장품(프레즈노, 캘리포니아)
24. 김원용, 《재미 한인 오십년사》, 221쪽.
25. Donald N. Clark, Living Dangerously in Korea: The Western Experience 1900~1950 (Norwalk, CT: East Bridge, 2003), p. 46. 클라크는 통계자료의 출처가 한국 쪽이며 일본인들은 정확한 수치도 제시하지 않은 채 사상자 수가 그보다 더 적다고만 주장했다고 밝혔다.
26. "Interesting, Tough, Horrible Story of Korea Reaches Here", Dinuba Sentinel, July 22, 1919, p. 1.
27. 서동성, "The 'Grandfather' I didn't know"(Los Ageles: Unpublished essay), 2005, p. 4.
28. Ibid. p. 5.
29. Ibid.
30. 김원용, 앞의 책, 235~236쪽.
31. Ibid., 234쪽.
32. Ibid., 238쪽.
33. 민병용, 《미주 이민 백년》, 로스앤젤레스, 캘리포니아, 미주한국일보 출판부, 1985, 232~233쪽.
34. "Local Koreans Express their Appreciation of Work Being Done in Washington by Solons", Dinuba Sentinel, August 1, 1919.
35. "Independence for an Oppressed Land, and Stabilizing of American Sentiment is the Object: Over Five Hundred Expected to be Here", Dinuba Sentinel, August 5, 1919, p. 1. 행사를 미리 예고하는 기사였기 때문에 주최 측도 실제 몇 명이 참석할지는 알 수 없었고, 기자는 주최 측이 예상한 수치를 인용했을 것이다. 행사 사진을 보면 참석자는 대략 300명으로 추산할 수 있다.
36. 영국과 일본은 1902년 1월 30일 동맹을 맺어 대한제국에 대한 일본의 간섭, 그리고 중국에 대한 영국의 관심을 서로 눈감아 주기로 했다. 1905년 태프트-가쓰라 밀약에서도 미국과 일본 두 나라는 일본의 한국 지배와 미국의 필리핀 지배를 암묵적으로 상호 승인하기로 합의했다.
37. 김원용, 앞의 책, 196쪽.
38. 이 독특한 정당이 탄생하게 된 계기는 당 기관지인 《동무》 창간호에 자세히 기술돼 있다. (San Francisco: Korean Labor Party, August, 1920), 19~22쪽.
39. 김원용, 앞의 책, 197~198쪽.
40. "Dinuba Meeting", 해외의 한국 독립 운동사료, 미주편 1", 《한국 평론》, 서울, 대한민국: 국가보훈처, 2001, 241~242쪽.
41. Ibid., 241쪽.
42. Ibid.
43. Ibid., 242쪽.
44. Ibid.
45. Ibid.

46. "Meeting in Sacramento", "해외의 한국 독립 운동사료, 미주편 1,"《한국 평론》, 서울, 대한민국: 국가보훈처, 2001, 240쪽.
47. Ibid., 241쪽.
48. Ibid., 240쪽.
49. Kenneth Zech, ed., The McCubbin Papers: An Early History of Reedley and the "76" Country(Reedley, CA: Reedley Historical Society, 1988), p. 122.
50. Reedley: A Study of Ethnic Heritage, 1988(Fresno, CA: Fresno Pacific College, Professional Development Division, 2001), p. 87.
51. Ibid., pp. 101~108.
52. City of Visalia, www.ci.visalia.ca.us/fronten.htm.
53. 이런 결론에 이르기까지 필자는 스미스 마운틴 묘지 관리자인 다니엘 던컨, 리들리 묘지 관리자인 빌 콘래드, 로레타 로저와 대화를 나눴다. 대화는 2006년 6월 15일과 28일, 7월 6일에 전화로 진행됐다. 필자는 또 2006년 10월 2일 전직 리들리 시장인 조셉 로즈와도 유익한 대화를 나눴는데, 로즈는 다뉴바와 리들리 간 역사적 차이에 대해 매우 유용한 통찰력을 제공해 줬다. 다뉴바에 대해 해박한 역사학자 허버트 신과도 유익한 토론을 했다. 그들 모두 자신의 견해와 관점을 제시했으며, 결론은 전적으로 필자의 의견이다.
54. 허버트 신 인터뷰., 필자와 앤드루 K. 차가 2006년 6월 6일 캘리포니아 다뉴바에서 테이프에 녹음했다. 중가주 한인 역사 연구회 특별 소장품.
55. 〈북미 한인 인구조사 자료〉, 《미주 지역 한국 민족 운동사 자료집 3, 4》, 서울, 대한민국: 도산안창호선생기념사업회, 2004, 3~292쪽. 인구조사 양식에는 가족 기입란이 있었다. 가족으로 기입된 숫자는 모두 200명이며, 중복된 사람은 집계에서 배제했다. 응답자 292명에 가족 200명을 더하면 총인구는 492명이 된다.
56. 히스패닉 혈통의 한인 후손들은 대부분 주류사회에 동화돼 있어 식별하기가 쉽지 않다. 하지만 존 고의 후손들은 예외였다. 그들 스스로 나서 우리에게 한국인의 정체성을 밝혀줬다.
57. 윌리 강 인터뷰. 필자가 2002년 7월 9일 캘리포니아 리들리에서 테이프에 녹음했다. 중가주 한인 역사 연구회 특별 소장품.
58. 호레이스 앨런 박사는 1885년 조선에 도착한 최초의 미국인 개신교 의료 선교사였다. 오하이오주 톨리도에서 태어나 자랐으며, 명성황후의 조카가 입은 치명적 부상을 치료해 준 일을 계기로 왕후, 임금과 가깝게 지내게 됐다. 나중에 주한 미국 공사로 근무하면서 한국인들의 조직적인 하와이 이민을 촉진하는 데 중요한 역할을 했다. Wayne Patterson, The Korean Frontier in America(Honolulu: University of Hawaii Press, 1988), pp. 19~30. Horace Allen, Things Korean(New York: Fleming H. Revell, 1908).
59. Donald Clark, Living Dangerously in Korea, p. 141.
60. Ibid.
61. 고 씨는 양 씨, 부 씨와 함께 제주도를 본관으로 하는 세 성씨 중 하나다.
62. 로즈 고 카리소사 인터뷰.
63. Reedley: A Study of Ethnic Heritage, p. 71.
64. 윌리 강 인터뷰.
65. Young Park, The Life and Times of a Hyphenated American(New York: iUniverse, Inc. 2006), p. 26.
66. 장리욱, 《나의 회고록》, 63쪽.

67. Easurk Charr, The Golden Mountain: The Autobiography of a Korean Immigrant, 1895~1960(Urbana: University of Illinois Press, 1961), p. 150.
68. Reedley: A Study of Ethnic Heritage, p. 113.
69. Ibid.
70. "Korean Was Beaten", Dinuba Sentinel, August 25, 1910, p. 1
71. Reedley: Ethnic Heritage, p. 71.
72. Ibid., p. 113.
73. K. W. Lee, "Woman Warrior", KoreAm Journal 14, no. 2, February 2003, p. 39.
74. Ibid.
75. Ibid.
76. Ibid.
77. Ibid.
78. Ibid.
79. 사망진단서에는 사망 원인과 이름, 나이, 혼인 여부 등이 상세히 적혀 있지만 고인의 사생활 보호 차원에서 더 이상은 밝히지 않는다.
80. 이자경, 〈중가주 초기 한인 이민사 개요〉, 222쪽.
81. 이자경 편저, 〈애국 선열 명단〉, 《제2회 중가주 애국선열 추모대회》(2003년 3월 13일 프레즈노: 중가주 한인 역사 연구회), 31쪽.
82. K. W. Lee, "Woman Warrior", p. 39.
83. Ibid.
84. Ibid.
85. Ibid.
86. 아노미는 프랑스 사회학자 에밀 뒤르켐Emile Durkheim이 자살을 연구하던 중 고안한 용어다. 파리에서의 자살에 관한 뒤르켐의 연구에서 영감을 받아, 한인 무덤을 활용하는 방법으로 초기 한인 이민자들의 삶에 대한 통찰을 얻을 수 있었다. George Simpson, Emile Durkheim: Selections from his Work(New York: Thomas Crowell, 1963).
87. 아편 관련 사건은 한인들이 다뉴바, 리들리에 정착하기 전인 1910년 이전, 즉 한인과 중국인이 보다 친밀하고 접촉도 빈번했던 시기에 더 많이 일어났던 것으로 보인다. 이에 대해 2장에서도 논한 바 있다. 프레즈노에서 하숙집을 운영하던 김원택은 한인 사회의 아편 중독을 근절하기 위한 캠페인에 앞장섰다.
88. 거스 레예스Gus Reyes 인터뷰. 필자가 2005년 12월 12일 캘리포니아 리들리에서 인터뷰했다. 중가주 한인 역사 연구회 특별 소장품.
89. 허버트 신 인터뷰.
90. 김형일 목사의 부인 인터뷰. 필자가 2005년 8월 8일 캘리포니아 프레즈노에서 전화로 인터뷰했다. 중가주 한인 역사 연구회 특별 소장품. 김형일 목사는 1950년대 후반 리들리 한인 장로교회에서 사역했다.
91. 중가주 한인 역사 연구회 특별 소장품에 있는 과거 다뉴바 교민 명단에서 따온 것이다. 다뉴바 시청에서 열린 한국 방문객 환영식에서 히스패닉-한국 혈통의 한 여성이 필자에게 명단을 건네줬다. 바쁜 행사의 와중에 그 여성의 이름을 확인하지 못한 점이 매우 유감스럽다. 허버트 신의 설명은 이 목록에 있는 이름들과 일치한다.
92. "Three Korean Boys Enlist in Army", Dinuba Sentinel, August 1, 1919, p. 1.
93. 로즈 고 카리소사 인터뷰.

94. 이자경, 〈애국선열 명단〉, 31쪽.
95. 로즈 고 카리소사 인터뷰.
96. Ibid.
97. 김원용, 앞의 책, 79쪽.
98. 로즈 고 카리소사 인터뷰.
99. 허버트 신 인터뷰.
100. Mary Paik Lee, Quiet Odyssey, p. 23.
101. Ibid.
102. 허버트 신 인터뷰, Op.cit.
103. 천지명, 〈해제〉, 《미주 한국 민족 운동사 자료집 3》, 서울, 대한민국: 도산안창호선생기념사업회, 2004, 3~9쪽.
104. Ibid., 8쪽.
105. Warren Kim, Koreans in America, 서울, 대한민국: 보진재, 1971, 124~128쪽. 쑨원은 중국의 혁명 자금을 모으기 위해 채권을 효과적으로 활용했다. Sidney H. Chang and Leonard Gordon, All Under Heaven(Stanford, CA: Hoover Institution Press, 1991), pp. 12~28.

제4장

리들리 그룹과 한인 사회

1921~1957

1888년 생겨난 리들리는 다뉴바의 이웃 마을이다. 면적 4.4평방마일 정도의 건조한 밀 농사 지역이었는데 관개 시스템 도입 이후 다양한 과일, 견과류, 포도류를 재배할 수 있게 됐다.[1] 현재 프레즈노 카운티에 속해 있는 이 밀밭 지역은 그 풍요로움에 걸맞은 별명을 갖고 있다. '세계의 과일 바구니'.[2]

리들리 초기 정착민들은 세계 각지에서 모여들었다. 아르메니아인, 중국인, 덴마크인, 핀란드인, 레바논인, 메노나이트 독일인, 일본인, 멕시코인, 필리핀인 등 다양한 국적이 뒤섞였다.[3] 한국인은 비교적 늦은 1919년 이후에야 리들리에 정착하기 시작했다. 1921년 김형순(해리 S. 김), 한덕세(데이지 김), 김호(찰스 호 김) 등 한인 3명이 묘목상을 차려 파트너십을 맺은 것이 그 시작이었다.[4] 묘목 사업이 확장되면서 이들 3인방은 한인들을 대거 고용했고 리들리 한인 정착촌 건설에 힘을 보탰다. 3인방은 지역 사회뿐 아니라 한인들의 정치 활동에도 큰 영향을 미쳤다. 그들의 자금, 권력, 영향력은 해방 전후 하와이와 리들리 한인 사회의 정치사에서 중요한 역할을 담당했다.

이번 장에서는 리들리 3인방의 일대기를 그려본 뒤 프레드 앤더슨, 윤병구, 송철, 김용중, 김원용, 리들리 한인 장로교회 등 주요 인물과 단체를 소개한다. 리들리의 의미 있는 정치·사회 조직도 점검해 본다. 결론부에서는 주요 인물과 단체의 상호 관계, 그로 인해 형성된 리들리 한인 사회의 삶과 정치, 유산 등을 되짚어 본다.

1.
김형순(1886~1977)

김형순(해리 S. 김)은 1886년 경상남도 남동부의 유서 깊은 항구 도시 통영에서 태어났다.[5] 1891년 인천으로 이주해 이모인 에스더 리와 함께 살았다. 당시 인천은 수많은 배가 드나들던 조선의 최대 관문이었다. 인천에서 유년 시절을 보내던 김형순의 마음을 사로잡은 것은 황실 직속 기관인 인천 세관의 세관원이었다. 멋들어진 유니폼과 황금 테를 두른 모자, 알아들을 수 없는 영어 대화까지, 세관원은 김형순을 완전히 매료시켰다. 10대 소년이던 김형순은 "외국인과 대화할 수 있는 근사한 직업이라니! 나도 언젠가 저렇게 되고야 말겠어"라고 다짐했다.

그러던 중 김형순은 인천의 내리 감리교회에 다니기 시작했다. 하와이 이민자 상당수가 이 교회 출신이었다. 김형순을 눈여겨보던 내리 교회의 조지 H. 존스 목사는 영어를 배우고 싶어하던 그를 서울의 미션 스쿨인 배재학당에 소개해 줬다.[6] 배재학당을 졸업할 무렵엔 영어가 꽤 능숙해졌다. 졸업과 함께 세관원 시험을 치러 합격한 뒤 세관(인천항만 해무청)에서 근무를 시작했다. 황실 세관원이 되겠다는 꿈을 마침내 이룬 것이다.

세관원으로 일한 지 얼마 되지 않았을 때 김형순은 하와이 이민자를 모집한다는 소식을 접했다.[7] 하와이로 떠나는 첫 번째 이민단의 통역사로 동행할 수 있는 절호의 기

김형순, 애국지사이며
리들리 김형제상회의 창업자였다.

회를 놓칠 수 없었다. 1903년 이민단과 함께 하와이에 도착한 후 마우이, 힐로의 사탕수수 농장 노동자들 사이에서 안내자이자 통역사로 활동했다.[8] 하와이에서 약 6년간 머물렀는데, 힐로 농장에서는 한인 노동자들의 파업을 주도하기도 했다.[9]

수중에 돈이 꽤 모이자 김형순은 하와이를 떠나 로스앤젤레스에 잠시 머물다 1909년 한국으로 돌아갔다. 귀국 후 멘토인 존스 목사를 찾아가자, 존스 목사는 늠름한 청년으로 성장한 김형순의 모습에 크게 기뻐하며 좋은 신붓감을 소개해 주겠다고 자청했다. 김형순이 수락하자 목사는 곧바로 교회 안으로 그를 데리고 들어가서는 피아노를 연주하던 소녀를 가리켰다. 길고 검은 머리칼이 소녀의 목 뒤로 흘러내리고 있었다. 어때 보이냐고 묻는 존스 목사에

게 김형순은 예뻐 보인다고 답했다. 뒷모습만 보고도 한눈에 반한 것이다.[10] 훗날 김형순과 결혼하게 된 이 소녀의 이름은 데이지 김, 결혼 전 이름으로는 한덕세였다.

2.
한덕세(1894~1977)

한덕세는 1894년 전라남도 무주에서 태어났다.[11] 어느 날 평소처럼 장터를 이리저리 돌아다니며 오가는 사람들을 구경하던 중 비누 상자 위에 올라서서 열심히 설교하던 한 선교사를 목격하게 된다. 선교사가 자기 또래의 소녀에게 뭔가를 제안하는 모습이 어린 한덕세의 관심을 잡아끌었다. 들어보니 어린 여자든 남자든 서울에 오기만 하면 미션 스쿨에 입학할 수 있다는 것이었다. 한덕세는 주저 없이 서울로 향했다.

선교사의 말은 사실이었다.[12] 그녀는 훗날 한국 최고의 여성 교육 기관이 된 이화학당(이화여자대학교의 전신)에 입학해 성악과 피아노를

한덕세, 김형순의 아내.
리들리 김형제상회의 공동 창업자였다.

전공했고, 이화학당 음악부 1기 졸업생이 된다.[13] 존스 목사가 그녀를 김형순에게 소개했을 때는 교회 성가대 반주자로 피아노를 연주하던 중이었다.

김형순과 한덕세가 혼인식을 올린 1909년은 격동의 해였다. 바야흐로 일본에 강제 합병되기 직전이었고, 김형순은 조국에서 오래 버티기는 어려울 것임을 직감하고 있었다. 하지만 일단 먹고 살아야 했기 때문에 평안북도로 거처를 옮긴 뒤 운산 광산에서 1년 정도 일했다.[14] 생계를 꾸리며 메리와 루스 두 딸을 키웠지만 한국에서는 도무지 미래가 보이지 않았다. 일제 치하에서 사는 것도 견디기 어려운 일이었다.

김형순은 아내와 어린 두 딸을 남겨둔 채 한인 정치 망명자들이 모여들던 중국 상하이로 숨어들었다. 유창한 영어 실력 덕분에 상하이의 달러 해운 회사Dollar Shipping Company[15]에 취직해 제법 돈을 벌었다. 그렇게 번 돈으로 궁핍에 처한 중국의 동포들을 수없이 도왔다.

그렇게 중국에서 지내던 1913년 김형순은 결국 미국으로 되돌아가기로 결심하고 샌프란시스코로 가는 회사 소속 배에 올랐다.[16] 로스앤젤레스에 정착해 잡일을 하며 어느 정도 돈을 모았다. 그 후 고국에 남아있던 아내 한덕세와 일곱 살이 된 메리, 네 살 루스를 미국으로 초청했다.[17] 네 가족은 1917년에야 로스앤젤레스에서 다시 상봉할 수 있었다. 이들은 애리조나로 건너가 잠깐 살다가[18] 다시 로스앤젤레스로 돌아왔다. 이때 한덕세는 피아노 실력을 발휘해 돈을 벌 수 있겠다는 데 생각이 미쳤다. 이웃에 사는 아이들을 상대로 피아노 레슨을 시작했는데, 백인 아이는 물론 어른들까지 그녀에게 피아노를 배웠다.

3년여의 피아노 레슨에 김형순의 벌이까지 더하자 꽤 많은 자금이 모였다. 이때 부부는 인생을 통틀어 가장 중요한 결정을 내린다. 로스앤젤레스를 떠나 중부 캘리포니아에서 묘목 사업에 도전해 보기로 결심한 것이다. 1921년 김형순·한덕세 부부는 리들리 묘목 상회Reedley Nursery, Inc.를 창립했다. 지분은 절반씩 똑같이 나눠 소유하기로 합의했다.

한덕세가 김호의 소식을 들은 것도 이 무렵이었다. 김호는 한덕세의 이화학당 시절 은사였는데 졸업 후에는 한 번도 만난 적이 없었다. 김호가 도미해 캘리포니아 리버사이드에 산다는 소식을 접한 한덕세 부부는 수소문 끝에 마침내 김호와 재회하게 된다.[19] 이렇게 맺어진 세 사람의 인연은 평생에 걸쳐 지속될 운명이었다.

3.
김호(1884~1968)

김호(또는 김정진, 미국명 찰스 호 김)는 1884년 서울의 안동 김씨 집안에서 태어났다. 어려서부터 총명했던 김호를 가족들이 힘껏 뒷바라지한 덕분에[20] 근대식 교육 기관인 한성중학교에 입학할 수 있었다. 수학과 영어를 특히 잘 했던[21] 김호는 교사로 커리어를 시작해 배재학당과 이화학당, 대성중학교에서 수학과 영어를 가르쳤다.[22]

대성중학교는 도산 안창호가 평양에 설립한 학교였다.[23] 이 화학당에 다니던 한덕세도 젊은 교사 김호한테서 수학, 영어를 배웠다.[24]

미국명 찰스로 불리던 옛 은사 김호와 상봉한 한덕세는 그가 리버사이드의 과수원에까지 이르게 된 사연을 듣게 된다. 김호는 결혼해 아들, 딸 두 아이를 낳은 뒤에도 교사로 일했지만 김형순과 마

김호, 한인 사회를 이끈 최고의 지도자였으며 리들리 김형제상회의 동업자였다.

찬가지로 일체 치하의 삶을 견딜 수가 없었다. 그래서 1912년 조국을 떠나 중국으로 향했고 상하이에 2년간 머물며 망명자들과 함께 일하기도 했다. 그러다 미국에서 공부를 더 해야겠다고 결심하기에 이른 것이다.

김호가 미국 땅을 밟은 것은 1914년 7월이었다. 다른 이민자들과 마찬가지로 김호를 기다리던 건 고된 노동뿐이었다. 콜로라도와 와이오밍의 은광, 탄광에서 수년간 일했는데 석탄 더미와 흙먼지 속에서 자는 건 예사였다. 김호는 고국에 두고 온 가족을 생각하며 이를 악물고 돈을 모았다.

김호는 뼛속까지 애국자였다. 3·1운동이 일어나자마자 대한인국민회의 북미 대표 자격으로 미 전역을 훑고 다니기 시작했다.

리들리 그룹과 한인 사회 •159

상하이 임시정부에 보낼 독립운동 자금을 모금하기 위해서였다. 당시 한인 커뮤니티가 존재하는 거의 모든 지역을 순회했는데, 그중 63개 지역은 서부 10개 주에 걸쳐 있었다. 김호가 모금한 액수는 1만 달러에 달했다고 한다. 이러한 애국 활동을 벌이던 중 옛 제자인 한덕세와 재회한 것이다.

한덕세가 생각하기에, 뛰어난 지성과 인품의 소유자인 김호라면 더 나은 돈벌이를 충분히 해낼 것 같았다. 그래서 남편 김형순과 함께하던 묘목 사업에 끌어들일 궁리를 했지만 김형순은 주저했다. 이에 한덕세는 자기 지분의 절반을 김호에게 떼어 주겠다고 제안했다. 한덕세와 김호가 각각 25%, 김형순이 50%를 나눠 갖자는 것이었다.[25] 이 제안에 김형순과 김호가 동의해서 김형제상회Kim Brothers,Inc.라는 3자 파트너십이 탄생하게 됐다.[26] 사업은 근근이 지속되긴 했지만 김형순이 아내 다음으로 중요한 평생의 은인을 만나기 전까지는 고전을 면치 못했다. 그 은인이 바로 프레드 앤더슨Fred Anderson이다.

4.
프레드 앤더슨(1892~1981)

프레드 앤더슨은 1892년 캘리포니아 앨비언에서 태어났다.[27] 캘리포니아 토박이인 앤더슨은 식물 육종의 선구자 루터 버뱅크Luther Burbank의 업적에 매료되어 산호세 주립대에서 식물학을 전공한 뒤 캘리포니아 버클리대에서 과수 재배학, 식물 유전학 석사 학위를 받았다.[28] 이후 고등학교에서 식물학을 가르치면서 여름에는 캘리포니아 프레즈노의 농장에서 일했다. 머세드로 이주한 뒤에는 62에이커 규모의 과수원을 차려 본격적인 식물 육종 연구에 전념했다. 특히 샌호킨 밸리의 여름 더위를 견딜 수 있는 과일 품종 개량에 집중한 결과 일생 동안 복숭아, 자두, 아몬드, 살구, 체리, 피칸, 배 등의 특허를 80종 넘게 취득했다.[29]

김형순은 사업 초기부터 앤더슨과 친분을 쌓았다. 둘의 우정 덕분에 김형제상회는 앤더슨이 특허낸 천도복숭아(넥타린nectarine) 시리즈를 재배, 판매할 수 있는 독점권을 얻었다. 1936년 처음 선보인 상표명 '키즘Kism'을 시작으로 1942년 르 그랑Le Grand, 1950년 선 그랑Sun Grand까지, 넥타린 브랜드를 도합 18개나 출시했다.[30] 과일 판매에만 그친 게 아니라 특허 출원한 묘목도 판매 목록에 올렸다. 김형제상회에서 영업 사원으로 일했던 놈 랭포드Norm Langford는 당시를 이렇게 회고했다.

"저는 해리(김형순) 밑에서 4~5년간 영업 사원으로 일했어요. 프레드와 해리는 사이가 정말 좋았죠. 서로를 절실히 필요로 했거든요. 프레드는 개량 품종을 시험해 줄 사람이 필요했고, 해리는 새로운 상품이 필요했죠. 서로 이해관계가 딱 들어맞았던 겁니다."[31]

털 없는 복숭아 '르 그랑'은 소비자들 사이에서 빠르게 인기를 얻으며 히트작으로 떠올랐다. 랭포드는 "사람들은 시지 않은 과일을 좋아했어요. 르 그랑은 노란색 복숭아였는데, 한 번 맛 보면 누구나 반했죠. 당연히 수요가 폭발할 수밖에요."[32]라고 기억했다.

1942년이 되자 사업은 급격히 성장하기 시작했다. 기존 묘목 사업에 과수원과 포장 공장까지 추가됐다. 500에이커 규모의 과수원이 여섯 군데에 펼쳐져 있었다. 1950년대에 이르러서는 포장 공장의 가치가 40만 달러, 묘목장 가치는 10만 달러까지 올라갔다.[33] 회사의 자산은 150만 달러에 달했고, 연 매출이 100만 달러를 상회했다.[34] 수확기에는 직원을 300명 이상 고용했다.[35] 실제로 리들리 한인이라면 누구나 한 번 이상 김형제상회에서 일해 봤을 정도였다. 김형제상회는 자체적으로 인력 캠프도 운영했다. 한인 학생들도 여름이 되면 김형제상회 과수원에서 일하려고 리들리로 몰려들었다.

5.
김형제상회 3인방: 김호, 김형순, 한덕세

데이지(한덕세), 해리(김형순), 찰스(김호) 등 3김은 미국 최초의 한인 백만장자가 됐다. 김형제상회는 막강한 영향력을 가진 회사로 성장했다. 김형순의 오랜 친구로 리들리에서 자동차 딜러로 일했던 89세의 보조 알토Bozo Aalto는 이렇게 회상했다.

"김형제상회는 그저 조그만 묘목상이 아니었어요. 마을에서 아주 크고 중요한 경제 주체였죠. 김형제상회는 차를 살 때 현금으로 지불했던 기억이 나네요. 찰스(김호)는 주로 내부 업무를 맡아 눈에 잘 띄지 않았지만 해리(김형순)는 어디서나 볼 수 있는 사람이었죠. 온 동네를 돌아다니며 한국을 알리는 데 열심이었어요."[36]

김형순은 사업 못지않게 고국에 관한 일에도 큰 애착을 갖고 있었다. 알토는 "한국전쟁이 벌어지던 시기에 해리는 로터리, 라이온스 클럽 모임에 자주 왔어요. 우린 한국전쟁 고아와 굶주린 사람들을 돕기 위해 모금하기도 했는데, 순전히 해리 때문이었죠. 해리가 훌륭한 외교관 노릇을 했던 셈이죠"라고 덧붙였다.[37]

김형제상회에서 일했던 김형순의 동료 플로이드 바숨Floyd Varsoom은 이렇게 증언했다.

"해리는 멋진 사장이었어요. 직원들의 월급을 밀리는 법이 없었죠. 고용한 직원이 워낙 많았기 때문에 행여 회사가 문을 닫기라도 하면 지역 경제에 타격이 상당했을 겁니다. 해리는 한국인만 고용한 것도 아니었어요. 멕시코인, 백인들도 해리 밑에서 일했죠. 해리는 통이 큰 사람이었어요."[38]

김형제상회는 르 그랑 복숭아로 큰돈을 벌었다. 한 번은 사업 경쟁자가 김형순의 나무를 몰래 훔쳐다 키워서 돈을 벌려던 사건도

김형제상회 과일 포장 공장의 직원들(1960년 7월 27일).

있었다. 그 사건에 관해 전직 리들리 시장인 조셉 로즈Joseph Rhodes 는 "아버지한테 들어서 정확한 사실을 알고 있는데, 그 남자가 돈을 벌겠다는 욕심에 해리의 나무를 직접 키워보려고 도둑질했어요. 결국 붙잡혀서 감옥에 갔지만요. 그 사건은 마을에서 큰 화제가 됐었죠"라고 설명했다.[39]

해리는 도둑을 잡으려고 비행기까지 빌렸다. 조셉 로즈는 "해리는 비행기를 타고 날아다니며 허가 없이 묘목을 키우는 불법 재배자들을 찾아냈어요. 자기 나무를 도둑질하는 행위나 다름없었거든요"라고 증언했다.[40]

한덕세, 김형순, 김호는 한인 사회에서 어느 누구보다도 많은 소득을 올렸다. 평범한 한인들과는 차원이 다른 풍요로운 삶을 영위했고, 다른 이들은 감히 흉내 내기 힘든 생활 방식과 유행을 만들어 내기도 했다.[41] 한덕세·김형순 부부는 두 딸을 미 동부의 명문 사립 음악학교에 보냈는데, 바로 피바디와 줄리어드였다. 인종 차별이 엄존했던 당시 피바디는 백인만 다니던 학교여서 입학 허가를 받아내기가 쉽지 않았던 것 같다. 김형순은 학교에 찾아가 딸을 입학시키려면 어떻게 해야 하는지 따져 물었다. 돈이든 명성이든 필요한 건 뭐든 말하라고 다그쳤다는 것이다. 학교 측은 김형순의 완강한 태도에 결국 두 손을 들었다.[42]

한편 김호의 가족은 아직 한국에 남아있는 상태였는데, 미국에서 생활비를 넉넉히 보내준 덕분에 편하게 지내고 있었다. 대학 시절 축구 선수였던 김호의 아들 김경한은 연세대를 졸업하고 독일에 유학 중이었다. 그는 1941년 베를린 공대에서 건축학 학위를 받은 뒤[43] 유럽에 남아 몇 년간 건축 실습을 했다. 나중에 아버지가 있는 미국으로 건너와 뉴욕의 컬럼비아대 대학원에서 건축학 석사 학위를 받았다. 평생의 파트너였던 김형순과 김호가 사업뿐 아니라 혈연으로도 이어지게 된 것은 운명적이었다. 김호의 아들 김경한은 1949년 뉴욕에서 김형순의 딸 루스와 결혼했다.[44] 두 젊은 부부는 리들리에 보금자리를 마련했다.

김경한이 리들리에 와서 처음 한 일은 가족을 위해 자신의 건축 재능을 발휘하는 것이었다. 그는 리들리의 이스트 린든 애비뉴 382번지에 현대적 양식을 갖춘 자신의 집을 직접 설계해 지었다. 그 뒤에는 리들리 노스 리드 애비뉴 218번지의 1.7에이커 부지에 장인, 장모(김형순·한덕세)가 살 저택을 설계하고 지었다. 1955년 저택이 완공되자 김형순은 성대한 집들이 파티를 사흘이나 열었다. 첫날에는 지역 유력 인사들을 초대했고 둘째 날에는 이웃 주민들을, 셋째 날에는 지역 한인 모두를 불러 대접했다.[45] 김형순은 이 저

김형제상회 동업자 3대의 단란한 한때. 김호, 한덕세가 이화학당 시절 맺은 사제의 연이 미국에서의 동업, 양가 혼인으로까지 이어졌다. 왼쪽부터 시계 방향으로 한덕세·김형순 부부, 김호·김경한 부자, 김형순의 차녀 루스 김, 김호의 부인 이숙종, 김경한의 딸 데이시에타 김.

택에서 리들리를 방문한 한국의 정치인들과 고위 인사들을 접대하기도 했다. 한국전쟁 이후 수많은 한국 관련 행사가 열린 장소도 김형순의 집이었다.

    김호는 김형순의 저택과 엎어지면 코 닿을 거리인 I스트리트 735번지의 소박한 집에서 살았다. 김호의 집 뒤쪽으로는 김형제상회 소유의 연립 사택이 있었는데, 수확기에 일하는 여성 노동자들을 위한 숙소로 쓰였다. 남성 노동자들은 리들리 J스트리트 1408번지에 자리한 한인 장로교회 바로 앞에 막사 같은 집을 세워 수용했다.[46]

로스앤젤레스에 소재한 Charles H. Kim 초등학교 전경.

김경한과 루스 부부는 김호에게 첫 손녀딸 데이시에타를 안겨 줬다. 김경한은 생각이 깊은 사람이었다. 데이시에타는 10대 시절 아버지가 항상 "넌 언제쯤 생각이란 걸 해보려고 하니?"라며 자기를 채근하곤 했다고 기억한다.[47] 데이시에타는 한때 철학을 전공할까 고민하기도 했지만 아마도 외할머니 한덕세로부터 물려받았을 남다른 예술적 재능이 그녀를 음악의 세계로 이끌었다. 데이시에타는 스미스 칼리지를 우등으로 졸업한 뒤 남가주대 대학원과 오스트리아의 프란츠 슈베르트 음악원에서 성악·음악 과정을 밟았다. 다수의 음반을 내고 유명 음악가들과 함께 공연하는 등 돋보이는 경력을 쌓았다.[48] 로스앤젤레스 교육청은 데이시에타의 외할아버지인 김호의 업적을 기려 로스앤젤레스 코리아타운 인근 초등학교 이름을 찰스 H. 김 초등학교로 명명했다.

김형제상회는 한인 학생들에게도 큰 영향을 끼쳤다. 1940~1950년대 여름 방학에 과일을 따러 리들리를 찾던 한인 학생들에게 김호와 김형순은 엄격한 아버지 같은 존재였다. 김형제상회는 학생들의 숙식 해결을 위해 단층집에 2층 침대를 마련해줬다. 멕시코인 현장 감독들이 동틀 무렵 학생들을 깨워 하루종일 일할 작업장으로 내보냈다. 김호와 김형순은 여름 일이 끝나고 학교로 복귀하는 가을이 될 때까지 학생들의 임금 지급을 미뤘다. 젊은 혈기에 힘들게 번 돈을 도박이나 여자, 술에 흥청망청 써버릴까 걱정했기 때문이다. 몇몇 학생은 자기 힘으로 번 돈이라며 임금을 달라고 항의했지만 김호와 김형순은 꿈쩍도 하지 않고 단호하게 응수했다. "너희들이 이 나라에 온 이유는 열심히 공부해서 고국으로 돌아가기 위해서다. 우린 너희가 학비 낼 돈을 수중에 제대로 간수하는지 확인해야겠다." 훗날 학생들은 과거를 돌아보며 두 사람의 속 깊은 처사에 감사를 표했다.[49]

젊은이들을 올바른 길로 이끌기 위한 이들의 노력은 평생 이어졌다. 한덕세, 김형순, 김호 3인방은 1957년 리들리를 본거지로 하는 한인재단Korean Foundation을 설립해 50만 달러 상당의 토지와 현금 20만 달러라는 어마어마한 재산을 출연했다.[50] 한국 학생 83명이 한인재단으로부터 받은 장학금, 등록금 지원액은 3만 5,000달러에 달했다.[51] 이 장학금의 첫 번째 수혜자는 한인 유학생이었던 박승훈이었다. 건국대 영문학과 명예교수이자 소설가인 박승훈은 1960년대 프레즈노의 캘리포니아주립대에서 저널리즘을 공부했다. 한인재단은 박 교수와 맺은 인연을 통해 건국대에 추가 재정 지

김형제상회 사옥. 현재도 리들리 시에 그대로 남아있다.

원도 했다. 대학 측은 감사의 표시로 김호에게 명예 법학박사 학위를 수여했다.[52] 한덕세와 김형순은 서울 인근 평택에 한국전쟁 고아들을 돌보기 위해 꽃동산애육원을 짓기도 했다.[53] 이 보육원은 김형순이 처음 터 잡아 준 곳에서 현재까지도 운영되고 있다.

한인 2세로 지금은 80대가 된 해리 김(김형제상회의 김형순과는 동명이인), 윌리 강은 김호가 곤경에 처한 후배들을 기꺼이 돕던 너그러운 선배였다고 기억한다. 김호는 리들리에서 태어나고 자란 해리와 윌리 두 청년에게 회사 소유의 트럭을 마음껏 쓰라고 허락해 줬다. 두 사람이 트럭 운송 사업에 도전할 수 있도록 도와준 것이었다. 트럭 사업이 성장하면서 주차장이 필요해지자 이번에는 자기

김형제상회의 동업자인 김호(왼쪽)와 김형순.

소유의 공터를 주차장으로 쓰게 해줬다. 나중에 두 사람은 주차장 부지를 김호에게서 아예 사들였는데, 너무나도 관대했던 김호는 거의 헐값에 땅을 넘겼다.[54]

젊은이들이 힘겨워할 때 김호는 기꺼이 그들을 도왔다. 필자는 1961년 김호에게 학생 행사 지원금을 부탁하려고 친구인 고 김대중(김대중 전 대통령과 동명이인)과 함께 로스앤젤레스에서 200마일을 달려 리들리를 방문한 적이 있다. 김호는 아무런 질문도 없이 그 자리에서 100달러 수표를 써준 뒤 우리에게 점심을 대접했다. 또 리들리 한인 장로교회 목사관에 들러 김형일 목사에게 꼭 인사를 드리고 가라고 당부했다.[55]

3인방은 남가주 한인 사회에도 상당한 공헌을 했다. 1950년대 후반에서 1960년대 초반까지 로스앤젤레스의 한인 인구가 크게 늘어나자 한인 회관의 필요성이 대두됐다. 김형순과 한덕세는 1만 22달러를,[56] 김호와 아들 김경한은 1만 653달러를 각각 기부했다.[57] 여기에 지역 사회 모금액과 한국 정부의 지원금이 더해져 1963년 건물을 매입할 수 있었고, 미국 최초의 한인 회관이 탄생했다.

이외에도 3인방은 리들리 한인들의 신앙생활에도 빼놓을 수 없는 기여를 했다. 이 부분은 따로 다룰 만한 가치가 충분한 주제다.

6.
리들리 한인 장로교회

리들리의 한인 인구가 증가하면서 임정구 전도사는 전성용의 집을 빌려 1919년 리들리 한인들을 위한 첫 주일 예배를 드렸다.[58] 이후에는 김형순·한덕세 부부의 집으로 예배 장소를 옮겼다. 미국 남부 감리교회 본부는 1922년 3월 22일 이들의 가정 예배 선교를 공식 인정했다.[59] 그러나 1936년경 리들리 교인들은 남부감리교와 결별하게 된다. 일제가 한국인들에게 일왕과 일본 토속종교인 신도神道를 믿으라고 강요했는데도 감리교단은 이렇다 할 항의도 없이 침묵을 지켰다. 한인 신도들은 감리교에 큰 불쾌감을 드러냈다.[60] 리들리의 한인 신도들은 남부감리교회 활동을 중단하고 다뉴바에 있던 한인 장로교회에 합류했다.

하지만 일요일마다 예배에 참석하러 리들리에서 6마일 떨어진 다뉴바로 다니는 게 점점 불편해졌다. 1938년 무렵에는 리들리 한인이 11가구, 50명[61]에 가깝게 늘었기 때문에 김형순 등은 리들리도 자체 교회를 유지할 만한 인구가 됐다고 판단했다. 이에 따라 김형제상회가 회사 소유의 땅을 내놓고 교인들이 건축 자재를 사들여 리들리에 새로운 교회를 건립했다. 교회는 1938년 10월 완공됐는데, 이듬해 3월 1일 샌호킨 노회에서 나온 페인Payne 박사의 집도로 봉헌됐다.[62] 같은 해 4월 16일에는 샌호킨 노회에 입회한 데 이어 7월 7일 교인 51명이 모여 샌호킨 노회장인 맥마틴 목사 주재로 리들리 한인 장로교회의 개회를 축하했다.[63] 1952년 12월 1일에는 교회 뒤쪽으로 2,700평방피트 규모의 목사관이 들어섰다.[64]

지금도 리들리 J스트리트 1408번지에 서 있는 리들리 한인 장로교회는 이렇게 탄생했다. 34년 동안 한인 사회에 봉사했지만 교인이 점차 줄어든 탓에 1972년 문을 닫아야 했다. 이후 연합오순절교회 서부 지구가 목사관을 포함한 옛 리들리 한인교회 건물을 인수해 현재까지도 교회로 사용하고 있다.

리들리 한인교회는 다뉴바 교회와 마찬가지로 종교적 역할뿐 아니라 사회적 역할도 수행했다. 한인 노동자들처럼 가족이 없는 이들은 극심한 향수병에 시달리기 마련이다. 교회는 외로운 사람들이 소속감을 느낄 수 있는 곳이었다. 해리 김에 따르면 교회가 5월 1일에 개최하던 한인 민속축제에 참가하기 위해 다른 마을에서 말을 타고 온 사람들도 있었다. 윌리 강은 매년 교회 지원으로 피크닉이 열리면 밸리 전역에서 수십 명의 한인이 몰려오곤 했다고 말했다.[65]

34년간 리들리 회에서 시무한 전도사, 장로, 목사의 명단은 다음과 같다.

- 전도사: 임종구, 권종협, 마준홍
- 장로: 김형순, 이영수, 김응규, 조성학
- 목사: 한식원, 송호영, 이살음, 이기준, 김종성, 김형일, 최정섭, 윤병구[66]

다음은 작고한 김형일 목사의 부인이 교회에 관해 기억하고 있는 내용이다.

"남편은 리들리에서 3년쯤 사역했어요. 김형제상회가 교회 바로 앞 오른쪽에서 하숙집을 운영했던 게 생각나네요. 수확기, 특히 여름엔 주일에도 밭에 나가 일해야 할 정도로 일손이 딸렸어요. 그래서 여름엔 그냥 교회 문을 닫자고 했던 것 같네요. 수확기가 서서히 끝나가면 예배를 다시 드렸구요……교회는 거의 김형제상회 덕분에 유지된 것이나 다름없었어요. 김형순 장로가 교회 일을 봐 줬고, 김호 씨는 한 달에 250달러쯤 했던 남편 봉급을 주려고 수표를 써 주곤 했죠. 김호 씨가 확실히 재정을 담당했던 걸로 기억해요."[67]

김호는 또 교회 바로 옆에 있는 집을 고령의 한인을 위한 장소로 운영했는데, 사실상 양로원이나 다름없었다.[68] 한인들에게 있어 리들리 교회는 인생의 숱한 사건들과 소중한 추억이 서려 있는 공간이었다. 옛 리들리 한인 장로교회 건물을 인수한 연합오순절교회 관계자에 따르면, 현재 소유주인 마틴 산도발Martin Sandoval 원로 목사가 이런 장면을 자주 목격했다고 한다.

> "산도발 목사님과 교회 사람들은 한국인 할머니, 할아버지들과 종종 마주치곤 했어요. 교회 계단에 앉아 그저 눈물만 흘리는가 하면 지나간 과거를 회상하듯 허공을 바라보는 사람도 있었죠. 어디서 오셨느냐고 물으면 이 지역 분들도 있었고 멀리 로스앤젤레스나 샌프란시스코에서 왔다는 분들도 있었어요."[69]

산도발 목사가 마주친 사람들은 인생의 황혼기에 접어들어 지나간 결혼식과 생일 파티, 사교 시간, 교회에서 만났던 특별한 사람들과의 추억을 떠올리고 싶어 교회를 찾았을 것이다.

독립운동 모금 행사가 열린 곳도, 애국심을 고취하는 여러 행사와 프로그램이 기획된 곳도, 설교뿐 아니라 정치 연설까지 울려 퍼졌던 곳도 모두 교회였다. 리들리 한인 장로교회에서 사역한 역대 목회자 중 가장 눈에 띄는 이는 윤병구 목사였다. 윤 목사는 애초 교회 사역을 위해 리들리에 왔지만, 기나긴 애국 활동 이력의 소유자이기도 했다. 리들리 한인교회와 한국 독립 투쟁의 연결 고리를 보여주는 또 하나의 증거였던 셈이다.

1958년 3월 1일
리들리 한인 장로교회의
신도들.

1939년 지어진 리들리 한인 장로교회의 현재 모습.
1978년 매각돼 현재 연합오순절교회로 사용되고 있다.
처음 건축 당시의 모습을 지금도 그대로 간직하고 있다.

7.
윤병구 목사

19세기 말 서울에서 태어난 윤병구는 어려서 고아가 됐지만 미국 선교사가 운영하던 당대 최고의 교육기관 배재학당에서 수학했다.[70] 배재학당 1기 졸업생으로서 유창한 영어 구사 능력을 갖췄다. 역시 배재학당을 졸업한 이승만과 친분이 두터워 후일 의형제까지 맺게 된다.[71] 1905년 고종 황제는 외무대신 민영환을 통해 윤병구에게 초청장을 보내왔다. 미국 대통령 시어도어 루즈벨트Theodore Roosevelt를 만나기 위해 포츠머스 평화 회담장으로 파견하는 황제의 밀사 호머 헐버트Homer Hulbert 박사와 이승만을 수행해 달라는 것이었다. 하지만 이때 윤병구는 이미 첫 번째 이민선을 타고 하와이로 떠난 상태였다.[72]

항일의 열정과 애국심으로 무장한 윤병구는 하와이에 머무는 동안 하와이 최초의 정치 조직인 '신한회'를 조직하게 된다. 유능한 영어 통역가로서 명성을 얻자 고종 황제는 1907년 그에게 다시 한 번 중요한 임무를 하달했다. 헤이그 만국평화회의에 특사로 파견되는 이위종, 이상설, 이준을 수행하라는 것이었다.[73]

임무를 마치고 유럽에서 돌아온 윤병구는 이번에는 콜로라도주 덴버로 가서 박용만, 김헌식과 합류했다. 1908년 덴버에서 열린 미 민주당 전당대회에서 한국의 독립 문제를 다뤄달라고 호소하기 위한 것이었다.[74] 이후 하버드대에 들어가 몇년간 학업에 매진했지만 하와이에 있던 가족이 건너와 함께 살게 되면서 학교를 계속 다

니기 어려운 형편이 됐다.[75]

1909~1911년 두 해 동안 윤병구는 샌프란시스코 한인 감리교회의 부목사로 사역했다. 목회를 마친 뒤 오리건으로 가서는 과일 재배 사업을 벌여 그럭저럭 성공을 거두기도 했다.[76] 하지만 3·1운동이 일어나면서 윤병구의 애국심이 다시 불타올랐다. 이승만의 외교 조직이었던 구미위원부에 가입한 데 이어 1919년 4월

윤병구 목사, 애국지사이자 1930년대 리들리 한인 장로교회 담임목사였다.

서재필 주도로 필라델피아에서 열린 한인 자유대회에도 참여했다. 한인 자유대회는 3·1운동으로 촉발된 항일 열기에 북미 한인들이 본격적으로 호응한 행사였다.[77]

1920년에 윤병구는 샌프란시스코에 본부를 둔 대한인국민회의 총회장으로 취임했다. 북미 한인 사회를 총괄하는 대한인국민회를 이끄는 동안 북가주 교민들이 새크라멘토에서 개최한 3·1운동 1주년 기념행사를 주재하기도 했다.[78]

2년 임기의 국민회 회장직을 마친 뒤엔 리들리 한인 장로교회의 목사로 부임하며 목회자 본연의 모습으로 돌아왔다. 리들리에 머무는 동안 그의 가족들도 떠돌이 생활에서 잠시 벗어나 안정감을 찾았던 것 같다. 윤병구의 아들 프랭크 윤은 1920년대 리들리에서

의 삶을 이렇게 떠올렸다.

> "어린 시절 제 첫 기억은 리들리에서 시작됩니다. 아직 아기였던 여동생 둘과 흙으로 파이를 만들며 놀았던 게 생각나요. 사라 누나는 테니스를 쳤어요.……리들리 고등학교에 다녔던 누나는 토론팀, 합창단 활동을 했고, 여학생 클럽의 회장도 맡았죠. 고교 졸업 후엔 프레즈노주립대에 진학했어요."[79]

리들리에 살던 한인 독신 남성들에 대한 프랭크 윤의 기억은 당시 삶의 모습을 생생하게 보여준다.

> "혼자 살던 한인 노동자들한테서 엄청나게 많은 것을 배울 수 있었죠. 나한테 연이나 장난감 만드는 법 같은 걸 가르쳐 줬어요. 친할아버지처럼 친절한 분들이었죠. 풀밭에 누워 일광욕을 즐기고, 파이프 담배를 피워대고, 낮잠을 자던 그분들의 모습을 아직도 잊을 수가 없어요."[80]

이 독신자들에게 숙소를 제공하고 하숙비를 받아 생계를 꾸려 간 한인 가정들도 꽤 있었다. 프랭크는 "우리 어머니가 운영하던 하숙집에는 독신자가 20명 있었어요. 부부가 함께 독신자용 하숙을 쳤던 집들이 꽤 있었죠. 어머니는 하숙생들한테 세 끼 식사를 차려 줬고 빨래도 해줬어요"라고 말했다.[81]

당시의 교회는 어린이들에게도 중요한 의미가 있는 장소였다.

프랭크는 교회에 차려진 한국어 학교인 고려학원에 다녔던 일, 그곳에서 열린 3·1운동 기념행사를 기억하고 있다.

> "여기 리들리[교회]에는 한국어 학교가 있었는데, 아이들이 20명쯤 다녔어요. 멀리 다뉴바에서 온 아이들도 있었죠. 우린 한국식 메이폴 댄스를 추기도 했어요. 한국의 여러 지역들을 지도에 표시하기도 했죠. 아, 맞아요. 3·1절 기념식도 있었네요. 사람들이 전부 하나가 돼서 "만세!"를 외쳤죠."[82]

윤병구는 재미 한인 전체를 통틀어 이사를 가장 많이 다닌 사람이라고들 한다. 정말로 그랬다. 리들리에 살다가 대가족을 이끌고 뉴욕으로, 뉴저지로 옮겨다녔다. 뉴욕에서는 한인 감리교회와 부속 기관을 맡았다. 그리곤 잠시 뉴저지로 이사했다가 이내 뉴욕으로 되돌아왔다. 몇 년 후에는 샌프란시스코로 다시 돌아갔는데,[83] 이 무렵 남한에선 윤병구의 의형제인 이승만을 대통령으로 세운 독립 정부가 탄생했다. 그는 한국 외무부의 수석 고문이 되어 고국으로 돌아갔고 1949년 서울에서 별세했다.[84] 애국자, 민족주의자로 명성을 날리며 리들리에 부임했던 윤병구 목사는 한국적 기상과 정체성의 한결같은 보루였던 리들리 한인 장로교회를 더욱 활짝 꽃피우게 한 인물이었다.

8.
송철과 김용중

리들리에서 커다란 정치적 족적을 남긴 인물로 송철Leo Song과 김용중을 빼놓을 수 없다. 두 사람은 로스앤젤레스의 성인 학교에서 영어를 배우다 만났다. 학교에서 쌓은 우정은 동업으로 이어졌다. 처음엔 로스앤젤레스 농산물시장에서 일하다 나중에 중개인으로 변신했다. 농부들의 농산물 출하를 돕고 도매상에게 적정 가격에 넘기는 일을 부지런히 하며 중개 수수료를 받았다.[85] 김형제상회가 상품 대부분을 맡기며 밀어준 덕분에 두 청년은 1925년 자신들만의 중개회사인 김송위탁판매소K&S Jobbers를 설립하기에 이르렀다. 이때 김용중이 27세, 송철은 31세였다.[86] 사업으로 돈을 번 두 사람은 독립운동에 본격적으로 나서 해방 전후 재미 한인 사회에 정치·사회적으로 중요한 기여를 했다. 이에 송철과 김용중에 대해 간략히 소개해 보기로 한다.

1) 송철(1894~1986)

송철은 1894년 충청남도 금산에서 태어났다.[87] 부친의 동학혁명군 가담으로 가세가 기우는 바람에 고단한 유년 시절을 보냈다. 양친과 송철 모두 기독교로 개종했다.[88] 송철은 매우 똑똑한 학생이었다. 미션 스쿨에 다니던 고교 시절 후배들에게 수학, 물리학을 가르치며 생활비와 학비를 벌었다. 고등학교를 수석으로 졸업한 덕분에 다른 미션 스쿨에서 전임 교원으로 일하게 됐다.[89]

교편을 잡던 중 인생에서 가장 중요한 인물을 만나게 되는데, 바로 1914년 학생들과의 만남을 위해 송철의 학교를 방문한 이승만이었다.[90] 미국에서 학사, 석사, 박사 학위를 받은 불혹의 이승만은 세계의 변화를 설명하며 낙후된 조국에 현대 과학과 가치관으로 무장한 젊은이들이 필요하다고 설파했다. 이 모습을 보고 송철은 배움에의 열망에 사로잡혔다.

송철, 김송위탁판매업소의 공동 창업자이자 이승만을 지지하는 동지회의 평생 후원자였다.

송철은 처자식을 남겨둔 채 망명자들의 은신처인 중국 상하이로 떠났다가, 아무런 서류도 없이 무작정 샌프란시스코행 배에 올랐다. 당시 대한인국민회가 후원하는 한국인은 서류 심사 없이도 입국할 수 있도록 미 정부가 허용해줬기 때문에[91] 추방을 겨우 면할 수 있었다. 1917년 미국에 도착했을 때 주머니엔 달랑 30달러뿐이었다.

이후 10년간 남의 집에 기거하며 가사 도우미로 일하는 이른바 '스쿨 보이'로 지냈다. 미국식 교육을 받겠다는 목표를 위해 주간에는 학교를 다녔다. 마침내 37세의 나이에 UC 버클리에서 공학 학사 학위를 받았지만[92] 전공과 무관하게 농산물 중개인의 길을 걷게 된다. 과일 사업은 그에게 잘 어울리는 일이었다. 큰돈을 벌었지만 자신을 위해 부를 축적한 것은 아니었다. 스스로가 믿는 정치·사회

송철과 김용중이 동업해 설립했던 김송위탁판매소 중가주 본부의 모습. 송철의 아들 송우진이 이어받아 2004년까지 운영하다 현재는 소유자가 바뀌었지만 공장 건물에는 Song이라는 간판 글자의 흔적이 남아있다.

적 대의에 아낌없이 재산을 기부했다.

송철의 인생에서 가장 중요한 정치적 대의는 다름 아닌 이승만을 돕는 일이었다. 이승만의 지지자들은 송철을 중심으로 모이고 결집했다.[93] 해방되기 전 외교 노선을 밀어붙이던 이승만에게 송철의 변치 않는 지지는 큰 힘이 됐다. 해방 직후 과도기에 이승만이 고집한 분리주의 노선 역시 송철의 지지 덕분에 더욱 힘을 받을 수 있었다. 확고한 반공주의자였던 이승만은 북쪽의 공산주의자들과 타협하기보다는 미국의 통제하에 있던 남쪽에 단독정부를 세우고 싶어 했다. 이런 이승만을 지지했던 송철과 정치적으로 대척점에 서 있던 인물이 공교롭게도 송철의 동업자이었던 김용중이다. 김용중은 이승만의 분리주의에 반대했던, 타협하지 않는 민족주의자였다.

2) 김용중(1898~1975)

1898년 충청남도 금산군 금산읍 정도리[94]에서 태어난 김용중은 일찌감치 정치적 소명을 가슴에 품었던 것 같다. 18세라는 어린 나이에 인생 항로를 바꾸는 결정적 사건을 겪는데, 상하이에서 열혈 애국지사 여운형을 만난 것이다. 여운형을 만난 김용중은 민족주의에 심취하게 됐고[95] 얼마 지나지 않아 여운형의 조언으로 미국 유학길에 올랐다.

앞서 언급한 대로 로스앤젤레스에서 영어를 배우던 중 송철을 만나 함께 사업을 시작했다. 김용중은 하버드대, 컬럼비아대, 남가주대, 조지워싱턴대 등 여러 학교를 거쳤다.[96] 김형제상회와의 운명적 만남은 혈연관계로도 이어졌다. 늠름한 청년이던 김용중은 1934년 김형순·한덕세의 장녀인 메리와 결혼했다.[97] 김용중·메리 부부는 슬하에 마릴린, 다이앤 두 딸을 두었는데 예술적 재능이 뛰어났던 이들은 자라서 예술가가 됐다.

김용중의 정치 활동은 1940년대에 접어들며 보폭을 넓혔다. 1943년 워싱턴 D.C.에 비영리 연구 및 홍보 기관인 한국사정사Korean Affairs Institute를 설립한 것이

김용중, 한반도 중립화 통일을 주창했으며 《보이스 오브 코리아》 발행인, 김송위탁판매업소의 공동 창업자였다.

정점이었다.[98] 한국사정사는 영어 월간지 《보이스 오브 코리아The Voice of Korea》를 발행했다. 김용중은 이 매체를 통해 영어권 독자들에게 한국 이슈에 관한 자신의 견해와 관점을 설파했다.

한반도 문제에 관해 특히 주목할 만한 김용중의 견해는 3년간의 해방 정국(1945~1948)에 관한 것이었다. 막 식민지에서 벗어난 한반도는 미국을 등에 업은 자본주의 남한과 소련의 지원을 받는 공산주의 북한으로 갈라지려는 참이었다. 김용중은 분단을 막기 위해 많은 에너지와 자원을 쏟아부었지만 헛수고였다. 1948년 분단이 현실화되자 한반도 통일은 김용중의 필생의 사명이 됐다. 그는 통일 방법론에 있어 하나의 뚜렷한 흐름을 대표했는데, 남북이 중립적 비동맹주의 원칙하에 이념보다 민족주의를 앞세워야 한다고 주장했다. 즉 중립적 위치에서 민족주의를 강화함으로써 한반도를 중립지대화 하고 통일을 실현해야 한다는 것이었다.

중립화 통일의 불씨를 살리기 위해 김용중은 출판, 로비 활동을 열정적으로 전개했다. 활동의 대부분은 냉전이 절정에 달했던 시기에 이뤄졌다. 김용중에 관한 더 자세한 논의는 다음 장에서 또 다른 맥락으로 이어질 것이다.

리들리 한인 사회를 구성했던 인물들의 면면을 완성하기 위해 이번에는 김원용(미국명 Warren Kim)에 대한 소개를 이어가 보자.

9.
김원용

1896년 서울에서 태어난 김원용은 1917년 5월 10일 유학차 미국에 건너왔다.[99] 7년간 학교에 적을 두고 일을 병행하며 이민자 사회를 도왔다. 1950년대 후반 리들리 한인 장로교회에서 봉사한 인연으로 김원용과 잘 알고 지냈다는 김형일 목사의 부인은 김원용을 "영원한 2인자"로 특징 짓는다.[100] 김원용이 평생에 걸쳐 중요한 정치적 인물이나 한인 조직의 핵심 비서, 보좌역으로 일하며 능력을 발휘했다는 상찬의 의미다. 하와이에 있을 때 이승만 밑에서 일하기도 했는데, 자금 유용 사건과 관련해 이승만이 김원용을 공개 비난하면서 사이가 틀어졌다.[101] 그때부터 김원용은 이승만의 집요한 정적이 됐다.

김원용은 하와이와 미 본토를 오가며 대한인국민회의 다양한 직책을 맡았다. 하와이에서의 경력으로는 월간지 《국민보》 편집인 겸 주필, 하와이 국민회 서기, 재미한족연합위원회 의사부 위원장 등을 꼽을 수 있다.[102] 워싱턴에서는 김용중이 설립한 한국사

김원용, 《미주 한인 50년사》 저자
(1959년 출판).

정사 간사로 잠시 일했고 재미한족연합위원회의 외교 업무를 담당하는 워싱턴 대표로도 활약했다.[103] 1945년 해방이 되자 미 군정은 나란히 귀국한 김호와 김원용을 남조선 과도입법의원의 의원으로 선출했다. 김원용은 3년간 의원직을 수행했다.[104]

무엇보다 후세에 길이 남을 김원용의 업적은 1958년 완성한 《재미 한인 50년사 Fifty-Year History of the Koreans in America》다. 초기 한인 이민자들의 삶의 기록을 후대에 남기고자 했던 김호가 이 뜻 깊은 저작의 집필을 후원했다. 김호는 집필을 의뢰한 뒤 김원용과 제자들이 책을 완성할 수 있도록 7년에 걸쳐 든든하게 재정을 뒷받침해 줬다.[105] 1959년 리들리에서 김원용을 저자로 하는 514쪽짜리 완성본을 자비로 출판한 이도 김호였다. 이 책은 지금도 한인 초기 이민사 연구자들이 가장 많이 참조하는 자료다.

이제 지금까지 살펴본 인물들이 어떻게 서로 연결되고 관계를 맺어가는지를 살펴볼 차례다.

10.
다시 살펴보는 김호와 리들리 그룹

김호와 김형순, 한덕세(데이지 김), 김용중, 김원용을 가리켜 '리들리 그룹'이라고 부른다. 이들을 하나의 그룹으로 묶는 이유는 무엇보다 정치적 지향을 공유했기 때문이다. 달리 말하면 5명의 '리들리 김'은 이승만의 정치적 반대파였는데, 각자의 사적 성향뿐 아니라 이승만과 얽힌 공적 경험이 두루 작용한 결과였다. 그들은 대한인국민회의 열성적인 지지자였지만 안창호를 추종하지는 않았다. 김원용을 빼고는 모두 부자였던 덕분에 힘과 영향력을 발휘할 수 있었다. 헌신적인 민족주의자로서 정치적으로 중도 우익과 좌익 사이를 오갔는데, 주로 오른쪽으로 기울었다.

이승만의 정책이나 접근 방식에는 대체로 반대했지만 이승만의 위상에 걸맞은 예우에는 소홀히 하지 않았다. 이승만이 리들리, 다뉴바에 들러 지지를 호소할 때마다 리들리 그룹도 동포들과 함께 너그럽게 응원해 줬다. 자금 지원은 물론 대한민국 임시정부 요인으로서의 체면을 세워 주려고 새 양복과 자동차를 제공하기도 했다.

1) 한덕세(데이지 김)

한덕세는 원래 이승만의 열렬한 추종자였다. 그런데 두 사람의 관계에 먹구름이 드리워진 사건이 일어났다. 어느 날 이승만이 리들리에 있는 한덕세의 집을 방문했는데 그날따라 안절부절못하는 모습을 보였다. 이상하게 여긴 한덕세가 "이 박사님, 저한테 뭔가 숨기는 게 있나요, 아니면 하실 말씀이라도 있는 건가요?"라고 묻자[106] 이승만은 몸을 돌리더니 몇 발자국 떨어진 어두운 구석에 있던 여성에게 나오라고 손짓했다. 유럽 억양을 가진 키 작은 금발 여성이었다. 이승만은 한덕세에게 자기 아내를 소개시키고 싶다고 했다.

한덕세는 속내를 거리낌 없이 표현하는 여성이었다. 곧바로 이승만의 면전에 대고 "한국인은 다른 인종과 결혼하는 것을 삼가야 한다"고 했던 그간의 발언과 배치되는 것 아니냐고 쏘아붙였다. 크게 당황한 이승만은 모욕감을 느껴 리들리 호텔 방에 틀어박혔다. 그리곤 한덕세가 무례함을 사과할 때까지 음식을 입에 대지 않겠다며 단식에 돌입했다. 단식은 며칠이나 이어졌다고 한다.[107]

이승만의 결혼은 한인 사회에 적지 않은 논쟁을 촉발시켰다. 한때 이승만 밑에서 일했던 김현구Henry Cu Kim는 자서전에서 "이승만은 평소 기독교 학교나 교회를 찾을 때면 공석에서든 사석에서든 외국인과 결혼하면 안 된다고 역설하곤 했다. 그런 자신이 정작 외국인과 결혼함으로써 식언을 했다는 비판에 직면할 수밖에 없었다"고 썼다.[108]

2) 김형순

한덕세와 이승만은 화해하지 않았고 둘의 관계는 악화일로를 걸었다. 한덕세의 악감정은 남편 김형순에게도 전이됐다. 하지만 김형순과 이승만의 관계는 단순한 감정 차원을 넘어 좀 더 복잡하게 얽혀 있었다. 유럽 출신 프란체스카와 결혼하기 전 이승만은 김형순·한덕세 부부의 장녀인 메리에게 눈독을 들이고 있었다. 당시 20대 초반으로 상당한 미인이던 메리는 명문 피바디 음대를 졸업한 재원이었던 데다 미국에서 가장 부유한 한인의 딸이었다. 이승만은 김형순 부부 쪽에 사람을 보내 메리와의 결혼을 허락받을 수 있을지 떠봤다. 50대 후반의 나이에도 독신이던 이승만은 임시정부의 전 수반이자 독립국의 대통령이 될지도 모르는 거물이었다. 현재 94세로 뉴욕에 살고있는 메리는 최근 인터뷰에서 이렇게 회상했다. "이 박사는 그때 제 정신이 아니었어요. 게다가 난 이미 약혼

이승만, 안창호, 최진하 등 한인 지도자들이 리들리를 방문할 때 묵었던 버지스 호텔. 중가주 한인역사연구회가 2008년 이승만, 안창호의 얼굴을 새긴 동판을 호텔 입구에 설치했다. 이승만이 머물렀던 2층 프레지던트 룸 앞에도 두 인물의 사진이 걸려있다.

자가 있었구요."[109] 이승만이 유럽 출신 신부를 집에 데려오자 한덕세의 분노가 폭발했던 데는 꼬일 대로 꼬인 양쪽의 관계가 복잡하게 작용했던 셈이다.

메리에 대한 이승만의 관심이 감정적 영향을 미치긴 했어도 김형순은 개인적으로 이승만과 언쟁을 벌이거나 하지는 않았다. 김형순은 대한인국민회 회장 겸 중앙집행위원회 위원으로 활동했을 뿐 아니라 국민회의 든든한 재정적 후원자이기도 했다. 김형순이 이승만 반대파의 일원이 된 것도 이승만과 국민회의 갈등 관계 때문이었다. 하지만 일생 동안 이승만에 대한 개인적 애정의 끈은 놓지 않았던 것 같다. 필자는 김형순과 조우했던 1972년의 일을 기억하고 있다. 지금은 없어진 샌프란시스코 한미정치협회에서 김형순을 만났는데, 그는 리들리의 버지스 호텔로 우리 일행을 데려갔다. 이승만이 리들리, 다뉴바를 방문할 때마다 버지스의 스위트룸을 잡아주곤 했다는 얘기를 그때 김형순한테서 들었다.[110] 이승만에 대한 기억을 후대에 전하기 위해 그 스위트룸을 보존했으면 좋겠다고 말하기도 했다. 김형순이 이승만에게 상당한 애착을 갖고 있었음을 보여주는 증거다.[111]

3) 김원용

김원용과 이승만의 적대적 관계는 앞서 언급한 바 있다. 두 사람은 조직의 자금 유용을 둘러싸고 소송으로까지 번진 사건으로 감정의 골이 깊어졌다. 김용중의 경우 당시 비교적 젊은 축에 속했고 이승만과 개인적 접촉도 없었던 것으로 보인다. 김용중이 반이승만 노선을 취한 것은 국민회 활동, 그리고 통일에 대한 김호의 확고한 민족주의적 입장에 영향을 받은 결과다.

4) 김호

김호와 이승만의 관계가 틀어진 배경은 재미한족연합위원회 활동에서 찾을 수 있다. 리들리의 역사, 정치를 정확히 이해하려면 무엇보다 김호의 재미한족연합위원회 활동과 해방 후 한국, 미국에서의 정치 활동을 살펴봐야 한다. 이를 위해 김호에 대해서는 따로 다음 6개 주제로 나눠 논의를 진행하고자 한다. (1) 재미한족연합위원회 창립 과정에서 김호의 역할에 대한 서론, (2) 위원회의 탄생과 운영, (3) 이승만과 한길수의 갈등에 따른 위원회의 분열, (4) 위원회의 해체, (5) 김호의 해방 후 정치활동, (6) 김호의 리들리 복귀.

활기를 되찾은 대한인국민회

1919년 3월 1일의 독립운동은 북미, 하와이의 한인들이 정치 활동에 다시금 박차를 가하는 계기가 됐다. 활발했던 분위기는 1920년대 중반까지 이어지다가 이후 10년간 주춤했는데, 한인 사회의 중추였던 대한인국민회도 마찬가지였다. 잠잠했던 한인들의 독립운동에 다시 불이 붙은 것은 1937년 제2차 중일전쟁에 이어 1941년 일본의 진주만 공습으로 미일 간 전쟁이 벌어지면서였다. 미국을 공격한 일본의 무모함에서 독립 쟁취의 기회를 엿본 것이다. 재미 한인들은 중국, 미국을 도와 일본을 물리치자는 목표를 설정했다. 그들의 모토는 "중국과 함께 하는 한국의 승리Victory for Korea with China" 혹은 "중국을 돕는 것이 한국을 돕는 길To help China, let's help Korea, too"이었다.[112]

이를 위해 대한인국민회는 이승만 지지단체인 동지회까지 포함해 모든 한인 조직이 참가하는 원탁회의를 소집했다. 아시아·태평양 전쟁이 안겨준 절호의 기회에 제대로 대응하려면 국민회의 역량을 되살려야 하고, 그에 앞서 폭넓은 의견 수렴이 필요하다는 판단에서였다. 회의 결과 국민회 조직에도 커다란 변화가 일어났다. 국민회 헌장을 수정해 소수의 수뇌부가 아닌 중앙집행위원회의 집단 지도체제로 탈바꿈했다. 이러한 변화의 중심에 다름 아닌 김호가 있었다.[113]

이제 김호의 관심사는 대한인국민회의 역량 강화로 옮겨갔다. 국민회 리들리 지부 복원에 힘을 보탠 뒤 한인 농장 공동체가 한창 활성화되던 몬태나주 버트 지역으로 동료와 함께 건너가 국민회 지부를 설립했다. 로스앤젤레스에서는 새로 가입시킨 지부 회원이 100명을 넘겼다.[114] 델라노, 로스앤젤레스의 국민회 지부는 "새로운" 국민회를 널리 알리기 위한 궐기대회를 열었다. 김호는 이러한 지도력을 널리 인정받아 대한인국민회 중앙집행위원장으로 선출됐다. 국민회를 이끈 지 얼마 되지 않아 김호와 동료들은 국민회보다 더욱 광범위하게 한인의 단결을 이끌어 낼 수 있는 조직이 필요하다는 사실을 절감했다.[115]

하와이에 있던 한인들도 새로운 한인 조직의 필요성에 공감했다. 하와이와 본토 간 의견 교환이 이뤄진 결과 전국 단위의 회의를 열어 새로운 조직에 관해 토론해 보자는 아이디어가 나왔다.[116] 전국 회의 일정은 1941년 4월 하와이로 잡혔다. 로스앤젤레스에 있던 북미 국민회 중앙집행위원회는 회의에 참가할 대표로 김호와 한시대, 송종익을 선출했다.[117]

재미한족연합위원회의 탄생과 운영

하와이, 북미의 9개 단체 대표자 15명이 모여 일주일간 숙고한 끝에 역사적인 재미한족연합위원회United Korean Committee가 탄생했다. 재미한족연합위원회는 대한인국민회뿐 아니라 동지회와 여성 단체들, 중한민중동맹, 여타 단체들까지 모두 포괄해 대표하는 범민족 조직이었다.[118] 위원회는 조직의 목표로 대한민국 임시정부를 지원하고, 일치단결해 항일 운동을 선도하며, 미국 정부로부터 위원회를 인정받기 위한 적극적 외교 활동을 펴는 것 등을 내세웠다.[119]

위원회 조직은 하와이 호놀룰루에 기반을 둔 의사부와 로스앤젤레스의 집행부라는 두 개의 축으로 운영됐다. 의사부는 입법을, 집행부는 정책 집행을 담당했다. 그 아래 보조 부서로 위원회와 임시정부의 외교 활동을 수행하는 외교위원부, 대미 지원요청 및 연락을 담당하는 국방공작봉사원을 뒀다. 국방공작봉사원은 한인을 미 국방부나 전략정보국OSS 등에 들여보내 안보 경험을 쌓도록 하는 것을 최우선 목표로 삼았다. 외교·국방 분야의 두 보조 부서는 미국 수도인 워싱턴 D.C.에 각각 사무실을 두고 운영했다.[120] 로스앤젤레스의 집행부는 김호를 집행위원장으로 선출했다.

그런데 1941년 12월 일본이 진주만을 공격하자 애꿎은 하와이 한인들까지 잠재적 적성국민 취급을 받는 상황이 벌어졌다. 미군 당국은 한인들의 정치 활동을 면밀히 감시하기 시작했다. 이 때문에 위원회의 하와이 의사부는 활동 불능 상태에 빠졌고, 로스앤젤레스 집행부가 위원회의 기능과 책임을 대부분 수행해야 했다. 재미한족연합위원회의 모든 운영을 집행위원장인 김호가 오롯이 떠맡게 됐다는 의미였다.[121]

김호와 집행부는 외교위원부 수장으로 노련한 외교가인 이승만이 최적임자라는 데 뜻을 모았다. 국방공작봉사원으로는 군 정보 분야의 귀재로 평가받던 한길수를 선임했다. 외교는 이승만이 담당하고 미군과의 관계는 한길수가 맡게 된 것이다.[122] 두 사람은 재미한족연합위원회 워싱턴팀을 꾸리기로 했다.

김호 위원장은 뛰어난 리더십으로 수많은 사업을 이끌어갔다. 위원회는 캘리포니아주의 허가를 받아 로스앤젤레스, 샌프란시스코에 한인국방경위대Korean National Guard를 창설했다. 일명 '맹호군

Tiger Brigade'으로 불린 이 시민 방위군의 깃발 아래 신체 건강한 한인 남녀가 집결했다. 엄밀히 말하자면 맹호군은 당시 충칭에 주둔하던 임시정부 군대인 광복군의 지휘 계통하에 있었다고 봐야 한다.[123]

다양한 형태로 미군에 입대한 한인 젊은이는 1944년 기준으로 195명이었다. 미 전략정보국에서 통역가나 특별 요원으로 근무한 이도 있었다. 1941~1945년 사이 북미 지역 한인 2,000여 명이 미국의 전쟁 수행을 지원하기 위한 전시 채권을 138만 3,430달러 어치나 사들였다. 하와이 한인들은 미국 전쟁 승리 기금에 2만 6,694달러, 미국 방위 기금에 1,627달러를 기부했다.[124]

맹호군은 1942년 8월 29일 로스앤젤레스 시청 앞에서 가두행진을 벌였다. 32년 만에 처음으로 시청 게양대에 태극기가 휘날리는 가운데 대한독립선언문이 낭독됐다.[125] 1944년 미 우정국은 한국을 지지하는 의미에서 태극기가 새겨진 우표를 발행했다. 재미한족연합위원회는 미국 50여 개 주와 지방정부로부터 필요한 때 태극기를 게양해도 좋다는 허가를 얻어냈다.[126] 활발히 사업을 벌이는 와중에도 임시정부에 대한 재정 지원과 외교, 국방공작 활동에는 소홀함이 없었다. 1941~1945년에 걸쳐 재미한족연합위원회는 임시정부에 5만 7,724달러, 외교위원부에 2만 6,520달러, 국방공작 봉사원에 약 1만 달러를 송금했다.[127]

재미한족연합위원회가 위대한 업적을 쌓아가는 동안 한인들이 가장 열망했던 것은 미국 정부로부터 대한민국 임시정부에 대한 승인을 얻어내는 일이었다. 미국 같은 열강들의 인정으로 임시정부의 정통성이 강화되면 언젠가 일본이 한국 땅을 떠날 때 임시정부가 식민 체제를 손쉽게 대체할 수 있는 길이 열리기 때문이었다. 독립 국가로 빠르게 전환하기 위해서는 이것이 가장 확실한 방법이었다.[128]

미 정부의 임시정부 인정이라는 과업을 놓고 위원회 모두가 이승만의 얼굴만 쳐다보고 있었다. 하지만 이승만은 상당한 노력을 경주했음에도 불구하고 별다른 진전을 이뤄내지 못했다.[129] 일례로 미 하원 외교위원장인 뉴욕의 솔 블룸Sol Bloom 의원은 1943년 3월 하원 공동결의안 109호를 발의했다. 이어 4월에도 상원에서 공동결의안 49호가 발의됐다. 결의안의 요지는 "대한민국 임시정부에 대한 미국 정부의 인정을 위한 것"이었다.[130] 상하원의 다수 의원이 임시정부 인정을 지지하는 서한을 미 국무부에 보냈다(〈표 4.1〉 참조). 이승만이 이끌던 한미협회, 구미위원부, 중한민중동맹 등도 임

〈표 4.1〉 상하이 임시정부 승인을 지지한 미국 상하원 의원 명단

Legislator	Date of Support
Sen. Guy M. Gillette (D-Iowa)	January 6, 1942
Rep. James Farley (D-NY)	May 4, 1942
Sen. Albert Chandler (D-KY)	May 13, 1942
Rep. Joseph Baldwin (D-NY)	June 15, 1942
Sen. W. Lee O'Daniel (D-Texas)	April 2, 1943
Rep. Richard Kleberg (D-Texas)	April 8, 1943
Rep. Sol Otis Bloom (D-NY)	March 31, 1943
Sen. James Tunnel (D-Delaware)	May 29, 1943
Rep. Compton White (D-Indiana)	June 1943
Sen. Thomas Connolly (D-Texas)	August 1943

*출처: 대한민국 임시정부 승인 관련 문서: Gillette, pp. 130~131; Farley, pp. 382~387; Chandler, pp. 407~408, Baldwin, p. 425; Kleberg, pp. 512~515; Bloom, pp. 516~518; O'Daniel, pp. 523~526; White, p. 549; Tunnel, pp. 542~545; Connolly, pp. 546~548.

시정부를 인정해 달라며 끈질기게 국무부에 요청했다. 하지만 국무부는 번번이 거부했다. 임시정부가 한국인들의 신뢰를 받는 망명정부라는 내용의 탄원이 수없이 접수됐지만 국무부 입장에선 고려할 가치가 있는 사안인지가 여전히 미지수였다. 미 국무부는 중국 정부에 임시정부에 대한 의견을 묻기도 했는데, 중국 역시 이렇다 할 의견 표명 없이 답변을 회피했다.[131] 당시 여러 나라의 망명 정부가 비슷한 요청을 해 왔기에 하나를 인정하면 나머지 나라에도 똑같이 조치해야 한다는 부담을 느꼈을 것이다. 자칫 커다란 외교적 혼란을 야기할 수도 있는 문제였다.

임시정부 승인을 위한 노력이 부질없는 것 아니냐는 좌절감이 한인 사회에서 팽배해질 무렵 중국으로부터 불길한 소식이 전해졌다. 우익인 김구파와 좌익 김원봉을 추종하는 세력 간에 치열한 내부 다툼이 벌어져 임시정부가 분열되고 있다는 것이었다. 설령 미국 등이 임시정부를 승인해 준다 해도 임시정부가 그럴 준비가 제대로 되어 있는지 의구심이 커졌다.[132] 중국에서 전해지는 소식의 신뢰성 자체가 불확실했기 때문에 상황은 더욱 좋지 않았다. 뉴스가 루머와 풍문으로 뒤범벅되는 혼란스런 판국이었다.

재미한족위원회 지도부는 회의 끝에 우선 대표단을 중국에 보내 현지 상황을 직접 파악해 보기로 결론내렸다. 대표단으로는 리들리의 김호와 하와이의 전경무가 뽑혔다. 두 사람은 이승만이 이끌던 워싱턴의 외교위원부에 국무부의 여행 허가서와 중국 입국 비자를 얻어 달라고 요청했다. 하지만 외교위원부의 답변은 돌아오지 않았다. 답답해진 두 사람은 상황을 직접 살펴보려고 워싱턴으로

떠났다.[133]

이승만과 한길수의 분열

워싱턴에 도착한 김호, 전경무의 눈 앞에 펼쳐진 광경은 재앙이나 다름없었다. 이 상황을 설명하려면 먼저 워싱턴의 국방공작봉사원 한길수에 대해 소개할 필요가 있다.

1900년 경기도 장단에서 태어난 한길수는 다섯 살이던 1905년 하와이로 이주했다.[134] 한인 청소년에게 고등학교 수준의 다목적 교육을 제공하기 위해 이승만 주도로 설립된 하와이 한인중앙학교를 졸업했는데, 이때 한길수를 가르친 은사가 바로 이승만이었다.[135] 1921년 샌프란시스코로 건너가 구세군 훈련대학에서 수학했고, 구세군 대위로 임관해 하와이 각지에서 봉사 활동을 했다. 구세군을 나온 뒤에는 부동산 중개업에 종사했다. 영어, 일본어, 중국어, 한국어가 유창했다고 알려져 있다.[136]

한길수는 천성이 다정하고 다재다능해서 친화력이 매우 뛰어났고 폭넓은 사교 관계를 유지했다. 한때 하와이 일본 영사관에서 일하기도 했고 1933~1937년에는 미 육군과 해군 정보부에 근무하며 주로 일본에 대한 정보를 수집했다.[137] 순회강연을 통해 항일 메시지를 설파하기도 했다. 한길수는 미 의회 청문회에 출석한 최초의 한국인으로 기록돼 있다. 1937년 하와이에서 열린 상하원 합동 청문회에서 하와이 일본 영사관의 음모를 폭로하고 증거를 제출해 미국 사회에 적지 않은 충격을 줬다.[138] 미국의 고위 선출직을 비롯해 군 정보부, 국무부 등에 접근이 가능했던 한인이었다고 평가

된다. 일본에 대항하는 중국인들을 지원하던 단체인 중한민중동맹의 창립 멤버이기도 했다.

한길수가 군사 정보 분야에서 쌓은 뛰어난 이력을 눈여겨본 김호는 그를 재미한족연합위원회의 워싱턴 군사 연락책으로 추천했다. 김호와 위원회 지도부는 애초 한길수의 국방공작 임무와 이승만의 외교 기능이 분명히 구분된다고 판단했지만 실제로는 상당 부분 겹쳤다. 막상 활동하다 보면 서로 충돌했던 경우도 적지 않았다. 이승만과 한길수의 사이도 썩 좋지 못했다. 이승만은 재미한족연합위원회가 아무 상의도 없이 자신보다 25살이나 어린 데다 학벌도 보잘것없는 한길수를 자신의 군사 분야 파트너로 지명한 것을 모욕으로 받아들였다. 그도 그럴 것이, 이승만은 프린스턴대 국제정치학 박사 학위를 소유한 임시정부의 전 수반으로서 감히 범접하기 힘든 애국자의 위상을 가진 인물이었다. 실제로 워싱턴 정가와 외교계에서 일정 정도 두각을 나타내기도 했다.

이승만의 영향력을 보여주는 대표적 사례가 한미협회Korean-American Council였다. 이승만의 미국인 친구들과 지지자들이 1942년 만든 한미협회는 이승만을 돕겠다는 단 하나의 목적으로 설립된 단체였다. 이승만 지지단체인 동지회의 미국 쪽 파트너였다고 할 수 있다. 주캐나다 미국 대사를 지낸 제임스 크롬웰James Cromwell이 협회장을, 전직 기자 제임스 파머James Farmer가 서기를 맡았다. 회계 담당에 제롬 윌리엄스Jerome Williams, 법률 고문에는 존 스태거스John Staggers가 포진했다.[139] 본부는 워싱턴 D.C.에 있었고 뉴욕, 오하이오에 각각 지부를 운영했다. 이승만이 미국 정부로부터 임시정부를 인정받기 위해 얼마나 조바심을 냈는지 잘 알던 크롬웰 전 대사는 미 국무부에 협회 명의의 서한을 보내 한국 임시정부 인정에 속도를 내 달라고 간청했다. 크롬웰은 "젊은 한국인들은 (독립을 향한) 당장 행동에 나서고 싶어 하지만, 이승만 박사는 아직 그들을 풀어줄 생각이 없습니다. 국무부가 사실상의 대한민국 정부를 승인해줄 때까지 말입니다"라고 편지에 썼다.[140]

한길수는 이승만이 자신을 깔보며 워싱턴 활동 자체를 못마땅해한다는 것을 알게 되자 이승만에 반대하는 선전전을 개시하고 나섰다. 그는 국무장관 코델 헐Cordell Hull에게 보낸 서신에서 이승만은 한인들의 의사를 대변하지 못하고 있으며 이승만이 뭐라 말하든 상관없이 한인들은 일본에 맞서 싸울 것이라고 선언했다.[141] 젊은 한인들은 이승만이 제안하는 정치적 거래에 동의하지 않는다고도 주장했다. 이승만도 곧바로 반격에 나섰다. 국무부에 서신을 보내거나 직접 찾아가 한길수의 말을 믿지 말라고 호소했다. 더 나아가 한길수가 공산주의자에 이중간첩이라고 헐뜯기까지 했다.[142] 볼썽사나운 진흙탕 싸움을 벌였던 셈이다.

임시정부 상황을 살피려 중국에 가려던 김호, 전경무는 이승만이 자신들의 중국행을 못마땅해한다는 낌새를 알아챘다. 스스로 임시정부를 대표한다고 생각하던 이승만으로선 임시정부에 대해 궁금한 점이 있으면 자기에게 먼저 물어보라는 식이었다. 김호와 전경무는 이승만이 비자 발급까지 방해했다는 의심을 품었다.[143] 임시정부 주석 김구도 재미한족연합위원회 쪽에서 임정 내 분쟁과 분열을 조사하러 중국에 온다는 사실을 별로 신경 쓰지 않는 듯 보였다.¹⁴⁴⁾ 결국 재미한족위원회 지도부의 중국행 계획은 흐지부지됐다.

와해된 재미한족연합위원회

김호와 위원회 집행부는 결국 한길수의 워싱턴 직위를 해제했다. 한길수로서는 억울한 노릇이었고,¹⁴⁵⁾ 그가 대표하던 중한민중동맹이 재미한족연합위원회에서 탈퇴하는 결과로 이어졌다. 위원회는 이승만에 대해서도 조치에 나섰다. 이승만을 해임하든지 고문으로 물러나게 하고, 외교위원부는 다른 사람에게 맡겨 달라고 임시정부에 요청했다.¹⁴⁶⁾ 사실 이승만에 대한 재미한족연합위원회의 불만은 이미 겹겹이 누적된 상태였다. 임시정부에 대한 미국의 인정을 얻어내는 데도 실패했고, 김호와 전경무의 방중을 고의로 방해했으며, 위원회의 재정 권한을 박탈하려 했다는 것이 주된 불만이었다. 김호와 집행부는 이승만과 위원회 중 하나만 택하라고 임시정부 측에 요구했다. 하지만 김구는 이승만에 대한 신뢰를 거두지 않았고, 원만한 타협점을 찾아보라고 양측에 요청했다.¹⁴⁷⁾

요청이 묵살되자 위원회 집행부는 이승만의 외교위원부와 임시정부에 대한 송금을 중단하는 한편 워싱턴에 자체 외교 조직을 새로 설치해 김용중, 전경무, 김원용을 파견했다. 핵심 자금줄인 미국으로부터의 재정 지원이 끊기자 큰 곤경에 처한 임시정부는 마지못해 외교위원부를 개혁하겠다고 나섰다. 임시정부는 모든 한인 단체들에 외교위원부를 어떻게 개혁하면 좋을지 숙고해 달라고 요청했다. 이때 재미한족연합위원회 측이 현장의 경험을 담은 제안을 냈지만 김구는 이승만 지지 조직인 동지회가 숙고 과정에 참여하지 않았다는 이유로 또다시 외면했다.

　오히려 이승만이 계속해서 외교위원부를 맡으라는 김구의 지시가 떨어졌다.[148] 임정의 조치에 다시 기세가 오른 이승만은 자신의 지지 조직인 동지회를 시켜 김호 일당을 배신자로 규탄하게 했다. 하와이, 로스앤젤레스, 다뉴바의 동지회 지부는 집회를 열고 돈을 모금해 이승만에게 보냈다.[149] 얼마 지나지 않아 동지회는 재미한족연합위원회에서 완전히 떨어져 나왔다. 이 시점에서 심각한 분열에 빠진 위원회는 더 이상 임시정부에 얽매일 필요가 없다고 생각하기에 이르렀다. 어느 모로 보나 위원회는 이미 와해된 상태나 다름 없었지만 김호와 동료들은 포기하지 않았다. 그들은 조직을 사수하기 위해 마지막 두 가지 행동에 나섰다.

　첫 번째 행동은 1945년 4월 50개국이 참가한 가운데 샌프란시스코에서 열린 유엔 평화회의에 참가하는 것이었다. 대규모 국제회의라는 흔치 않은 무대에서 한국의 문제를 알리기 위해 한인 단체 몇 곳이 참가 경쟁을 벌였다.[150] 이승만과 임시정부는 단일 대표를 내세워야 효과가 크다고 판단했다. 임시정부의 인정서를 손에 쥔 이승만은 회의에 참가할 사절단을 꾸렸다. 한인 사회를 폭넓게 대표한다는 의미에서 동지회 추종자뿐 아니라 김호, 한시대, 전경무, 김원용 등 재미한족연합위원회 측 인사들도 사절단에 포함시키려 했다.[151] 하지만 김호와 위원회는 별도의 대표단을 꾸리기로 결정했다. 결국 어느 쪽도 참가 자격이 없다고 판정받으면서 이들의 샌프란시스코행은 좌절됐다. 실패를 만회하기 위해 김호는 이승만과 접촉해 대표단을 새로 구성하자고 제안했다.[152] 이것이 이미 고령이었던 이승만과 김호의 마지막 만남이었다. 이때 이승만은 이미 국제회의 참석에 흥미를 잃은 상태였다.

　재미한족연합위원회의 일원으로서 김호와 동료들이 마지막 활동을 펼친 때는 제2차 세계대전 말기, 한국이 마침내 해방을 맞은 시기였다. 위원회 멤버들은 해방된 조국이 나아갈 방향을 설정하는 데 도움을 줘야겠다고 생각했다. 이에 따라 하와이와 캘리포니아에서 한국에 보낼 14명을 선발했다. 마침내 1945년 10월 김호와 김원용이 한국으로 귀국했고, 김용중이 그 뒤를 따랐다.[153]

해방 직후 김호의 한국 정치 활동

　한반도 남쪽을 미군이, 북쪽은 소련군이 각각 점령한 상태에서 김호와 동료들은 꿈에도 그리던 고국으로 돌아갔다. 한때 연합군이었지만 이제는 이념의 적이 된 두 강대국의 힘겨루기에 한국의 운명이 달려 있었다. 한국을 어떻게 처리할 것인가를 놓고 미소 양국이 교착 상태에 빠지자 유엔의 감독하에 선거를 치르자는 아이디어가 나왔다. 한국 국민의 손으로 직접 선출한 정치 지도자들이 스스로의 정부를 구성하게 한다는 구상이었다. 미국은 수용했지만 소련이 거부했다. 이는 미군이 통제하는 남쪽에서만 선거가 가능하게 됐음을 의미했다. 한국 국민들도 분열됐다. 우익 진영은 남한 단독으로 선거를 치르는 쪽을 지지했다. 좌익 급진주의자들은 한반도 전체가 어렵다면 소련이 장악한 북한에라도 공산주의 국가를 세우고 싶어 했다. 중도 민족주의자들은 외세의 간섭하에 나라가 쪼개져 두 개의 적대적 정부가 세워지는 것을 반대했다. 중도파는 민족주의에 호소하며 우익과 좌익 분리주의자들을 결집시키려 했다.

김호와 김원용은 중도파였다. 나중에 한국에 들어와 합류한 김용중도 마찬가지였다. 이들 리들리 3인방은 김호의 리더십하에 민족주의 정파로 함께 활동했다. 김호는 중도 좌익과 중도 우익을 모아 중도 정당인 신진당을 창당하는 과정에 깊숙이 개입했다.[154] 리들리 3인방은 중도 좌익 성향의 열혈 민족주의자였던 여운형을 존경하고 따랐다. 특히 김용중이 오랜 멘토이자 자신을 민족주의자의 길로 이끌어 준 여운형의 영향을 많이 받았다. 김용중은 1947년 7월 19일 김호가 머물던 서울의 거처에서 여운형과 재회했다.[155] 하지만 여운형은 김호의 집을 떠난 지 불과 몇 시간 만에 암살자의 총격에 쓰러졌다. 큰 충격에 빠진 김용중은 한국 활동을 중단하고 미국으로 돌아왔다. 김포공항에서 미국행 비행기를 타기 전 기자들과 만난 김용중은 "여운형 선생은 대한민국 역사상 최고의 지도자였습니다. 그를 잃은 것은 국가적 비극입니다. 비극적 죽음을 깊이 애도하는 바입니다"라고 말했다.[156]

김호와 이승만은 정치적 적수가 될 운명이었던 것 같다. 해방 전부터 서로 다른 시각과 접근법을 갖고 있던 두 사람은 해방 정국에서도 맞붙었다. 이승만은 우익 분리주의자들의 지도자였고 김호와 신진당은 이승만의 분단 노선에 반대했다. 서로를 향해 끊임없이 으르렁댔지만 1948년 8월이 되자 게임은 끝났다. 미국의 지원 속에 이승만을 초대 대통령으로 하는 대한민국이 한반도 남쪽에 수립됨으로써 우익 분리주의자들이 목표를 이룬 것이다. 몇 달 뒤 북쪽에는 소련의 지원을 받는 공산주의 국가가 세워졌다. 이로써 한반도의 분단은 고착화됐다. 민족주의에 기반해 통일 한국을 만들겠다는 중도파들의 희망도 끝내 물거품으로 돌아갔다.

리들리로의 귀환

분단 이후 한국에 머물 이유가 사라진 김호는 리들리로 복귀했다. 김용중은 워싱턴 D.C.의 한국사정사와 《보이스 오브 코리아》 발간 사업, 로스앤젤레스의 김송위탁판매소 사업을 재개했다. 김호는 다시금 김형제상회 일로 관심을 돌렸는데, 이 시기 그의 사업은 정점에 오르고 있었다. 김호를 따라온 김원용은 리들리에 정착해 김형제상회에서 함께 일했다.

재미한족연합위원회는 사실상 와해됐지만 대한인국민회는 여전히 명맥을 이어가고 있었다. 국민회는 해방 이후 활동에 나설 태세를 갖췄다. 이번에는 김형순이 리더로 나설 차례였다. 김형순은 1950년 국민회 중앙집행위원장으로 선출돼 1961년까지 재임했다. 국민회는 공식 간행물인 《신한민보》를 통해 한국 정치 상황에 대한 입장을 표명했는데, 주로 이승만의 독재를 비난하고 조국의 분단을 한탄하는 내용이었다.

리들리 그룹에게는 《신한민보》 외에도 김용중의 《보이스 오브 코리아》라는 정치 매체가 있었다. 1943년 11월 23일 창간된 이래 1961년 3월까지 18년간이나 발간된 이 매체의 운영에는 김호, 김형순, 김원용이 긴밀히 관여했다. 1948~1951년 사이 《보이스 오브 코리아》의 조직도를 보면 대표 김용중, 서기 김원용, 재무 김호로 기록돼 있다. 1951년이 되자 김형순이 부대표로 이사진에 합류했고 나머지 멤버들은 1961년 폐간될 때까지 같은 직책을 유지했다. 김호는 줄곧 《보이스 오브 코리아》를 재정적으로 후원했다. 《보이스 오브 코리아》는 사실상 김호와 리들리 그룹의 목소리를 대변하는 매체였다고 할 수 있다. 네 명의 김 씨는 리들리에 세 명, 워싱턴 D.C.에 한 명씩 포진해 1940~1950년대 워싱턴 한인 정치사의 핵심 인물로 활약했다. 18년에 걸쳐 남한과 북한 체제 모두에 대해 중단 없는 비판의 목소리를 냈다.

김호와 관련해 추가로 다뤄야 할 중요한 이슈는 재미한족연합위원회가 등장하기 전부터 쭉 성장해 온 한인들의 좌익 정치 활동이다. 독립운동 초기에는 민족주의가 득세했지만 1920년대 이후 무정부주의, 사회주의, 공산주의가 확산되며 민족주의는 점차 주도권을 잃어 갔다. 민족주의자들은 대개 중도 우익이나 중도 좌익으로 갈렸다. 스칸디나비아식 복지국가를 미래 한국 사회주의의 모델로 지지하거나,[157] 소련 혹은 중국식 공산주의 모델에 기대를 거는 사람들도 있었다.[158]

김호가 좌익 세력과 처음 관계를 맺은 것은 대한인노동사회개진당의 창당 과정에서였다. 뚜렷한 좌익 성향의 개진당을 설립, 운영하는 과정에서 김호가 어떤 역할을 했는지, 무슨 의도로 개입했는지는 정확히 밝혀진 바가 없다. 김호는 좌익 성향의 한길수를 재미한족연합위원회의 국방공작원으로 지명하는 데 역할을 하기도 했다.[159] 그는 대한인국민회와 재미한족연합위원회의 회의에 공산주의자, 혁명가들도 참석할 수 있도록 문호를 개방하긴 했지만[160] 언제나 일정 거리를 유지하며 주변부만 맴돌게 했다. 좌익을 업신

2010년 건립된 리들리 한인역사 기념각. 축소판 독립문과
애국지사 13인의 기념비로 구성돼 있다.

여기지는 않았으되 기꺼이 껴안지도 않은 것이다. 김호는 정치적 대변지인 《보이스 오브 코리아》를 통해 한반도 중립화를 주창했지만 세상은 그의 정치 성향을 의심했다. 한국인의 정신세계에는 한국전쟁이 남긴 이념적 상처와 잔재가 아로새겨져 있다.

 1953년 휴전에 들어갔지만 엄밀히 말해 전쟁은 오늘날까지도 진행 중이다. 공산주의를 반대하든 추종하든 양자택일해야 한다는 강박이 잔존하고 있는 것이다. 때문에 중립화 주장을 폈던 김호 등은 공산주의자는 아닐지 몰라도 극좌를 편드는 것이나 다름없다는 혹독한 비판에 시달릴 수밖에 없었다. 그런 비판이 합당하다면, 김호 등은 급진주의의 속내를 중립주의라는 현란한 수사로 감추고 포장했다는 얘기가 된다. 정말로 그랬을까? 사상은 급진주의였지만 정작 급진적 행동이라고는 찾아볼 수 없었던, 속내를 알 수 없는 자유주의자가 그들의 정체였을까?

    리들리 그룹을 진정한 좌익이라고 부를 수 있을까? 그러기에는 그들이 보여준 말과 행동이 너무 온건했다. 기껏해야 좌익들과 잠시 스쳐 간 정도에 불과했다. 그럼에도 리들리 그룹이 외견상 좌익에 관용을 보였던 덕분에 한인 사회에서 좌익 활동의 명맥이 유지될 수 있었다. 다음 장에서는 김호와 리들리 그룹이 좌익과 연결됐던 세 개의 사건을 자세히 살펴본다. 하나는 1919년 대한인노동사회개진당의 창당이다. 개진당 창당을 한인 좌익 정치 활동의 서막으로 봐야 하는가? 그 과정에서 김호의 역할은 무엇이었는가? 두 번째는 1937년 이후 남가주에 출현한 한인 급진주의 세력의 기원과 활동, 그리고 김호와의 관계다. 마지막으로 김용중의 중립화 주장을 살펴보고 그것이 과연 좌익의 정치이념에 따라 이뤄진 운동이었는지를 짚어본다.

주

제4장 리들리 그룹과 한인 사회(1921~1957)

1. Reedley Chamber of Commerce, "Historical Dates, The World's Fruit Basket", City of Reedley 1, no. 12 (2005), p. 1.
2. Ibid.
3. 리들리 100주년을 맞은 1988년 현지 주간 매체인 리들리 익스포넌트(Reedley Exponent)는 지역 내 다양한 민족의 역사적 유산을 특집으로 다뤘다. 여기에는 중국인, 스웨덴인, 독일인, 메노나이트인, 핀란드인, 아르메니아인, 일본인, 레바논인, 멕시코인, 필리핀인 등 10개 민족이 등장한다. 한국인은 빠졌다. "Settlements: Reedley Is the 'Melting Pot' of California", Reedley Exponent, October 27, 1988, pp. 9~11. Reedley: A Study of Ethnic Heritage, 1988(Fresno, CA: Fresno Pacific College, Professional Development Division, 2001). 지역 사회에서 한국인을 쉽게 볼 수 있었음에도 불구하고 한국인이 누락된 이유는 주류 백인들이 한국인을 중국인으로 착각했기 때문이다. 한국인들은 그런 오해를 바로잡을 생각조차 하지 않았다. 제대로 설명하려면 일본의 식민지가 됐다는 부끄러운 역사를 언급하지 않을 수 없었던 탓이다.
4. 김원용, 《재미 한인 오십년사》(Reedley, California: Charles Ho Kim, 1959), pp. 302~303.
5. Ibid., p. 132.
6. 김운하 인터뷰. 2003년 3월 18일 로스앤젤레스, 2006년 10월 10일 프레즈노에서 필자가 인터뷰했다. 중가주 한인 역사 연구회 특별 소장품(프레즈노, 캘리포니아).
7. 김원용, 《재미 한인 오십년사》, 131~132쪽.
8. 김운하, 〈김형순 선생의 요약된 생애〉(Paper presented at a Seminar on Refocusing on Central California Korean Immigrant History, Fresno, CA: 중가주 한인 역사 연구회, 2003), 14쪽.
9. Ibid.,15쪽.
10. 김운하 인터뷰, 2003년 3월 18일.
11. Ahn, Henry. 〈초기 미주 한인 여성과 그의 딸들〉(Paper presented at Society for Korean Women's History Conference, 서울, 대한민국, 2005), 110쪽.
12. 김운하 인터뷰, 2006년 10월 10일.
13. Ahn, Henry. 〈초기 미주 한인 여성과 그의 딸들〉, 111쪽.
14. 김운하 인터뷰, 2006년 10월 10일.
15. Ibid.
16. Ibid.
17. 메리 김Mary Kim 인터뷰. 앤드루 K. 차가 2005년 4월 15일 뉴욕에서 영상으로 녹화했다. 중가주 한인 역사 연구회 특별 소장품.

18. Ahn, Henry. 〈초기 미주 한인 여성과 그의 딸들〉, 112쪽.
19. Ibid., 111쪽; 김운하 인터뷰, 2003년 3월 18일.
20. 김지수, 〈한인 사회 선구자: 김호를 중심으로〉, 《미주 한인 이민 백년사》(Los Angeles: Southern California Centennial Committee of Korean Immigration to America, 2002), 87쪽.
21. Ibid., 88쪽.
22. Ibid.
23. Ibid., 89쪽.
24. Ahn, Henry. 〈초기 미주 한인 여성과 그의 딸들〉, 112~113쪽.
25. 김운하 인터뷰, 2003년 3월 18일.
26. Ahn, Henry. 〈초기 미주 한인 여성과 그의 딸들〉, 95쪽.
27. Tony Coelho(U.S. representative), "A Salute to Mr. Nectarine", Congressional Record, June 2, 1981.
28. Ibid.
29. Ibid.
30. Richard Conley, "Reedley: The World's Fruit Basket: A Special Report", Produce Marketing 12(August 1958), 4.
31. 마이크 랭포드 인터뷰.. 앤드루 K. 차가 2005년 6월 3일 캘리포니아 머시드에서 녹음했다. 중가주 한인 역사 연구회 특별 소장품.
32. Ibid.
33. 김원용, 앞의 책, 304쪽.
34. Ibid., 305쪽.
35. 플로이드 바숨Floyd Varsoom 인터뷰. 필자가 2006년 5월 21일 캘리포니아 리들리에서 녹음했다. 중가주 한인 역사 연구회 특별 소장품.
36. 보조 알토Bozo Aalto 인터뷰. 필자가 2006년 5월 15일 캘리포니아 리들리에서 녹음했다. 중가주 한인 역사 연구회 특별 소장품.
37. Ibid.
38. 바숨 인터뷰, 2006년 5월 21일.
39. 조셉 로즈Joseph Rhodes 인터뷰. 필자가 2006년 6월 16일 캘리포니아 리들리에서 인터뷰했다. 중가주 한인 역사 연구회 특별 소장품.
40. Ibid.
41. 차만재, "The First Korea Towns on the Mainland), U.S.A: Reedley and Dinuba, California"(paper presented at the Korean U.S. Immigrant Centennial Commemorative Seminar, Mariott Hotel, Falls Church, VA, August 12~14, 2002), 12.
42. 김운하 인터뷰, 2003년 3월 18일.
43. 데이시에타 김Daisietta Kim 인터뷰. 2006년 7월 21일 로스앤젤레스에서 전화로 인터뷰했다. 중가주 한인 역사 연구회 특별 소장품.
44. Ibid.
45. 이러한 정보는 1960년대, 70년대 초반 필자가 김형순과 몇 차례 만나 나눈 대화를 통해 알게 된 사실들이다.
46. 로버트 김Robert Kim 인터뷰. 필자가 2005년 6월 12일 캘리포니아 리들리에서 인터뷰했다. 중가주 한인 역사 연구회 특별 소장품.

47. 데이시에타 김 인터뷰, 2006년 7월 21일.
48. 데이시에타 김은 리사이틀리스트, 실내악 연주자, 관현악 독주자로 활동하면서 주빈 메타, 로버트 쇼, 크리스토퍼 호그우드, 마이클 토머스, 정명훈 등과 함께 공연했다. 그녀의 음반에는 브람스의 '사랑의 노래 왈츠'와 로시니의 '노년의 과오'가 수록돼 있다. 존 하우스먼과 마이클 러너드가 출연한 CBS 스페셜 '화이트 크리스마스 스노우'로 텔레비전에 데뷔했다. Ahn, Henry. 〈초기 미주 한인 여성과 그의 딸들〉, 113쪽.
49. 학창 시절 리들리에서 여름을 보냈고 지금도 리들리에 살고 있는 이들은 이제 70~80대의 나이가 됐다. 캘리포니아 포모나에 있는 칼 폴리대학의 경제학 교수였던 데이비드 박 박사, 남부 캘리포니아의 부동산 중개인이자 은행가인 조지 최, 로스앤젤레스 한인타운에서 변호사로 일하는 윌리엄 민이 그들이다.
50. 김운하 인터뷰, 2006년 10월 10일.
51. Ibid.
52. 박승훈 서신, 대한민국, 2006년 3월 4일, 중가주 한인 역사 연구회 특별 소장품; 차만재, "A History: Kon Kuk's Connection to China, Reedley and Dinuba, California, U.S.A.", paper presented at the Fifth Trilateral Conference, Kon Kuk University, 서울, 대한민국, 2006, 27~29쪽.
53. 김운하 인터뷰, 2003년 3월 18일.
54. 윌리 강 인터뷰, 리들리, 캘리포니아, 2005년 10월 5일, 중가주 한인 역사 연구회 특별 소장품.
55. 필자는 1959년 친구 김대중과 함께 처음 리들리를 방문했던 이 여행을 정확히 기억하고 있다.
56. 김지수, 《김호》, 107쪽.
57. Ibid.
58. 김원용, 앞의 책, 67쪽.
59. Ibid., 68쪽.
60. Ibid.
61. Ibid.
62. Ibid.
63. Ibid.
64. Ibid., 69.
65. 윌리 강 인터뷰, 2005년 10월 5일.
66. 김원용, 앞의 책, 69쪽.
67. Ibid.
68. 박승훈 서신, 2006년 3월 4일.
69. 교회 관계자뿐 아니라 교회 인근에 살던 주민들도 필자에게 목격담을 말해줬다.
70. Kim, Henry Cu, The Writings of Henry Cu Kim: Autobiography with Commentaries on Syngman Rhee, Pak Yong-man, and Chung Sun-man, edited and translated by Suh Dae-sook(Honolulu: University of Hawaii, 1987), p. 107.
71. Ibid.
72. Ibid., p. 108.
73. Ibid.
74. Ibid.
75. Ibid.
76. Ibid., p. 111.

77. Ibid.
78. "Meeting in Sacramento", "해외의 한국 독립 운동사료, 미주편 1",《한국 평론》, 서울, 대한민국: 국가보훈처, 2001, 241쪽.
79. K. W. Lee, "Like Father, Like Son", KoreAm Journal 14, no. 5, May 2003, p. 57.
80. Ibid.
81. Ibid.
82. Ibid., p. 58.
83. Ibid., p. 59.
84. 임근택 인터뷰, 필자가 2006년 8월 12일 캘리포니아 프레즈노에서 인터뷰했다. 중가주 한인 역사 연구회 특별 소장품.
85. 김지수,《김호》, 102쪽.
86. Ibid.
87. Ibid., 100쪽.
88. 이상수,《송철 회고록》(Los Angeles: Keys Printing, 1985), 15쪽.
89. Ibid., 17쪽.
90. Ibid., 28쪽.
91. Ibid., 53쪽.
92. Ibid., 141쪽.
93. 김지수,《김호》, 102~103쪽.
94. 변홍진,〈언론인 김용중 선생: 언론을 통한 광복과 통일 운동의 기수〉, paper presented at Seminar on Refocusing on Central California Korean Immigrant History, Fresno, CA, January 13, 2003, 55쪽.
95. Ibid.
96. Ibid., 56쪽.
97. 메릴린 김 인터뷰. 2006년 4월 12일 뉴욕에서 전화로 인터뷰했다. 중가주 한인 역사 연구회 특별 소장품.
98. 변홍진,〈언론인 김용중 선생〉, 57쪽.
99. 김원용, 앞의 책, 257쪽.
100. 김형일 목사의 부인 인터뷰, 2005년 5월 16일.
101. Henry Cu Kim, Writings, pp. 229~230.
102. 김원용, 앞의 책, 258쪽.
103. Henry Cu Kim, Writings, p. 231.
104. 김원용, 앞의 책, 258쪽; 정병준,〈김호와 리들리 그룹〉, paper presented at Kim Ho Memorial Lecture, 국가보훈처, 서울, 대한민국, 2003, 26~27쪽.
105. 집필을 도운 학생 중에는 연세대 사학과 교수인 손복희도 있었다. 손복희는 UC 버클리에서 박사 과정을 밟을 때 김원용의 작업을 도왔다; 김지수,《김호》, 99쪽.
106. 김운하 인터뷰, 2003년 3월 18일.
107. 김운하, First Korean Immigrant Leader, p. 16.
108. Henry Cu Kim, Writings, p. 243.
109. 메리 김 인터뷰, 2005년 4월 15일.
110. 이 시기 필자는 1970년대 샌프란시스코에서 운영되던 한미정치협회의 일에 긴밀하게 관여하고 있었

다.
111. 김형순이 1972년 필자에게 이런 취지의 희망 사항을 밝힌 바, 중가주 한인역사연구회 주도로 그 작업을 해냈다. 2008년 4월 12일 호텔 버지스의 입구 벽면에 청동 명판을 설치한 것이다. 명판에는 이 호텔에 묵었던 이승만과 안창호를 기념해 최고의 애국자였던 두 사람의 이름을 새겼다. 호텔의 위층 석고벽에는 초상화도 걸려 있다. 호텔 소유주는 한국의 건국 대통령 이승만이 묵었던 스위트룸을 프레지덴셜 스위트라고 명명했다.
112. Letterhead of Sino-Korean People's League, 《대한민국 임시정부 승인 관련 문서》, 서울, 대한민국: 국가보훈처, 1994, 154쪽.
113. 홍선표, 〈재미 한족연합위원회 연구〉, 서울, 대한민국: 한양대학교 박사학위 논문, 2002, 1~5쪽.
114. 정병준, 《김호와 리들리 그룹》, 30~32쪽.
115. Ibid., 33쪽.
116. 홍선표, 〈재미 한족연합위원회 연구〉, 6~7쪽.
117. Ibid., 54~59쪽.
118. Ibid., 60쪽.
119. Ibid., 61~62.
120. Ibid., 67~82쪽.
121. Ibid., 83쪽.
122. 정병준, 《김호와 리들리 그룹》, 34쪽.
123. Ibid., 36쪽.
124. Ibid., 35쪽.
125. Ibid., 36쪽.
126. Ibid.
127. 홍선표, 〈재미 한족연합위원회 연구〉, 104쪽.
128. 《대한민국 임시정부 승인 관련 문서》, 33~48쪽.
129. Ibid., 84~85, 141~144, 204~206, 390~393쪽.
130. Ibid., 517쪽.
131. Ibid., 405~406쪽.
132. 정병준, 《김호와 리들리 그룹》, 37~38쪽.
133. 홍선표, 〈재미 한족연합위원회 연구〉, 154~157, 189~193쪽.
134. Ibid., 35쪽.
135. 이승만은 1944년 3월 미국 국무부 관리인 앨저 히스Alger Hiss와 한길수에 관해 대화를 나눴고, 히스는 이 대화를 비망록으로 남겼다. 비망록에 따르면 이승만은 하와이에서 어린 한길수를 가르친 바 있는데 한길수를 믿지 말라고 히스에게 충고했다. 《대한민국 임시정부 승인 관련 문서》, 145~146쪽.
136. 홍선표, 〈재미 한족연합위원회 연구〉, 35쪽.
137. 이승만은 국무부 관리들에게 한길수가 일본 스파이라고 보고했다. 《대한민국 임시정부 승인 관련 문서》, 146쪽.
138. 홍선표, 〈재미 한족연합위원회 연구〉, 37쪽.
139. 《대한민국 임시정부 승인 관련 문서》, 390, 447~447쪽.
140. Ibid., 441쪽.
141. Ibid., 44~47, 63~67쪽.
142. Ibid., 147쪽.

143. 홍선표, 〈재미 한족연합위원회 연구〉, 165~167쪽.
144. Ibid., 170~177쪽.
145. Ibid., 145쪽.
146. Ibid., 172~177쪽.
147. Ibid., 184~200쪽.
148. Ibid., 178~228쪽.
149. Ibid., 173~174쪽.
150. 고정휴, 〈샌프란시스코 회의와 얄타 밀약설: 이승만의 반소 반공 노선과 관련하여(The San Francisco Conference and the Conspiracy in the Yalta Meeting: Anti-Soviet and Anti-Communist Orientation of Syngman Rhee)〉, 《미주 한인의 민족 운동》, 서울, 대한민국: 도서출판 혜안, 2003, 290쪽.
151. Ibid., 291쪽.
152. Ibid., 292~293쪽.
153. 정병준, 《김호와 리들리 그룹》, 43쪽.
154. Ibid., 44쪽.
155. 변홍진, 〈언론인 김용중 선생〉, 57쪽.
156. Ibid.
157. 대부분의 독립운동 지도자들은 최우선적으로 민족주의자였고 그다음으로 이데올로그였다. 진보 진영은 20세기 초 국내외의 사회·정치적 환경으로부터 영향을 받아 강경한 공산주의보다는 사회민주주의에 더 가까운 모습을 보였다. 여운형과 안창호는 스칸디나비아 방식의 사회민주주의 가치를 공유했다. 여연구, 《나의 아버지 여운형》, 신준영 편저(서울, 대한민국: 김영사, 2001), 79~93쪽. 안창호의 정치, 사회 사상을 정확히 파악하려면 이창걸, 《혁명가, 도산 안창호의 혁명 사상과 독립운동》(서울, 대한민국: 한국인물정보연구소, 2006), 13~21쪽. 구익균, 《새역사의 여명에서》(서울, 대한민국: 일월서각, 1994), 116~118; 180~183쪽 참조.
158. 1920~1930년대 한인 공산주의 운동에 관한 역사적 평가는 서대숙, Documents of Korean Communism, 1918~1948(Princeton, NJ: Princeton University Press, 1970), pp. 475~503. 초기 한인 공산주의 지도자들에 관해서는 박병렬, 《이동휘의 일대기》(서울, 대한민국: 범우사, 2007), 264~277쪽 참조.
159. 홍선표, 〈재미 한족연합위원회 연구〉, 141쪽.
160. 양은식, "Korean Revolutionary Nationalism in America: Kim Kang and the Student Circle, 1937~1956)"; 유의영, Terry Randall 편저, The Korean Peninsula in the Changing World Order(Los Angeles: Center for KoreanAmerican and Korean Studies and California Sociologist, California State University, Los Angeles, 1990), pp. 176~181. 홍선표, ed., 《재미 한족연합위원회 회의록》, 서울, 대한민국: 연세대학교 출판부, 2005, 46~47; 158~159; 264~268쪽.

제5장

좌익 한인들과 리들리 그룹

1920~1957

좌익 운동이 미주 한인 사회에 남긴 역사적 족적은 크게 세 개의 사건을 중심으로 정리할 수 있다. '리들리 그룹'으로 불렸던 4인방, 즉 김호, 김용중, 김형순, 김원용 모두가 이 세 개의 사건들과 크고 작은 연결 고리를 갖고 있었다.

첫 번째 사건은 1919년 12월 캘리포니아 샌프란시스코와 다뉴바에서 진행된 대한인노동사회개진당 창당이었다. 두 번째로는 1937년 한인 학생들이 중일전쟁 발발 전야에 모여 시작한 토론 모임이 결국 급진주의 운동으로 이어진 사건을 꼽을 수 있다. 로스앤젤레스의 학생, 지식인들이 이끌었던 이 토론 모임은 훗날 마르크스주의, 레닌주의를 선전하는 데까지 나아갔다. 세 번째는 정치 활동가이자 언론인이었던 김용중이 30년 가까이 전개했던 한반도 비동맹 중립화 운동이었다.

한인들이 미국 내에서 어떤 좌익 활동을 펼쳤는지에 관해선 오랫동안 거의 알려지지 않았고, 기록도 별로 남아있지 않다. 냉전 시대의 반공 정서인 매카시즘[1]이 주던 공포감과 한인 사회의 보수적 분위기 탓에, 좌익 활동에 관해선 글로 쓰는 것은 물론이고 말조차 함부로 꺼내기 어려웠다. 이번 제5장은 진작 기록됐어야 마땅한 재미 좌익 한인들의 이야기를 다루고 있다. 앞서 언급한 세 개의 사건과 리들리 그룹이 어떻게 관련됐는지에 주로 초점을 맞추면서 지금껏 무시돼 왔던 한인 좌익 활동을 조명해 보자.

먼저 한인 최초의 사회주의 실험이라 할 수 있는 대한인노동사회개진당이 어떻게 설립됐는지, 그 과정에 리들리의 김호가 어떻게 개입했는지, 그리고 정당 활동이 막을 내린 연유는 무엇이었는지 살펴볼 것이다. 다음으로 한인 학생들에게 불어닥친 급진주의 운동을 짚어본다. 급진주의가 싹을 틔운 배경과 김호의 역할, 급진주의 운동의 종말, 학생 리더들의 활동, 한인 좌익 운동의 역사에서 갖는 의의 등을 다루게 된다. 마지막으로 한반도 중립화를 통일 방안으로 주창했던 김용중의 정치 활동을 짚어본다. 중립화 구상은 어떻게 진화해 갔는지, 이 과정에서 리들리 그룹은 어떻게 힘을 보탰는지, 김용중의 노력은 어떤 결과와 반응을 이끌어냈는지, 통일 운동에는 어떤 기여를 했는지 등을 자세히 살펴볼 예정이다.

1.
대한인노동사회개진당 창당

하나의 사회 운동이 일어나려면 그것을 추동해 낼 만한 사회적 힘이 기저에 흘러야 하고, 동시에 주요 인물들이 존재해야 한다. 대한인노동사회개진당의 창설 과정을 제대로 이해하기 위해서는 재미 한인들이 좌익 정치 활동에 나서게 된 사회적 배경과 동기뿐 아니라 한인 노동운동을 처음 조직해 낸 이들의 생애부터 설명할 필요가 있겠다.

1) 대표적 인물

· 조소앙

1887년 경기도 파주에서 태어나 일본 메이지대에서 법학을 공부했다. 1910년 일본에 강제 병합되자 중국 망명 대열에 합류했다. 1919년 상하이 임시정부 설립에 힘을 보탰으며, 임시정부에서 외무장관 등 다양한 직책으로 활동했다. 해방 후인 1948년 서울에서 사회주의자로 국회의원 선거에 출마해 당선됐다. 한국전쟁(1950~1953) 중 납북돼 북한에서 사망한 것으로 추정된다.[2]

· 이살음

서울에서 태어나 한국과 미국에서 신학을 공부했다.[3] 상하이 임시정부의 초대 국무총리이자 중국에서 한국인 최초로 공산주의 정당(고려공산당)을 창당한 이동휘의 딸과 결혼했다.[4] 장로교 목사 안수를 받은 뒤 다뉴바 한인 장로교회로 가서 1940년대 은퇴할 때까지 최장 기간 목회자로 재직했다. 이살음은 대한민국 초대 대통령 이승만의 열성 지지자였다.

· 서재필

1864년 전라남도 보성에서 태어났으며 18세의 어린 나이에 과거에 급제했다. 조선 왕실의 관료로 입직한 뒤 구시대적 군주제를 개혁해야 한다는 신념을 갖게 됐다.[5] 1884년 12월 군주제를 근대 국가 체제로 전환하려던 개혁 쿠데타(갑신정변)에 가담했으나 실패했다. 정변 실패로 역적으로 몰리자 1885년 미국으로 망명했다. 미국에서 사는 동안 수많은 기록을 세웠다. 최초의 한인 캘리포니아 거주자, 최초의 한인 미국 의사, 그리고 최초의 한인 귀화자였다. 미국 15대 대통령 제임스 뷰캐넌James Buchanan을 배출한 저명한 가문 출신의 백인 여성과 결혼했다. 뷰캐넌 대통령은 서재필의 아내인 뮤리엘과 사촌지간이다.[6]

미국 시민권 취득 후 이름의 '필'을 '필립'으로 바꾸고 성과 이름의 앞뒤를 바꿔 필립 제이슨Philip Jaisohn으로 개명했다. 기독교인이자 민주주의자, 애국자였던 서재필은 1895년 조선으로 돌아가 19세기의 마지막 10년간 혼란스러운 조국의 근대화를 위해 앞장섰다. 1898년 수구파가 다시 득세하자 미국으로 재차 망명했다. 1919년 3·1운동 발발 이후 조국 독립을 위해 숱한 애국적 활동에 나섰다. 1951년 펜실베니아에서 사망하기까지 한인 사회에서 가장 존경받던 리더였다.

· 김규식

1881년생으로 어린 나이에 고아가 된 김규식은 미국인 선교사(호레이스 언더우드)에게 입양됐다. 1897년 미국으로 유학을 떠나 버지니아의 로녹 칼리지에서 수학했다. 졸업생 대표로 연설했을 만큼 학업 성적이 뛰어났다. 1904년 프린스턴대에서 석사 학위(영문학)를 취득한 뒤 이듬해 귀국했다.[7] 나라를 일본에 빼앗기자 중국행 망명객 대열에 합류했다. 상하이에서 임시정부 수립에 깊이 관여했고, 임시정부에서 여러 직책을 맡아 활약했다. 임시정부 내 사회주의, 공산주의 계열 정당인 조선민족혁명당을 이끌었다. 1945년 해방 후 북한의 김일성을 만나 통일 독립국을 만드는 데 힘을 합칠 것을 촉구했다.

· 송헌주

1880년 서울 공덕동에서 태어나 1904년 미국으로 이민을 갔다. 그의 학업 경로는 김규식과 매우 유사하다. 버지니아의 로녹 칼리지에서 3년간 공부했고, 프린스턴에서 석사 학위를 받은 뒤 박사 과정까지 밟았다. 목사 안수를 받은[8] 송헌주는 일생에 걸쳐 한인 공동체의 사회·정치적 대의에 헌신했다. 미주에서 임시정부를 대표한 대한인국민회를 재조직하고 재미한족연합위원회를 운영하는 데 참여했으며, 1945년 샌프란시스코 유엔 창립총회 사절단의 일원으로 선발되기도 했다.[9]

· 정한경(헨리 정)

1891년 평안남도 순천의 부유한 가정에서 태어나 10대 시절 하와이로 이민을 갔다. 네브라스카 키어니에 있는 헤이스팅스 고등학교를 졸업하고 네브라스카대학교에서 정치학 학사 학위를 받았다. 노스웨스턴대학교 석사 과정을 거쳐 1919년 출간된 유명한 저작《한국의 사례 The Case of Korea》로 아메리칸대에서 박사

학위를 받았다.[10] 이승만과 긴밀히 협력했으며 1920~1930년대 미국에서 한국을 대변한 인물로 잘 알려져 있다.

· 김호

김호의 배경과 정치 활동에 대해서는 이미 앞선 장에서 폭넓게 다룬 바 있다.

· 김종림

이어지는 제6장은 온전히 김종림의 생애와 애국 활동에 할애했다. 여기선 북부 캘리포니아의 곡창지대에서 쌀을 재배해 한때 미국에서 가장 부유한 한인으로 떠올랐다는 사실 정도만 짚어두기로 한다.

2) 사회적 추동력과 동기

미주 한인 사회에서 처음 사회주의 정당의 필요성이 대두된 직접적 계기는 1919년 8월 17일 나온 사회주의자 인민대회 SPCSocialist Peoples Congress의 결의안이었다. SPC 극동 분과가 대한민국 임시정부의 존재와 독립 투쟁을 인정하는 내용의 결의안을 낸 것이다.[11]

러시아 볼셰비키 혁명이 성공하면서 사회주의자들의 위상은 급상승하고 있었다. 그런 사회주의자들이 임시정부를 인정했다는 낭보가 전해지자 막 조직 재정비를 마친 대한인국민회도 다시금 독립 투쟁에 나설 동력을 얻었다. 기세를 살리기 위해 국민회 지도부는 조소앙을 특사로 뽑아 프랑스 파리에 파견했다. 특사 조소앙에게 주어진 임무는 SPC 극동 분과의 임시정부 인정을 발판 삼아 유럽의 국제 사회주의자들로부터 광범위한 지지를 받아 내라는 것이었다.[12] 조소앙이 생각하기에 한국인들도 사회주의에 헌신하고 있음을 국제 사회주의자들에게 보여줄 필요가 있었다. 그러려면 사회주의 정당을 만드는 것이야말로 가장 효과적인 방법이었다. 파리에 도착한 조소앙은 미국의 이살음과 다른 동료들에게 편지를 보내 사회주의 정당 창립 가능성을 타진했다.[13] 그래도 경제적 여유가 있는 미국에서 정당 설립 자금을 조달하기가 보다 수월할 것이라는 판단에서였다.

때마침 중국 내 한인 사회에서 유행하던 소규모 사회주의 조직 운동이 재미 한인들에게도 영향을 미치던 참이었다. 조소앙의 제안이 먹혀들 만한 여건이 무르익고 있었던 것이다. 당시 중국에선 사상과 생활에서의 평등을 주창했던 태극단[14]이나 빈자·노동자의 권리를 옹호했던 활빈단,[15] 평등한 권리와 분배를 주장한 활명단[16] 같은 세포 조직들이 활발히 활동했다. 다뉴바의 이살음은 이런 분위기에 동조해 한국의 종교·정치·노동 개혁을 주창하는 '무명단'을 설립하기도 했다.[17] 중국 내 사회주의 파벌의 동향을 주시하던 이살음과 동료들은 이미 사회주의적 자극을 받아 움직임에 나선 상태였고, 조소앙의 사회주의 정당 제안을 실행에 옮길 준비가 돼 있었던 셈이다.

이살음의 이웃 동네 리들리에 있던 김호도 사회주의 정당을 만들자는 아이디어에 관심을 보였다. 김호가 나서게 된 동기 역시 중국과 관련이 있다. 중국에서 망명 생활을 하던 젊은 시절에 중도 좌익 성향의 민족주의자인 여운형을 만나 교류했기 때문이다. 여러 정황을 살펴볼 때 김호의 정치 행보는 여운형의 노선을 따랐다고 볼 수 있다. 김호에게 있어 사회주의 정당 창당은 자신의 사회주의 성향을 충족시키는 동시에 임시정부의 정통성도 제고할 수 있는 일석이조의 기회였다. 한편 이승만은 한창 설립 준비에 나선 이 좌익 정당을 자신의 지지 그룹으로 만들기 위한 책략을 펴고 있었다. 비록 사회주의자로 변신했다고는 해도 이살음과 그 주변 인물들은 어디까지나 민족주의로 무장한 자신의 지지자라는 사실을 이승만은 잘 파악하고 있었다. 그들을 자기편으로 돌려놓는 것은 그리 어려운 일이 아니라는 게 이승만의 속내였다.

3) 조직

대한인노동사회개진당의 창립 멤버는 이살음, 김호, 이순기,[18] 임일, 이범영,[19] 김려식, 김탁[20] 등이었다. 이들은 1919년 12월 2~3일 양일간 샌프란시스코에서 사회주의 정당 당헌의 초안을 작성하고 조직 구조를 결정했다. 설립 목표는 다음과 같았다. "조선 민족의 자치권을 확보하기 위해 평등과 자유, 노동 중심 사회 건설을 기본 이념으로 삼는다. 또한 모든 인종과 민족의 공존을 보편 원칙으로 삼는다."[21]

저명한 원로 지도자인 미국의 서재필, 중국의 김규식이 사회주의 정당의 창당을 지지하며 앞날을 축복해 줬다. 임시정부의 정통성을 높이는 데 도움이 된다면 사회주의 노선이라도 취해야 한다는 게 두 원로의 판단이었고, 다른 동포들도 생각이 비슷했다. 추진 주체였던 조소앙이 당 대표로, 송헌주는 당 고문으로 추대됐다. 서재필과 김규식, 조소앙, 송헌주가 고문단을 구성했다. 당의 주요 간부로는 이살음이 수령, 김호가 집행 이사, 이흥만이 재무, 정한경이 외무관, 김종림이 사무총장을 맡았다(〈표 5.1〉 참조).

〈표 5.1〉 대한인노동사회개진당 조직 구조(1919년)

Position	Individual
Advisory Board	Seo Jae-pil
Advisory Board	Kim Kyu-sik
Advisory Board	Jo So-ang
Advisory Board	Song Heon-ju
Chief	Lee Sareum
Executive Director	Kim Ho Charles
Treasurer	Lee Heung-man
Foreign Affairs	Jeong Han-gyeong
Business Affairs	Kim Chong-lim

*출처:《동무》, 27.

당헌과 조직 구성을 마친 이들은 1919년 12월 7일 샌프란시스코 한인교회에서 대한인노동사회개진당을 발족한 데 이어 12월 13일에는 다뉴바 한인 장로교회에서 140여 명이 참석한 가운데 창립 기념식을 가졌다.[22] 이 자리에서 김호가 창당 선언문을 낭독했다.[23] 이후 이살음이 시카고, 워싱턴 D.C., 뉴욕, 덴버, 디트로이트, 인디애나주 사우스벤드, 유타주 오그덴 및 솔트레이크시티 등을 돌며 당원 모집 투어를 진행했다.[24]

이살음의 당원 가입 호소는 효과를 내기 시작했다. 1920년 3

월이 되자 고문단을 포함해 당원이 62명으로 늘어났다. 그로부터 석 달도 채 지나지 않은 5월에는 여성 당원을 포함한 총 당원 수가 300명으로 4배 이상 급증했다.[25] 당시 북미에 있던 추산 한인 인구의 4분의 1에 달하는 인원이었다. 다뉴바가 본부 역할을 했고 캘리포니아 윌로우스와 새크라멘토에 각각 지부가 차려졌다.[26] 1920년 3월 기준 당원 명부를 보면 당시 한인 사회의 일단을 엿볼 수 있다(〈표 5.2〉 참조).

〈표 5.2〉 대한인노동사회개진당원 명단(1920)

Lee Dae-jong	Jo Seong-hwan
Yun Sun-hwa	Kim Jong-rim
Kwon Yeong-tae	Kang U-yeong
Kim Jun-hwa	Kim Ge-seon
Mun Yang-mok	Jang Yu-mun
Kang Yun-ho	Bak Seong-ji
Seo Dae-won	Jin Yeong-gyu
Sin Bong-seo	Oh Tae-seon
Kim Byeong-hak	Han Un-seo
Lee Jang-baek	Yeom Seon-o
Song Hyu-gyu	Jeon Myeong-un
Ko Yong-un	Kim Chan-il
Lee Sang-gil	Kim Gyeong-ha
Im Jeong-gu	Seol Jonng-seok
Kim Chang-gyu	Bak Jae-o
Jang Gi-yeong	Kim Su-yong
Bak Jae-hyeong	Im Yong-ho
Bang Sa-gyeom	Lee Un-og
Jo Dong-ho	Bang Sal-romae
Lee Ui-jeong	Lee Du-hyeong
Kang Ryeon-myeong	Choe Hak-seon
Lee Sun-gi	Im Il
Jeon Seong-Ryong	Oh Chung-guk
Kim Ja-kyeong	Jang Dug-o
Kim Tak	Kim Won-Taek
Lee Chung-gi	An Yeong-ryeol
Ma Jun-ho	Lee Beom-ryeong

*출처: 동무, 27.
**참고: 총 당원 수=54명

더럼 W. 스티븐스 저격 사건의 공범이었던 전명운도 개진당 당원이었다. 스티븐스는 대한제국 외교 고문으로 활동하면서 일제 강점을 공개적으로 지지했던 친일파 미국인이었다. 최고의 독립운동 자금줄이자 캘리포니아 윌로우스의 한인 비행학교 설립자였던 김종림 역시 당원이자 사무총장으로 이름을 올렸다. 이름난 당원으로는 미국 국가대표로 올림픽 다이빙에서 두 번이나 우승한 사무엘 리의 부친 이순기도 있었다. 김탁은 1930년대 델라노의 한인 감리교회에서 사역했고, 오충국은 다뉴바의 저명한 한인 사업가이자 주일학교 교장이었다. 동지회의 충실한 지지자였던 신봉서는 평생을 다뉴바에서 살았다. 김원택은 프레즈노에서 한인 인력 캠프를 처음 운영했던 최초의 개척자였다. 이들 모두가 노동사회개진당의 당원이었다.

4) 활동

대한인노동사회개진당은 모금 활동과 당 기관지인 《동무》 발행에 주력했다. 유럽에서 국제 사회주의자들을 상대로 임시정부 인정 활동을 벌이던 조소앙에게는 로비 자금이 필요했다. 당 지도부는 1920년 1월부터 3월까지 2,205달러(2만 6,590프랑)를 모금해 몽땅 파리의 조소앙에게 보냈다. 대부분 시급 15~20센트를 겨우 버는 농장 노동자였던 당원들이 몇 달 치 봉급을 기꺼이 기부해 모은 엄청난 액수였다. 〈표 5.3〉에는 세 차례의 모금 끝에 프랑스의 조소앙에게 보낸 기부금 액수가 정리되어 있다.

지금까지 남아있는 유일한 당 기관지 《동무》의 1920년 8월 창

〈표 5.3〉 대한인노동사회개진당이 프랑스 파리의 조소앙에게 송금한 액수

Date	Amount in Dollars	Amount in Francs
January 5, 1920	505	5,450
March 8, 1920	600	8,490
March 10, 1920	1,100	12,650
Total	2,205	26,590

*출처: 《동무》, 27.

간호는 사설을 필두로 13개의 기사를 실었다. 사설은 노동 계급과 함께한다는 정체성을 강조하기 위해 자신들을 '짐꾼'으로 지칭하며, 평등에의 격정을 담아 이렇게 선언했다.

> 당신이 누구든, 어떤 환경에서 태어났든, 성별과 인종이 무엇이든 관계없이 우리 모두는 평등하다. 당신이 기계를 손질하든 도랑을 파든 쓰레기를 줍든, 우리 동무가 위로의 원천이 되어 줄 것이다.[27]

사설 다음으로는 이살음의 글 〈노동의 신성함〉이 이어진다. 이살음은 노동은 삶 그 자체이며, 육체노동은 사회를 움직이게 하고 정신은 문화를 창조한다고 주장했다. 또한 자연, 자본, 노동이 경제, 문화, 사회의 필수 요소라고 강조한 뒤, 한인 노동자들이 결국 나라를 재건하고 독립을 쟁취해 낼 것이라고 기대했다.[28]

서울 출신 '활연 부인'이라는 필자가 한국 여성을 주제로 쓴 글도 있다. 한국 여성들에게 평등의 가치에 눈을 뜨되 모성의 의무를 소홀히 해서는 안 된다고 당부하는 내용이었다.[29] 다음으론 프랑스

파리에서 보내 온 조소앙과 이종린의 글이 이어진다. 조소앙은 독일, 프랑스, 스위스, 스칸디나비아의 사회주의자들한테서 임시정부를 확실히 인정받기 위해 어떻게 접근하고 있는지 보고한 뒤 각국 좌익 운동의 현황을 간략히 소개했다. 이종린의 기사는 대부분 유학생인 것으로 보이는 파리의 한인 30명이 사회주의에 헌신하기로 결의했다는 내용에 초점을 맞췄다. 노동이야말로 인간성의 본질이라는 신념을 강조하기 위해 '일하지 않는 자여, 먹지도 말라'는 뜻의 프랑스 경구인 'pas travailler pas manche'를 인용하기도 했다.[30]

하와이의 정한경은 아일랜드, 이집트, 인도, 중국의 반제국주의 운동가들이 캐나다 몬트리올과 미국 시카고에서 열린 북미 노조협의회 회의에서 지지를 이끌어냈다는 사실을 전하면서[31] 한인들도 지지를 얻을 좋은 기회를 놓쳤다고 아쉬워했다. 중국 상하이에서는 임시정부의 오랜 대변인 역할을 한 엄항섭이 격려의 메시지를 보내왔는데, 일본이 얼마나 잔학하고 부도덕한 원수인지를 상기시키는 내용이었다. 엄항섭은 노동자를 위한, 노동자에 의한 대한민국이야말로 자신이 꿈꾸는 이상이라면서, 중국의 항일 투사들이 전투력을 강화할 수 있도록 재미 동포들이 도와달라고 호소했다.[32]

송헌주는 캘리포니아 산타바바라에서 보내 온 글에서 이런 질문을 던졌다. 우리는 살기 위해 일하는가, 일하기 위해 사는가? 우리가 이 세상에 온 이유는 신이 인간 하나하나를 위해 설계한 대로 삶을 살아내기 위해서일지도 모른다는 것이 송헌주의 답이었다. 인간은 우주 법칙의 일부로서 태어나 살아가고 죽기 때문에 노동은 우연이 아닌 계획된 것이며, 이런 관점에서 노동을 바라본다면 어떤 일이든 감수할 수 있다는 논리가 이어졌다.[33]

신성구는 워싱턴 D.C.에서 기고문을 보내 왔는데, 정신노동이 육체노동보다 우월하다는 인식을 버려야 한다는 내용이었다. 그는 노동의 신성함을 깨닫게 되면 어떤 노동을 하든 스스로를 존중할 수 있을 뿐 아니라 자신에게 부족한 점을 보완할 수 있을 것이라고 주장했다.[34]

이 밖에 일본 오사카의 성 씨라는 사람과 북부 샌프란시스코의 김현구Henry Cu Kim가 짧은 축하 메시지를 보내왔다.[35] 체코슬로바키아의 헤드릭Hedrick이라는 남성이 쓴 글은 체코의 역사에 대해 길게 다뤘는데, 다음 회에도 이야기를 이어가겠다고 약속했지만 아쉽게도 창간호 이후의 기록은 전해지지 않고 있다.

5) 결과

실망스럽게도 모두가 고대했던 희소식은 들려오지 않았다. 국제 사회주의자들한테서 임시정부 인정을 얻어내려던 조소앙의 노력은 결국 수포로 돌아갔다. 절박한 심정으로 모스크바까지 찾아가 도움을 청했지만 역시 소득이 없었다.[36] 김호와 대한인노동사회개진당의 인연도 오래가지 못했다. 당이 발족한 지 몇 달도 지나지 않아 김호의 활동은 눈에 띄게 줄어들었다. 왜 갑자기 김호의 당내 존재감이 사라졌던 걸까? 김호는 당시 인생의 중요한 전환점에 서 있었다. 옛 제자이자 김형순의 아내인 한덕세로부터 리들리 묘목 사업을 함께 하자고 제안받은 것이다. 세 사람이 동업한 김형제상회는 결과적으로 큰 성공을 거두게 된다. 사업가의 길은 김호가 가진 좌익적 지향과는 정반대로 향하는 것처럼 보였을 것이다. 게다가 노동사회개진당 구성원의 상당수가 이승만 지지자였다는 점도 김호의 의욕을 꺾었을 수 있다. 이런 요인들 때문에 김호는 더 이상 당에 남아 활동할 의지를 잃어버렸다.

 그렇다고 해서 김호가 좌익과 완전히 결별한 것은 아니었다. 예전만큼 열성을 다해 헌신하진 않았지만 그저 중도 지대로 후퇴한 정도였다. 한편 노동사회개진당을 손아귀에 쥐려던 이승만의 노림수는 자신의 지지 조직인 동지회에 힘입어 결국 성공을 거뒀다. 동지회는 1921년 설립됐는데 조직원 대부분이 노동사회개진당의 창립 멤버였다.

6) 평가

 임시정부의 정통성 강화를 위해 사회주의 정당의 존재가 필요했다는 점이 대한인노동사회개진당 창당의 주된 원동력으로 작용했던 것은 분명하다. 하지만 애초에 창당 멤버나 지지자들에게 사회주의 성향이 없었다면 임시정부를 위해 필요하다는 이유만으로 정당 설립에까지 이르긴 어려웠을 것이다. 과연 그들의 사회주의 성향은 얼마나 강했으며, 그런 사회주의 신념을 어느 정도까지 행동으로 표출했던 걸까? 노동사회개진당 멤버들의 사회주의적 신념과 행동은 결코 급진적 혁명의 단계로까지 나아가진 않았다. 앞서 살펴본 기관지《동무》의 어떤 필자도 사유재산 폐지나 산업 국유화, 자본주의 청산과 같은 내용을 언급하지 않았다. 그들의 신념은 대체로 사회민주주의나 복지 국가의 개념 정도에 머물렀던 것으로 보인다. 온건한 사회민주주의 노선을 택하는 동시에 평등을 강조하는 것이 노동사회개진당 지지자들의 이념적 성향에도 부합했다.

이 대목에서 재미 한인들을 포함한 당대의 한국인들이 오랜 유교적 윤리와 규범을 완전히 벗어 던지지 못했음을 상기할 필요가 있다. 유교적 신분제가 몸에 배어 있다 보니 평등을 중시하는 사회민주주의를 받아들이는 것조차 쉬운 일이 아니었다. 당시 한국인의 문화적 맥락에서는 온건한 사회민주주의도 꽤나 급진적인 사상으로 간주됐던 셈이다. 어쨌든 이런 과정을 통해 재미 한인들은 처음으로 좌익 정치 운동을 경험했다. 이제 김호와 노동사회개진당에 대한 이야기를 조금 더 해보자.

김호가 미국에 건너올 무렵 이미 여운형으로부터 영향을 받은 좌익 성향의 민족주의자였다는 점을 감안하면, 사회주의에 대한 김호의 헌신은 진심이었던 것 같다. 노동사회개진당의 설립에 적극 참여했을 뿐 아니라 집행 이사를 맡아 당을 운영하기도 했다. 하지만 부르주아지 대열에 합류한 이후에는 중도 지대에 닻을 내린 채 좌익과는 멀찍이 거리를 유지했다. 독립적인 중도로 남아 가끔 필요에 따라 좌익과 접촉하는 정도는 그리 어렵지 않았을 것이다. 사업을 막 시작하는 김호의 입장에서 좌익 노선을 계속 유지하기란 쉽지 않은 일이었다. 게다가 김호는 본질적으로 민족주의자였기에, 민족주의와 좌익 이데올로기의 공존은 만만치 않은 문제였다.

김호 역시 민족주의자의 정체성을 유지하면서 좌익적 신념을 어느 선까지 실천해야 할지 딜레마에 봉착했을 것이다. 물론 이런 딜레마가 오히려 이점으로 작용했을 수도 있다. 김호는 민족주의를 전면에 내세우면서도 좌익적 성향을 언제 어떻게 드러낼 지 스스로 선택할 수 있는 위치에 있었다. 이런 관점에서 다음에 살펴볼 두 가지 주제, 즉 캘리포니아 한인 급진주의 학생들에 관한 이야기와 김용중의 한반도 중립화 운동을 통해 김호라는 인물을 더욱 잘 이해할 수 있을 것이다.

2.
남부 캘리포니아의 급진주의 학생들

1937년 제2차 중일전쟁이 발발하자 한인들은 일본이 패전하면 빼앗긴 주권을 되찾을 수도 있겠다는 천재일우의 기회를 포착했다. 중립을 지키던 영국, 미국이 일본과 추축국을 상대로 참전하고, 결국 제2차 세계대전으로 이어지면서 일본의 패전 가능성이 커졌다고 판단한 것이다. 그 어느 때보다 일본의 패망 가능성이 고조되자 한국인들은 중국군의 승리에 힘을 보태고자 했다. 약산 김원봉은 조선의용대를 조직, 지휘했고 김구는 대한광복군을 창설했다.[37] 중국 팔로군에 가담해 일본에 맞서 싸운 한국인들도 있었다.[38] 일본 지도자들에 대한 암살과 테러도 이어졌다. 만주 국경지대에서는 한국 독립군이 일본군에 맞서 게릴라전을 펼쳤다. 일본이 진주만을 공습한 지 나흘 뒤인 1941년 12월 11일, 대한민국 임시정부는 일본에 선전포고를 했다. 연합군의 일원으로 일본과 싸우겠다고 선언한 것이다.[39]

독립 운동가들이 무장 투쟁 못지않게 고심했던 것은 미래에 독립된 조국이 나아가야 할 방향이었다. 이런 고민의 결과 한국독립당, 한국혁명당, 조선의용대, 한국광복동지회 등 여러 정당과 조직이 생겨나 경쟁을 벌였다.[40] 이 단체들은 1937년 중일전쟁 발발 이후 두 개의 주요 정당 아래 재편된다. 하나는 임시정부 산하의 한국독립당으로, 우익과 중도 우익 계열인 김구, 조소앙, 이청천 등이 속해 있었다. 다른 하나는 좌익인 김원봉, 김규식이 이끌던 조선민족혁명당이었는데 이쪽의 세력이 더 컸다.[41] 1930~40년대의 독립운동은 다른 군소 조직들이 한국독립당 또는 조선민족혁명당에 속하거나 연합하는 식으로 힘의 균형을 이뤘다.

북미 지역 독립운동의 중추였던 대한인국민회는 김구 주도의 한국독립당을 지지했다. 국민회 대다수를 차지하는 기성세대들이 우익 주도의 임시정부 지도부를 따랐던 데 반해 남부 캘리포니아의 젊은 학생들은 이런 보수적 색채에 심각한 의문을 제기하고 나섰다. 아시아의 정치 지형이 급변하는 상황에서는 독립운동의 전략과 접근법도 달라져야 한다는 게 학생들의 생각이었다.[42] 김호를 위시한 국민회 지도부도 처음엔 학생들의 참신한 아이디어를 환영하는 분위기였다. 젊은이들이 서로 만나 의견을 교환할 수 있는 장소가 필요해지자 김호 등은 국민회 회의장을 빌려주기도 했다. 학생들이 매주 금요일에 모임을 가졌기 때문에[43] 이 모임은 나중에 '금요 포럼'으로 불리게 됐다.

1) 한인 좌익 조직의 성장

금요 포럼은 1937년 12월에 첫 모임을 가졌다. 변준호, 김강, 이경선 등이 리더로 떠올랐고 최능익, 김혜란, 안숙정, 곽림대, 최영순, 최봉윤, 선우학원 등이 모임에 정기적으로 참석했다.[44] 대한인국민회 기관지인 월간 《신한민보》는 1939년 5월 9일 자를 통해 젊은이들의 모임에서 국민회의 향방에 대한 혁신적 아이디어가 나올 것으로 기대한다며 금요 포럼을 긍정적으로 다뤘다.[45] 금요 포럼은 명확한 마르크스주의·사회주의적 관점을 견지했는데, 그 이념적 방향 정립을 주도한 이는 김강Diamond Kimm(또는 김성엽)이었다. 1939년 3월 3일 자 《신한민보》 기고문에는 그의 사상적 지향이 잘 드러나 있다.[46] 김강은 기고문에서 3·1운동을 일본 제국주의에 대한 한국 프롤레타리아 계급의 저항으로 규정하는가 하면, 새로운 독립 한국의 미래상으로 시민의 자유와 평등을 보장하는 공유 재산제 도입, 무상교육 제공, 생애 전반에 걸친 사회 안전망 구축 등을 제시했다.[47]

김강의 견해는 금요 포럼 회원들의 급진 사상을 그대로 반영한 것이었다. 상황이 이렇게 되자 국민회 지도부에도 경종이 울리기 시작했다. 조국의 미래를 위해 젊은이들의 모임과 토론을 장려한 것이, 알고 보니 급진 마르크스주의자들을 품어준 꼴이었기 때문이다.[48] 학생들은 한술 더 떠 국민회 회의에서도 발언권을 달라며 목소리를 높여가고 있었다. 이쯤 되면 김호와 국민회는 급진적 학생들과의 관계를 아예 단절해 버릴 수도 있었지만 그러지는 않았다. 국민회는 1938년 9월 정국연구소위원회를 신설해 온건파로 평가받던 최초의 한인 로스쿨 졸업자 강영성을 위원장으로 앉혔다.[49] 아시아의 정치 지형 변화를 국민회 정책에 어떻게 반영해야 할지 권고안을 만들어 지도부에 보고하는 역할이었다. 권고안에는 학생들을 포함한 모든 당사자들의 의견과 관점을 포함하도록 했다.

정국연구소위원회는 몇 달에 걸쳐 모든 당사자의 의견을 청취한 끝에 국민회 지도부에 권고안을 제출했다. 권고안은 기존 한인 조직을 모두 혁명 정당으로 통합할 것, 미국 정부 기관을 겨냥한 선전 활동을 전개할 것, 아시아 지역과 협력해 현지 활동을 조직할 것, 본국의 동포들과 소통 채널을 구축할 것, 보다 효율적인 모금 부서를 신설할 것 등을 제안했다.[50] 하지만 국민회 지도부는 권고안의 모든 내용을 단칼에 거부했다. 강영성이 온건한 영향력으로 학생들을 이끌어 줄 것으로 기대했는데 거꾸로 학생들의 급진주의에 휘둘려 버렸다는 게 지도부의 판단이었다.

금요 포럼 학생들은 국민회와의 의견 일치가 불가능함을 깨닫고는 1938년 금요 포럼을 중국지원동맹League to Aid China으로 전환했다.[51] 조국의 주권을 회복하려면 무엇보다 중일전쟁에서 중국을 도와 일본의 패망을 앞당겨야 한다고 판단한 결과였다.

1939년 들어 중일전쟁은 새로운 국면에 접어들었다. 국제 의용군이 참전하면서 전선이 확대되고 있었다. 한인 의용대는 국제 의용군에서 중요한 비중을 차지했다. 남가주 학생들은 한인 의용대를 돕는다는 목적을 더욱 명확히 하기 위해 중국지원동맹의 명칭을 조선의용대 미주후원회로 변경했다. 1941년 12월 일본이 진주만을 공격함으로써 모두가 우려하던 미일 전쟁이 마침내 현실화됐다.

학생들은 전쟁의 확산을 세력 확대의 기회로 활용했다. 미국이 전쟁을 개시할 거라고 자신들이 예언했었다는 사실을 지역 사회에 상기시키는 한편 군사력 강화를 위한 지원 활동이 정당했음을 강조하고 나섰다. 이런 홍보 활동 덕분이었는지 지역 사회에서 신뢰를 얻게 된 때문인지 알 순 없지만, 조선의용대 미주후원회의 회원 수는 로스앤젤레스에서만 3배로 늘어 60명이 됐다. 후원회는 시카고와 뉴욕에도 지부를 결성했다.[52]

한편 조선의용대는 1942년 7월 장제스의 중국 국민당 세력에 편입돼 이른바 '제2지대'를 형성하게 된다. 이를 계기로 미주후원회는 조선의용대를 통제하던 임시정부 내 좌익 세력과 부쩍 가까운 관계가 됐다.[53] 당시 임정의 좌익 세력은 김규식, 김원봉을 수장으로 하는 조선민족혁명당으로 집결해 있었기 때문에, 후원회는 조선민족혁명당에 합류해 사실상의 미주 총 지부 역할을 하는 게 좋겠다고 결정했다. 이로써 학생 토론 모임으로 시작한 금요 포럼은 혁명 정당으로 진화하게 된다.

김강, 변준호, 이경선, 신두식, 김혜란, 선우학원, 전경준, 이덕관 등 조선민족혁명당 미주 총 지부의 강경파들은 완고한 마르크스주의 입장을 취했다.[54] 마스크스주의와 이상적 복지국가 실현이 그들의 목표였다. 반면 곽림대, 최능익, 장기형, 이창희 등 중도파는 사회민주주의 노선을 따랐다.[55] 이러한 노선 차이에도 불구하고 두 그룹은 조선의용대를 돕는 일에는 하나로 뭉쳤다. 공동의 노력 끝에 1943년 지역 조직인 군사행동추진위원회가 만들어졌다. 이 위원회는 1945년 전쟁이 끝날 때까지 활동을 계속했다.

조선민족혁명당 미주 총 지부는 한인 사회에 뿌리내린 뒤 좌익 한인들의 본거지가 됐다. 해방 후 한반도의 정치 상황이 점차 복잡해지면서 조선민족혁명당도 한국노동조합총연맹 미주후원회, 한국농민조합총연합회 후원회, 한국여성동맹 후원회 등 여러 급진주의 분파로 갈라졌다. 이들 단체에는 서로 중복되는 회원들도 꽤 있었다. 각 후원회는 조직 규모는 작았지만 각자의 분야와 관련된 이슈에 관해서는 강력하고 분명하게 목소리를 냈다.

2) 한인 급진주의자들의 활동

한인 좌익 운동은 모금 활동, 거리 집회 및 시위, 국내외 정치 활동, 선전 및 출판 등을 수행하며 23년간 이어졌다. 조선민족혁명당 소속 학생들에게 가장 중요한 과업은 임시정부와 독립군에 대한 재정 지원이었다. 가난한 학생의 처지였지만 자금을 모으기 위해 많은 희생을 감내했다. 로스앤젤레스의 한인 좌익을 깊이 연구한 양은식은 〈미주 한인의 혁명적 민족주의: 김강과 학생 서클, 1937~1956〉라는 인상적인 논문에서 민족혁명당 창립 멤버이자 1989년 당시 생존해 있던 장기영의 말을 인용해 다음과 같이 적었다. "당원 대부분은 최소한의 생계비만 남겨놓고 모든 수입을 주저 없이 내놓았다. 최상위 기부자 중 하나였던 김강은 사실상 모든 수입을 독립운동에 기부했다."[56]

조선민족혁명당의 한 모금 행사에서만 7,300달러가 모인 적도 있었다. 놀라운 성과에 들뜬 학생들은 100만 달러를 모금하겠다는 야심찬 목표를 세웠다.[57] 로스앤젤레스 주재 중국 영사가 외교 경로를 통해 중국으로의 송금을 도왔다.[58] 학생들의 집단행동 중 가장 주목할 만한 것은 중국지원동맹이 1939년 8월 롱비치 항구에서 일본 상선의 고철 선적을 저지했던 사건이다.[59] 중국인들이 동참하고 항만 하역 노동자들도 보이콧에 협조해 준 덕분에 고철 선적이 2주나 지연됐다. 이어 민족혁명당이 후원한 항일 집회가 로스앤젤레스의 일본 총영사관 앞에서 열렸다. 이 자리에서는 변준호가 맹렬한 항일 메시지로 연설했고 참가자들이 일장기를 불태웠다. 중국지원동맹은 항일 단추를 배포하고 여타 항일 모임을 조직하는 데 힘을 보태기도 했다.[60]

한편 광복군과 중국 국민당군의 합작으로 제2지대가 결성되고 장제스가 총사령관을 맡는 데 양측이 합의하면서 광복군의 통제권은 사실상 중국으로 넘어갔다. 조선민족혁명당 미주 총 지부는 강력 반발했다. 임시정부가 광복군을 지휘하려면 사실상 중국 측의 허가를 받아야 한다는 협정 내용 때문이었다. 미주 총 지부는 일본이 한반도를 떠나는 즉시 한인 의용군이 한국에 진입할 권한을 확보하는 것이 중요하다고 판단하고 있었다. 미주 총 지부의 반발을 달래기 위해 임시정부의 김원봉이 어렵사리 중국 측과 재협상에 나섰고 결국 협정은 파기됐다.[61]

중일전쟁에서 일본의 패전 가능성을 감지한 미국, 하와이의 한인들은 목전에 임박한 독립을 제대로 맞이하려면 통일된 목소리를 낼 통합 조직이 필요하다는 판단을 내렸다. 이에 따라 9개 단체를 통합한 재미한족연합위원회가 1941년 4월 탄생했다.[62] 여기에는 대한인국민회뿐 아니라 조선민족혁명당 미주 총 지부도 참여했다.

김호는 재미한족연합위원회 결성에 핵심적 역할을 한 데 이어 북미 집행위원장으로서 직접 운영을 맡았다. 조선민족혁명당을 위원회에 참여시켜 목소리를 내도록 한 주역도 김호였다. 김호는 확실히 조선민족혁명당의 존재 가치를 인정하긴 했지만 지나치게 급진적인 관점에는 거부감을 드러냈다. 하지만 조선민족혁명당 미주 총 지부의 입장에서 보면, 재미한족연합위원회에 소속됐던 시기(1941~1945)는 정치적 전성기라고 할 만했다. 당원들은 위원회 내에서 아무 거리낌 없이 급진적 견해를 주장했다. 핵심 당원이던 김강과 신두식은 1943년 12월 12일 재미한족연합위원회 회의에 참석해 각자의 견해를 밝혔다. 다음은 김강의 회의 발언이다.

"공산주의자들에겐 힘이 있습니다. 유고슬라비아가 공산주의의 미래를 보여주는 증거입니다. 공산주의자들은 유고에서 승리를 거둘 것이고, 미국도 그들을 인정할 수밖에 없을 겁니다. 임시정부를 도와야 한다는 대의는 이제 사라졌습니다. 우린 진짜 투쟁을 하는 혁명가들을 도와야 합니다. 1937년 중일전쟁이 터지니까 그 사람들(임시정부의 구 지도부를 뜻함)은 모두 달아나 피신하지 않았습니까.[63]

신두식은 다음과 같은 견해를 표명했다.

"우리가 지금 해야 할 일은 말로만 떠드는 게 아니라 싸우는 겁니다. 진정한 혁명은 아래서부터 시작되는 겁니다. 중국, 영국,

> 미국이 우리한테 독립을 떠먹여 주지 않아요. 우리 손으로 일본과 싸워서 독립을 쟁취해야 합니다. 정부를 먼저 세울 게 아니라, 군사 기지부터 건설한 뒤 그 바탕 위에 정부를 세워야 합니다."[64]

1944년 4월 12~13일 열린 재미한족연합위원회 회의에는 두 개의 주요 안건이 상정됐다. 중국 내 군사활동 지원을 위한 자금을 모으고, 이승만의 구미위원부와 별도로 워싱턴 D.C에 외교 기구를 설립하자는 안건이었다. 김강은 "지원금을 보내기 전에 중국 내 모든 파벌들이 단결해야 한다는 점을 확인할 필요가 있다. 일치단결해 일본과 싸우지 않을 거라면 지원을 보류해야 한다"고 주장했다.[65]

김호는 이런 주장에 좌절감을 드러냈는데, 자신이 아는 한 중국 내 파벌들은 이미 하나로 통합된 상태였기 때문이다. 그래서 김호는 이렇게 반박했다.

> "내가 알기론 (좌익 김원봉의) 조선의용대가 이미 광복군과 힘을 합쳐서 광복군 산하로 편입됐습니다. 나머지 지도자들도 임시정부 아래로 들어갔지요. 그런데 당신들은 왜 이미 정리된 일을 놓고 그런 주장을 하는 겁니까?"[66]

여기에 숨겨진 맥락은, 김강이 조선의용대와 광복군의 통합을 별로 달가워하지 않았다는 점이다. 우익이 좌익을 압도하는 상황에 불만을 품은 김강은 계속해서 단결을 외쳤다. 자신들에게 흡족한 수준이어야 진정한 단결로 인정하겠다는 식이었다. 하지만 김호는 그런 주장에 동조할 생각이 없었다. 워싱턴 D.C.의 외교 기구 설치 안건에 대해서도 김강은 반론을 제기했다. "우리의 외교 상대는 중국, 러시아여야 합니다. 그런데 굳이 워싱턴에 또 다른 외교 기구를 둘 이유가 뭐가 있습니까?"[67]

진주만 공격 다음으로 한인들의 독립운동에 엄청난 기대감을 안겨준 사건은 1943년 카이로 선언이었다. 한국이 적절한 시기에 자유롭고 독립적인 나라가 될 것이라는 언급이 나오자 정말로 해방이 임박한 듯 보였다. 이제 미주 독립운동가들의 관심사는 한 가지 문제로 쏠리고 있었다. 독립한 뒤에는 어떤 형태의 정부를 수립해야 할 것인가?

조선민족혁명당 미주 총 지부의 입장은 명확했다. 새로운 독립정부는 사회주의 혁명 노선을 따르고 지지해야 한다는 것이었다. 이들은 한국에서 사회주의 혁명을 일으키려면 한인 사회 내에 계급의식을 보다 확고히 다질 필요가 있다고 판단했다. 이런 믿음에 따라 주간 당기관지인《독립Korean Independence》이 창간됐다. 김강이 국문 섹션의 발행인 겸 편집인을 맡았고, 영문 섹션은 피터 현이 관장했다. 애국지사 현순 목사의 아들인 피터 현은 이 무렵 조선민족혁명당에 가입했는데, 1930~1940년대 미국 연극계에서 잘 알려졌던 인물이다.[68]

1943년 10월 6일 로스앤젤레스에서 발간된《독립》창간호는 김규식의 사회민주주의 노선을 요약해 다뤘다.[69] 사설을 통해 김규식의 사상이 너무 온건하다고 비판하면서 한국에는 프롤레타리아 독재가 어울린다고 주장했다. 주간《독립》은 정치 이념과 정부 체제에 대한 뜨거운 토론을 촉발시키며 인기가 급상승했다. 조선민족혁명당은 매주 영문 섹션 2페이지를 포함해 총 8페이지 분량으로 2,000부를 인쇄한 뒤 거의 1,000명에 달하는 유료 구독자에게 발송했다. 주간《독립》은 제2차 세계대전 종전으로 그토록 열망하던 조국의 독립이 이뤄질 때까지 높은 인기를 구가했다.[70] 1948년 분단될 때까지의 혼란스런 해방 정국에서《독립》의 편집진은 모스크바와 극좌 진영의 편에 섰다. 모스크바 3상회의에서 나온 5년간의 신탁 통치 결정을 실행 가능한 선택지라며 환영하는 한편, 조선공산당 기관지인《해방일보》의 전재본을 독자들에게 배포하기도 했다.[71]

조선민족혁명당의 이념 지향이 모스크바 쪽으로 쏠리자 지역사회의 민심이 이반되기 시작했다. 유료 독자가 떨어져 나가면서 재정난이 닥쳤다. 쌓여가는 적자를 메우기 위해 김강 등 핵심 멤버들은 사비를 털어야 했다. 발행 간격도 주간에서 월간으로 벌어졌다. 그러는 동안 한국전쟁(1950~1953)이 발발했다. 이 민족상잔의 전쟁에서 민족혁명당은 북한과 중국 공산당을 지지했다.

이 무렵 민족혁명당 미주 총 지부의 핵심 멤버들은 미국 공산당에 가입했다.[72] 김강 등의 학생 비자가 만료되자 미국 이민귀화국은 그들을 추방하기 위한 추적에 나섰고, 연방수사국FBI이 체제 전복 혐의를 조사하기 시작했다. 몇몇 학생들은 미 하원의 반미활동위원회U.S. House Committee on Un-American Activities에 출석하기로 돼 있었는데[73] 실제 출석한 이들도 있었고 국외로 도망쳐 북한에 망명한

이들도 있었다.[74]

3) 지도자들

학생 지도자, 지식인들이 신념에 얼마나 헌신했는지 더 깊이 이해하기 위해 그들의 삶을 잠깐 들여다볼 필요가 있다. 그들이 어떤 사람이었는지, 어떤 활동을 했는지, 어떻게 살았는지를 파악하는 데도 도움이 될 것이다.

· 김강

김강은 1901년 10월 5일 평안북도의 중국 접경 지역인 용천에서 태어났다.[75] 고향에서 초등학교와 기독교 고등학교를 마치고 1921년 서울로 이주했다. 한국 감리교 신학교에 입학한 이후 사회주의를 받아들였다고 전해진다. 1927년 약학을 공부하던 여성과 결혼한 뒤 부부 동반으로 미국에 건너왔다. 김강은 학생 비자, 아내는 방문 비자로 입국했다.[76] 1935년 지질학·금속학 학사로 남가주대를 졸업했고 콜로라도 광업대학에 잠깐 다니다 로스앤젤레스로 돌아와 남가주대 대학원에 등록했다. 1938년 여름 박사 과정을 수료했으나 학위를 받지는 못했다.[77] 방문 비자가 만료된 아내는 미국에서 태어난 아들을 데리고 귀국했다.

김강은 다혈질에 활동력 넘치는 사람이었다. 원칙을 중시하는 성격이기도 했다. 영주권을 신청할 기회도 있었지만 미국에 온 본래 목적인 학업에 충실하고자 했다. 그는 좌익으로서 헌신하는 것을 지적인 행동이라고 여겼다. 농산물 시장, 화학 공장, 철강 회사 등 다양한 직장에서 열심히 일했다. 한국의 가족에게 얼마간의 돈을 보내고 남으면 전부 정치적 대의를 위해 썼고 항상 검소하게 생활했다.

김강은 금요 포럼의 주역으로서 재미한족연합위원회 회의에 조선민족혁명당을 대표해 참석했고, 당 기관지 《독립》의 편집자로 일했다. 제2차 세계대전이 끝날 무렵 비밀 침투 부대를 꾸리던 미 정보전략국OSS에 들어갔다. 워싱턴 D.C.와 캘리포니아의 카탈리나섬에서 훈련받았지만 해외로는 파견되지 않았다.[78] 학생 비자가 만료된 탓에 이민귀화국 청문회에 출석하게 됐는데, 미국 공산당원이 맞느냐는 질의에 불리한 진술을 강요받지 않을 권리를 보장한 수정헌법 5조를 들어 묵비권을 행사했다. 1955년 6월 28일 미 하원의 반미활동위원회 소위에 출석해서도 답변 거부로 일관했다.[79] 추방 명령에 대한 항소 절차가 모두 끝난 뒤 북한으로 떠났다.

· 변준호

변준호는 북미의 한인 좌익 운동사에서 김강 다음으로 중요한 인물이었다. 이것이 그에 관해 우리가 아는 전부다. 시카고에서 《신한민보》의 중서부 주재 기자로 일했고 신간회(통합과 협동을 위한 근간을 새로 세우는 협회라는 뜻)의 중서부 지부를 대표하기도 했다.[80] 1927년 한국에서 설립된 신간회는 모든 정파가 이념을 초월해 '독립'이라는 공동의 목표로 단결하자는 혁신적 구상을 제시했다는 평가를 받는다. 변준호는 신간회를 연결 고리로 삼아

시카고에서 사회주의 토론 모임을 결성했다. 김강은 사회주의·공산주의에 관해 쓴 변준호의《신한민보》컬럼을 읽고 그의 단호한 이념적 지향에 감명받았다. 두 사람의 우정이 깊어지면서 변준호는 김강이 있던 로스앤젤레스로 이주해 금요 포럼에 참여하게 된다. 이내 마르크시즘과 사회주의에 정통한 이론가로 존재감을 드러냈다. 변준호 역시 비자 문제를 겪었지만 추방만은 면해 미국에서 생을 마쳤던 것으로 보인다.[81]

· 이경선

이경선은 평양에서 태어나 감리교 신학교에서 수학했다. 좌익 운동에 관심을 보이다 만주의 한인 사회로 망명했다. 1937년에는 미국으로 이주해 로스앤젤레스에서 한인 감리교회 목사직을 맡았다. 안창호가 1913년 설립한 흥사단에 일찌감치 가입했는데,[82] 그곳에서 옛 친구 최봉윤을 만나 흥사단 숙소에 거주하기도 했다. 한때 캘리포니아 휘티어Whittier에서 식료품점을 운영했지만 좌익 정치 활동에 대부분의 시간을 보냈다.[83] 금요 포럼이 본격적으로 활성화되면서 김강, 변준호와 합류했다. 미 정보전략국에 들어가 중국 시안으로 파견되기도 했다. 이후 충칭으로 이동해 김규식, 김원봉, 김구를 만난 뒤 미국으로 돌아왔다가[84] 곧 북한으로 떠났다.

· 박상렵

박상렵은 1943년 이후 민족혁명당 기관지《독립》의 편집장을 지냈다. 1952년 10월 29일 《독립》은 사설을 통해 한국전쟁에서 미국이 세균전을 시도했다는 의혹을 제기했다.[85] 미 당국은 즉각 부인했고 이 일로 편집장직에서 물러났다. 그 후 체포돼 추방 위기에 몰렸다가 미국시민자유연맹American Civil Liberties Union의 도움으로 풀려났다.[86] 미국시민자유연맹의 도움을 받은 한국인은 박상렵이 처음이었을 것이다.

· 전경준

조선민족혁명당의 충성 당원[87]이었던 전경준은 1957년 애나 송과 결혼했다. 애나에게는 재혼이었다. 부부는 신혼 2년을 로스앤젤레스에서 보낸 뒤 북한으로 건너갔다. 한 기록에 따르면 그가 북한에 간 이유는 "일제 지배를 피해 오랜 망명 생활을 하는 동안 고국이 그리웠기 때문"이라고 한다.[88] 진짜 이유는 김강 및 조선민족혁명당과 긴밀한 관계였기 때문일 것이다. 혁명당 강경파였던 전경준으로선 미국에서 사법처리 되느니 북한행을 택하는 게 더 낫다고 판단했을지도 모른다.

흥미를 끄는 것은 전경준의 아내였던 애나 송의 스토리다. 애나 송은 하와이 사탕수수 농장 시대에 로스앤젤레스로 건너와 정착한 이민자 가정에서 태어났다. 첫 결혼 상대는 1913년 유학차 미국에 온 임성기였다.[89] 임성기는 도산 안창호의 열혈 추종자였고, 아들을 따라 미국에 온 그의 어머니 송원덕도 마찬가지였다. 송원덕은 로스앤젤레스에 살던 안창호의 가족과 가깝게 지냈는데, 안창호의 아내 헬렌 안과 어울리며 리버사이드에서 오렌지를 따고 다뉴바에서는 포도 같은 과일을 수확했다. 임성기·애나 송 부부와 장녀 다이앤, 그리고 송원덕 일가는 아직 일체 치하이던 1925년 10여 년에 걸친 미국 생활을 마감하고 송원덕의 고향인 평안남도로 돌아갔다. 송원덕의 집안은 부유한 지주 가문이었다. 애나는 둘째 딸 헬렌을 낳았지만 첫째 다이앤이 그만 사망했다. 그러던 중 바람둥이였던 남편 임성기가 하녀와 놀아나자 딸 헬렌이 두 살이 됐을 때 이혼하고 로스앤젤레스로 돌아왔다. 할머니 송원덕에게 맡겨진 헬렌은 자라서 현재 북한에 살고 있다.[90]

헬렌은 빼어난 미모의 소유자였다. 일본의 유명한 우에노 음악학교와 북한 최승희 무용연구소에서 수학했다.[91] 해방 후 공산화된 북한을 탈출해 서울에 정착했다. 꿈에도 그리던 어머니 애나 송을 찾기 위해 1963년 로스앤젤레스로 갔는데, 드디어 재회할 수 있게 됐다고 생각한 순간 어머니가 재혼한 남편 전경준과 함께 북한으로 떠났다는 사실을 알았다. 그러다 1967년 뜻밖에 체코슬로바키아를 경유해 온 어머니의 편지를 전해 받는다. 그것이 어머니로부터 받은 처음이자 마지막 편지였다.[92] 1991년 헬렌은 어머니를 찾겠다는 희망을 품고 북한을 방문했다. 헬렌의 말이다.

"마침내 북한에 갈 수 있게 됐어요. 1967년에 받은 어머니의 편지를 손에 들고 봉투에 적힌 사리원의 주소지를 찾아갔죠. 그런데 거기서 들은 얘기로는, 1968년 어느 날 정부 사람들이 와서는 어머니와 남편에게 좋은 옷을 입히고 좋은 차에 태워서는 데려가 버렸다는 거예요. 부부에게 입양된 딸만 덩그러니 남겨놓은 채로요. 아이도 그 후에 어떻게 됐는지 알 수가 없어요."[93]

· 피터 현

피터 현(현웅)은 1906년 하와이에서 태어났지만[94] 생후 7개월 무렵 부모와 함께 한국으로 돌아갔다. 아버지 현순 목사는 하와이에서 순회 전도사로 활동하다 서울 정동 제일교회에서 목회를 하기 위해 귀국했다. 현 목사는 3·1운동에도 관여했다가 임시정부의 도움으로 가족 전체가 상하이로 이주했다. 피터 현은 가족과 함께 17살이 될 때까지 4년간 상하이에 살며 망명자 가정의 또래들과 어울렸다. 독립운동에 헌신하던 어른들로부터 자극받아 친구들과 함께 한국청년혁명회를 결성하고 비밀 유지, 조국 사랑, 독립 투쟁을 맹세했다.[95]

피터 현이 상하이에서 만난 혁명가 중에서 가장 따랐던 사람은 공산주의자 박헌영이었다. 말수가 적었던 박헌영을 피터는 "조용한 분"이라고 불렀다. 박헌영은 훗날 북한 공산주의 체제에서 핵심 요직에 오르게 된다.[96] 피터는 박헌영을 얼마나 좋아했는지 큰누나 앨리스가 일본 유학 중 만난 남자와 결혼하자 박헌영과 결혼했으면 좋았을 거라고 아쉬워할 정도였다. 박헌영을 돕겠다고 자원한 17세의 피터에게 박헌영은 상하이에서 개최된 중국 공산당회의 참석자들에게 전단지를 돌리는 일을 맡겼다.[97] 이런 일은 불법이었기 때문에 국민당 당국에 체포될 위험도 있었다. 하지만 피터는 몇 번이나 체포 위기를 넘기면서 열심히 전단지를 돌렸다. 중국 건달들이 피터와 아버지 현순 목사를 "나라 잃은 노예들"이라고 조롱해 시비가 붙은 적이 있었는데, 두 부자가 공안에 잡혀 투옥되자 뇌물을 써 석방시켜 준 이도 박헌영이었다.[98] "나라 잃은 노예"란 중국인들이 나라를 잃고 극빈 처지가 된 한국 정치 망명객들을 조롱하던 표현이었다. 이런 사건들을 겪으며 피터 가족과 박헌영의 유대감은 더욱 끈끈해졌다.

미국에서 교육받은 피터는 미국 연극계에서 명성을 얻었다. 1945년 한국이 해방된 후 미군에 입대했다. 미 육군 소령으로 한국에 배치돼 미군정 시기(1945~1948)에 통역관으로 일했다.[99] 이때 한국 정치인들과 상하이에서 돌아온 망명객들을 두루 접촉했는데, 이미 남한에서 거물 공산주의자로 떠오른 옛 동료 박헌영도 만나게 된다.[100] 당시 박헌영과 남로당은 노동자 파업, 소요의 배후 세력이었다.

미 육군 정보국은 피터가 눈치채지 못하게 한국에서의 행적을 감시하고 있었다. 결국 미 정부를 기만하고 공산주의자들과 어울렸다는 혐의로 체포돼 강등 및 강제 전역당한 뒤 본국으로 송환됐다.[101]

민간인으로 돌아온 피터는 로스앤젤레스에서 새로운 삶을 시작했다. 얼마 지나지 않아 로스앤젤레스 한인 학생들이 주축을 이룬 조선민족혁명당 미주 총 지부에 가입해 당 기관지 《독립》의 영문 섹션 편집자가 됐다. 그가 편집한 영문 섹션에는 한국전쟁에서 유엔군에 맞서 싸운 중국 공산당 의용군을 지지하거나 이승만 독재를 비판하고 미국의 한국 철수를 종용하는 내용의 글들이 실렸다.[102] 그런 그를 매카시즘이 가만 놔둘 리 없었다. 미 하원 반미활동위원회는 체제 전복 혐의를 걸어 피터를 소환했다. 김강처럼 피터도 미국시민자유연맹의 조언에 따라 수정헌법 5조를 들어 묵비권으로 일관했다.[103] 피터 현은 1993년 87세를 일기로 세상을 떠났다.

· 앨리스 현

피터의 세 살 위 누나인 앨리스 현은 피터와 마찬가지로 하와이에서 태어났지만 한국과 중국 상하이에서 어린 시절을 보냈다. 한국어를 할 줄 알았고 중국어 말하기와 쓰기도 가능했다. 일본에서 공부했기 때문에 일본어도 잘했다.[104] 일본에서 만난 한인 유학생과 결혼해 한국으로 귀국했지만 관계는 오래가지 못했다. 이혼 후 상하이의 가족에게 돌아갔다가 가족과 함께 하와이로 이주했다. 하와이에서 살던 몇 년 동안 영어를 배웠다.

제2차 세계대전 종전으로 미국이 한국과 일본을 점령하면서 통역사가 필요해지자 앨리스의 언어 능력이 빛을 발할 기회가 생겼다. 미 육군의 여군 부대에 들어가 1945년부터 3년간 일본 및 아시아 지역에서 언어 특별요원으로 근무했다. 빼어난 외모 덕분에 상하이에 있을 때 숱한 청년들의 구애를 받았다. 박헌영도 그중 하나였고 앨리스 역시 박헌영에게 호감을 갖고 있었다.

1948년 한반도가 남북으로 분단되자 앨리스는 군을 떠나 민간인으로 돌아왔다. 그러는 동안 앨리스 집안의 친구였던 박헌영은 북한 노동당과 정부에서 승승장구해 서열 2위인 부수상 겸 외상의 자리에까지 올랐다. 앨리스는 박헌영을 만나려고 체코슬로바키아를 거쳐 북한에 갔고,[105] 이후 그의 개인 비서로 일했다. 휴전 협정이 체결되고 몇 년이 지나 북한 지도자 김일성은 전쟁 실패의 책임을 박헌영에게 뒤집어씌우면서 숙청 작업에 들어갔다. 박헌영과 측근 25명이 처형당할 때 앨리스 현도 함께 처형당했다.[106]

· 그 외의 인물

김강의 동료였던 이철, 이덕환, 존 정 등도 북한으로 떠났다.[107] 조선민족혁명당 충성파들이 북한으로 날아가면서 한인 좌익 운동은 쇠락의 길을 걸었다. 마침표는 김강이 찍었다. 1960년 김강이 북한으로 사라진 것을 마지막으로 미주의 한인 좌익 운동은 막을 내렸다.[108]

4) 좌익 운동을 돌아보며

한인 유학생들에게 있어 미국은 그저 발판에 불과했다. 진정한 목표는 중국 임시정부 내의 좌익 세력을 지원해 조국에 사회주의 혁명을 일으키는 것이었다. 하지만 미국 땅에서 활동한 탓에 미국 좌익 운동의 일부인 양 비춰졌고, 반공몰이에 나선 미 당국의 표적이 돼 버렸다. 당시 미 정부가 달갑지 않은 외국인을 제거하던 주된 수단은 국외 추방이었다. 추방 위협에 직면한 학생들로선 자신들의 신념이 실현되고 있다고 믿었던 공산주의 북한으로 탈출하는 것 외엔 선택지가 별로 없었다.

이 재미교포들이 북한에서 어떤 일을 겪었는지에 관해선 알려진 바가 거의 없다. 현존하는 정보는 모두 확인되지 않은 루머일 뿐이다. 북한은 외부 세계와의 소통을 막았다. 그렇게 그들은 역사 속에서 자취를 감췄다. 하지만 그들의 시대적 기여만은 잊지 말아야 한다. 학생들이 시작한 좌익 운동은 23년간이나 지속됐다. 당 기관지 《독립》을 통해 보수적인 한인 사회가 좌익 정치와 이념에 눈뜨게 했다. 항일 운동과 시위를 효과적으로 벌였을 뿐 아니라 중국에서 분투하던 독립투사들의 무장을 돕기 위해 자금을 모았다. 관망적 태도를 취하던 김호는 재미한족연합위원회 회의에 그들의 자리를 마련해 줬고, 한편으론 중도주의자로서 학생들의 거침없는 태도에 짜증을 내기도 했다. 그래도 김호는 시종일관 학생들에게 대단한 인내심을 발휘했다. 보수 일변도이던 재미한족연합위원회와 대한인국민회 안에서 김호가 학생들의 급진적 견해에 일정 부분 자리를 내줌으로써 독립의 향방에 관한 논쟁이 균형을 유지할 수 있었던 셈이다.

    재미 한인 좌익에 대해서는 여전히 풀리지 않는 의문점이 많다. 반공 정서와 추방 위협, 박해에 대한 두려움 때문에 이 시기 정보는 대부분 파기되거나 은폐되었다. 단적으로 우리는 김호에 대해서도 아직 모르는 것이 많다. 그는 여전히 모호함으로 둘러싸여 있는 인물이다. 재미 한인 좌익의 역사를 좀 더 깊이 파악하기 위한 열쇠는 어쩌면 김호가 쥐고 있을지도 모른다. 학생들이 활동 과정에서 중국 내 한인 사회, 좌익 지도자들과 어떤 방식으로 협력했는지에 관해서도 알려진 바가 거의 없다. 재미 학생, 지식인들과 김원봉, 김규식 등 지도자들은 서로 조직적으로 연결됐다기보다는 심리적 차원의 연대에 그쳤던 것으로 보인다.

조선민족혁명당 북미 지부의 충성 당원들은 중국 쪽 독립운동 지도자들과 거의 소통하지 못했다. 당시의 통신 기술 수준이나 미국과 극동 아시아 간의 물리적 거리를 고려하면 연락을 주고받는 데만도 엄청난 비용이 들었을 것이다. 매카시즘이 미국 사회를 휩쓸었던 탓에 중국의 지도자들이 미국의 후배들에게 꼬리가 잡힐 만한 서신을 보내는 것도 위험천만한 일이었다. 이런 이유로 조선민족혁명당 미주 총 지부는 스스로의 힘으로 성장해야만 했다. 중국의 조선민족혁명당 지도자였던 김원봉, 김규식이 본질적으로 중도 좌익 성향의 민족주의자였던 데 반해 미주 총 지부의 핵심이었던 김강, 변준호, 박상렵, 이경선 등은 마르크스주의로 무장한 혁명론자였다. 여러 정황으로 미뤄볼 때 김강과 핵심 멤버 몇몇은 미국 공산당에도 가입했던 것 같다. 민족주의자였던 김원봉, 김규식이 이런 움직임을 알았더라면 아마도 미 공산당 입당을 만류했을 것이다. 훗날 완고한 북한 체제가 조금 느슨해진다면 앨리스 현이 북한에서 보낸 나날들, 특히 정치 이념과 사랑이 얽힌 그녀의 스토리가 밝혀지게 될지도 모르겠다.

학생들의 좌익 운동이 막바지에 접어들던 시기에 김용중의 한반도 중립화 운동은 서서히 막을 올리고 있었다. 널리 알려진 사업가이자 정치 활동가였던 김용중은 한국을 스위스, 오스트리아 같은 영세 중립국으로 만들어 통일을 이룩하고자 했다. 남한에서는 김용중의 구상을 좌익의 영향하에 체제를 약화시키려는 책략으로 의심했고, 북한 역시 우익적 책략으로 간주했다. 물론 김용중에게 있어 한반도 중립화는 순수하게 중도주의에서 비롯된 발상이었다. 그럼에도 중립화 주창자로서 살아간 생애 내내 중도로 위장한 좌익이라는 대중의 편견에 시달려야 했다.

3.
김용중의 한반도 중립론

김용중은 중립화 정치 활동을 체계적으로 전개했다. 로비, 출판 활동을 벌인 조직적 기반은 1943년 워싱턴 D.C.에 설립한 한국사정사였다. 미국 수도인 워싱턴 D.C.를 택한 이유는 정치인이나 외교 정책권자들에게 접근하기가 쉬웠기 때문이다. 김용중은 타블로이드판 영문 월간지인 《보이스 오브 코리아》를 발행해 한국 관련 뉴스와 사설, 논평 등을 실었다. 보이스 오브 코리아는 김용중의 정치적 메시지를 영어권 독자들에게 전파하기 위한 대중 매체였다. 그는 정치 지도자들에게 공개서한을 보내 중립화 구상의 장점을 설득하려 애쓰기도 했다.

한국사정사의 조직 구조를 보면 리들리 그룹이 김용중의 정치 활동과 긴밀하게 얽혀 있었음을 알 수 있다. 설립자인 김용중은 18년간 대표를 맡았고 김용중의 장인이자 리들리 김형제상회 공동 소유주인 김형순이 부대표, 김호가 재무, 김원용이 서기로 재직했다. 운영 자금은 김용중, 김호, 김형순이 공동으로 댔다. 한국사정사는 김용중 개인의 정치 메시지를 담아내는 플랫폼인 동시에 리들리 그룹의 정치적 전초 기지이기도 했다. 김용중은 리들리 동지들의 목소리도 대변했던 셈이다.

1) 초창기

김용중이 처음 한반도 중립화의 목소리를 내기 시작한 것은 한국전쟁이 1951년 중반에 이르도록 뚜렷한 승자 없이 교착 상태에 빠지면서부터였다. 교착 상태가 이어지자 중국과 북한 공산군, 미국 주도의 유엔군 및 한국군 사이에 휴전 협상이 개시됐다. 단순히 전쟁만 멈출 게 아니라 한반도 통일 논의까지 재개해 보자는 것이 휴전 협상의 목적이었다. 바로 이 시점에 김용중은 한국을 중립국으로 만들자는 아이디어를 전쟁 당사국들에 제시했다. 역사적으로 한반도는 강력한 통일 독립 국가였을 때만 중국, 일본, 러시아의 지배 시도를 버텨낼 수 있었다는 게 김용중의 생각이었다. 미소 냉전의 충돌에서 벗어나 한국이 독자 생존하려면 역사가 주는 교훈대로 통일과 독립이 절실했다. 그 최선의 방법은 한국을 중립국으로 만드는 길뿐이라고 김용중은 판단했다.

1952년 3월 1일 "중립화된 한국의 가치"라는 제하의 《보이스 오브 코리아》 기사에서 김용중은 유엔이 한반도에 존재하는 두 개의 정부를 해체한 뒤 국민 선거를 통해 중앙 정부를 구성하는 방안을 고려해야 한다고 호소했다.[109] 유엔과 중국이 새 정부의 주권 불가침을 보장하고, 새 정부는 어떤 나라와도 특별한 정치 · 경제 · 군사 협정을 맺지 않음으로써 중립을 철저히 지키도록 한다는 것이었다.

유엔을 향한 호소는 계속 이어졌다. 1955년 5월 28일 자 《보이스 오브 코리아》에는 "오스트리아에서 한국의 길을 찾을 수 있을까?"라는 제목의 글이 실렸다.[110] 이 질문에 김용중이 간단명료하게 내놓은 대답은 '그렇다'였다. 독일이 제2차 세계대전에서 패한 뒤 주요 강대국인 미국, 영국, 소련, 프랑스는 독일의 일부였던 오스트리아를 분할 점령했다. 오스트리아로서는 어떻게 4개국의 점령을 끝내고 연합국과 소련의 영토 분할을 막아낼지가 핵심 관심사였다. 4개국 모두 어느 한쪽이 전후 오스트리아를 지배하는 것을 원치 않았다. 오스트리아는 모든 당사국이 중립 보장을 약속하면 모두로부터 거리를 유지할 수 있을 거라고 판단했다. 이는 4개국 모두를 만족시키는 방안이었다. 결국 4개국을 포함한 국제 사회는 오스트리아를 중립국으로 만드는 것이 타당하다는 결론에 이르렀다. 이로써 1955년 오스트리아는 중립국으로 거듭나게 됐다.

한국도 비슷한 상황에 놓여 있었다. 한반도의 경우 남북한 외에 미국, 중국, 소련, 유엔 등이 이해 당사자였다. 어느 한쪽이 한반도를 지배하는 상황을 막으려고 모두가 촉각을 곤두세우고 있었다. 이미 분단된 상태였기 때문에 문제는 어떻게 분단을 막을 것이냐가 아닌 어떻게 통일할 것이냐였다. 김용중은 한국을 중립국으로 만들어야 남북의 이념 대립과 강대국 간 대결을 완화시킬 수 있다고 주장했다. 중립화는 비동맹으로 이어져 한국이 어느 편에도 치우치지 않게 되고, 결과적으로 누구도 한국을 지배할 수 없게 될 것이었다. 중립화는 또한 한국 내 민족주의를 고취시킴으로써 한 민족이 둘로 나뉜 비상식적인 분단 상황과 통일의 당위성에 대한 관련국의 이해를 이끌어낼 수도 있었다. 그렇다면 한국도 오스트리아처럼 중립국이 되지 못할 이유가 무엇인가? 김용중의 논리는 이렇게 전개됐다.

김용중이 이 글을 쓴 1950년대 중반 한국에선 이승만 독재에 대한 반대 여론이 특히 학생들 중심으로 고조되고 있었다. 이승만 반대 세력은 민주주의와 통일을 외치며 북한에도 유연하게 대응하라고 요구했다. 긴박하게 돌아가는 한국 상황을 지켜보던 김용중은 중립화 메시지를 보다 강력하게 표출할 필요가 있다고 판단했다. 대중 매체인《보이스 오브 코리아》에만 의존할 게 아니라 보다 직접적인 효과를 낼 수 있는 추가 수단을 강구해야 했다. 정치 지도자들에게 편지를 보내고 그 내용을 대중에 공개함으로써 여론을 조성하는 방법이었다.

2) 공개서한 보내기

김용중은 1955년 6월 30일 미국 대통령, 영국 총리, 프랑스 총리, 소련 수상에게 동일한 내용의 첫 번째 편지를 발송했다.[111] 한반도 문제의 복잡성을 상기시키면서 한반도 중립화가 어떤 이익을 가져올 수 있을지 설명하는 내용이었다. 예를 들어 한국이 중립화되면 한국인 스스로 자결권을 갖게 되고, 특정 강대국이 한국을 독점 지배하는 것을 막을 수 있을 뿐 아니라, 극동 지역에서 강대국 간 힘의 균형이 유지될 수 있다고 김용중은 주장했다. 서한을 보내고 며칠 뒤엔《보이스 오브 코리아》에 서한 내용을 공개했다.

1년여가 지난 1956년 9월 27일 김용중은 북한 지도자 김일성 주석에게 편지를 보냈다.[112] 편지 내용은《보이스 오브 코리아》에 공개됐는데, 한반도 중립화에 관한 언급은 없었다. 김용중이 김일성에게 서한을 보낸 표면적 계기는 평양으로부터 받은 잡다한 체제 선전물 때문이었다. 소련 공산주의와 노동자 천국이 건설된 북한, 그리고 조선노동당을 찬양하는 신문, 잡지, 브로슈어 뭉치들이 김용중의 책상으로 계속 배달되고 있었다. 이런 선전물에 짜증이 난 나머지 김일성에게 격한 어조로 편지를 쓰기에 이른 것이다. 서한은 이렇게 적고 있다.

> 당신은 공산주의자이고 나는 공산주의자가 아니지만, 우린 모두 한국인입니다. 피는 물보다 진하다는 말이 맞는다면, 우리나라의 더 나은 미래를 위해 함께 고민해야 마땅할 것입니다. 이 편지는 그것이 사실이라는 전제하에 한국인인 당신에게 같은 한국인의 하나로서 보내는 것입니다.[113]

서두의 인사말에는 김용중이 편지를 쓰게 된 두 가지 동기가 담겨 있다. 서한 전체를 봐도 그렇다. 먼저 선전물들이 제시하던 북한의 향방에 대해 그가 크게 분노했음을 보여준다. 다른 한편으론 이런 편지를 대중에 공개함으로써 그 자신이 공산주의자가 아님을 선언하는 의미가 있었다. 김용중의 입장에선 적어도 미국, 한국의 동포들이 자신을 공산주의자로 오해하는 것을 미연에 방지하고, 앞으로도 그렇게 생각하지 말라고 못 박는 효과를 기대할 수 있었다.

김일성을 강하게 때릴수록 김용중의 선명성도 부각될 수 있었다. 실제 공격의 수위는 상당히 높았다. 김용중은 북한의 선전이 역겨울 정도이며, 소련에 대한 김일성의 굴종은 일제가 통치하던 시절과 다를 바 없다고 썼다. 그중 한 구절을 인용해 보자. "(선전) 기사들 중 일부를 훑어보면……예외없이 구역질나는 아첨을 담아 '위대한 소련'을 찬양하고 있습니다. 일제 강점기를 연상케 하고, 한국인이라면 누구나 혐오감을 느낄 정도입니다."114)

김용중은 심지어 조국을 위한다는 김일성의 충성심에도 의문을 제기했다. 북한에 지상 낙원을 건설하겠다는 김일성의 주장을 사실로 믿기 어렵다는 것이었다.

> 굴종은 자주적 정신을 파괴합니다. 당신의 충성심이 소련에 대한 충성인지 한국에 대한 충성인지 궁금할 따름입니다……설령 당신이 한반도 북쪽을 지상 낙원으로 만들었다 해도(부디 그것이 우리 국민을 위한 일이었기를 바랍니다) 내 눈으로 보기 전에는 당신의 말을 믿을 수가 없습니다.115)

서한에는 김용중이 얼마나 민족주의에 심취해 있었는지도 잘 드러나 있다. 그는 이념보다 "한국주의Koreanism"을 앞세워야 하며 "한국 우선주의Korea First"116)를 모토로 삼아야 한다고 김일성을 몰아붙였다. 1956년 첫 번째 서한을 보낸 후 4년간 김용중의 활동은 다소 잠잠해졌다. 이 시기 이승만 독재에 맞서는 남한의 민주주의 세력이 어떤 방향으로 나라를 이끌어야 할지에 대해 쓴 《보이스 오브 코리아》의 글들에는 그의 고뇌와 우려가 담겨 있다.

1960년 4월 19일 이승만 정권이 무너지면서 12년에 걸친 독재가 막을 내리고 한국 정치에도 봄이 찾아왔다. 이승만의 몰락에 고무된 민주 세력은 민주주의와 통일을 외치며 들끓었다. 그들은 서둘러 북한 지도자들과 만나 대화를 나누고자 했다. 민주주의의 열기가 남한을 뒤덮은 가운데 한 사람에게 장악되는 대통령제가 아닌 각계각층을 대표할 수 있는 내각제가 도입됐다. 미국에서 공부한 장면(미국명 존 장)이 남한의 총리로 선출됐다.

남한 정치 체제의 전면적 변화를 통일의 길조로 여긴 김용중은 1960년 11월 "통일을 위한 또 한 번의 호소"라는 제하의《보이스 오브 코리아》사설을 통해 자신의 통일 및 중립화 주장을 재정비했다.[117] 통일의 필요성을 재차 강조하면서 중립화가 통일로 가는 길이라는 주장을 다시 꺼내 들었다.

이와 함께 공개서한 발송도 재개했다. 김용중은 1961년 1월 김일성에게 두 번째 서한을 보낸 데 이어 장면 총리에게도 처음 편지를 보냈다.[118] 장면에게 보낸 편지에서 김용중은 통일을 경제 발전만큼 중요한 문제로 여겨 달라고 간곡히 요청했다. 남북이 하나가 되면 서로의 장단점을 보완해 경제 발전을 가속화할 수 있기 때문에 통일이 경제 발전보다 우선시되어야 한다는 제언이었다. 그러려면 반드시 한반도를 중립지대로 만들어야 한다고 김용중은 주장했다.

김일성에게 보낸 두 번째 편지에서는 첫 편지의 내용을 재차 반복했다. 민족주의의 중요성을 강조하면서 부디 큰 그림을 봐 달라고 간청했다. 통일이야말로 민족의 이익에 궁극적으로 기여할 것이며, 주변 강대국들은 한국인의 이익에는 별로 관심이 없다는 것이었다. 이념을 초월해 민족을 우선시하라는 조언이 두 번째 편지에서도 이어졌다.[119] 이후 공개서한은 3년간 중단됐다.

1964년 11월 김용중은 김일성에게 세 번째 서한을 보냈고, 1961년 군사 쿠데타를 일으켜 장면 정권으로부터 권력을 빼앗은 박정희 장군에게도 처음으로 편지를 썼다.[120] 남북 지도자들에게 보낸 편지에서 김용중은 한반도 중립화 구상을 다음과 같이 구체화했다. 먼저 북측 5명, 남측 5명, 그리고 양측이 합의한 의장 1명으로 구성된 통일위원회를 구성한다. 남북이 체결했던 모든 조약, 의무, 약속을 폐기한다. 군사 경계선으로서의 38선을 없앤다. 군대는 치안 유지를 위한 경비 수준으로 감축한다. 유엔 감독하에 선거를 실시해 제헌의회를 구성한다. 미국과 유엔은 한반도의 중립과 모든 외국 군대의 철수를 보장한다. 상기 과제들을 완수하고 나면 제헌의회가 통일 한국 정부를 구성한다.

1964년 이후 김용중은 김일성에게 같은 내용의 서한을 세 차례나 더 보냈다. 지도자들은 그의 편지에 어떤 반응을 보였으며, 그의 한반도 중립화 주장은 어떤 결과로 이어졌을까?

3) 반응과 응답

김용중이 1952년 3월 1일 《보이스 오브 코리아》 사설에서 처음 한반도 중립화를 주창한 지 1년 후, 평생에 걸쳐 동아시아 문제에 관심을 보였던 캘리포니아주 상원의원 윌리엄 놀랜드William F. Knowland는 모든 강대국이 중립성을 보장하기만 하면 한국의 통일이 가능할 것이라는 견해를 밝혔다.[121] 일본에 거주하던 김삼규(전 동아일보 주필)는 한국 문제를 논의하기 위해 1954년 스위스 제네바에서 열린 유엔총회에 한반도 중립화 방안을 제출했다.[122] 김삼규는 남북이 각각 정권을 해체하고 유엔 산하 통일위원회나 그에 준하는 기구의 감독하에 선거를 치러 단일 정부를 구성하는 한편, 통일 한국의 헌법을 기초할 의회를 선출해 중립화 정책을 헌법에 담자고 제안했다.

아시아 문제에 정통했던 몬태나주의 상원의원 마이크 맨스필드Mike Mansfield 역시 1960년에 한반도 중립화를 지지했다. 맨스필드는 극동 지역 순방을 마친 뒤 상원 외교위원회에 제출한 보고서에서 한반도 통일 방안으로 오스트리아식 중립화를 권고했다.[123] 1961년에는 아시아 전문가인 로버트 스칼라피노Robert A. Scalapino 교수가 외국 군대 철수 후 한반도를 중립국으로 만드는 아이디어는 검토해 볼 만한 가치가 있다고 언급했다.[124]

이러한 지지는 한국 진보 세력의 상상력에 불을 지폈고, 1960~1962년 사이 통일에 초점을 맞춘 여러 정치 운동들이 태동했다. 특히 민족자주통일 중앙협의회와 중립화 조국통일운동 총연맹 등 두 개의 조직은 중립화 통일운동에 총력을 기울였다.[125] 또 사회대중당은 중립화 통일을 강령으로 채택했다. 한반도 영세 중립협회라는 단체는 김용중을 명예 회장으로 추대했는데, 이는 한국인들이 김용중을 얼마나 높이 평가했는지를 보여준다.[126]

김용중의 서한에 아무런 반응도 보이지 않던 북한 지도자 김일성은 1965년 드디어 13장에 달하는 긴 답신을 보내 왔다.[127] 김일성의 편지를 받은 김용중은 이듬해 답신을 보냈고, 그다음 해 김일성의 두 번째 답신이 돌아왔다. 민족주의와 통일에 대해 논한 두 개의 답신은 거의 비슷한 내용이었다. 김일성은 민족주의와 통일은 조선 민족의 문제이기 때문에 외부 세력이 간섭해서는 안 된다고 강조했다.

> 당신이 정확히 강조한 대로, 조국 통일은 우리 민족이 풀어야 할 우리의 문제이며, 또한 자주적 기반 위에서만 해결될 수 있는 문제입니다……우리가 어떤 외세도 우리나라 일에 간섭하는 것을 허용하지 않는다는 건 전 세계가 다 아는 사실입니다.[128]

김일성은 중국 의용군이 1958년 북한에서 완전히 철수했다는 점을 적시하면서 한반도에서 외국 군대가 모두 철수해야 한다는 김용중의 제안에 박수를 보냈다. 반면 남한 정부는 주한 미군 철수 문제에 미적대고 있다는 게 김일성의 비판이었다. 남북한의 병력 규모를 경비 수준으로 감축하자는 아이디어에는 찬성했지만 유엔 감독하에 총선거를 치르는 방식에는 반대 의사를 분명히 했다. 그는 "자결권을 신봉한다면 유엔이 한반도에 들어오지 못하게 해야 옳다"고 썼다.[129] 남북 회담이 열리려면 남한 당국이 전제 조건을 충족해야만 할 것이라는 결론으로 김일성의 답신은 마무리됐다. 전제 조건이란 주한 미군이 완전히 철수하고 정전 협정을 평화 협정으로 전환해야 한다는 것이었다. 가장 주목할 만한 점은 김일성이 두 번에 걸쳐 보내 온 편지 어디에서도 중립화라는 단어 자체를 언급하지 않았다는 사실이다. 중립화 통일 방안을 완전히 무시한 셈이다.

김용중은 남북 회담에 전제 조건을 다는 건 반대한다는 내용의 답신을 보냈다. 유엔을 배제하려는 김일성의 태도가 잘못됐다고도 지적했다. 중립화 통일의 당위성을 거듭 강조했지만 김일성이 중립화를 언급조차 하지 않은 데 대해선 따로 항의하지 않았다.[130]

김용중은 김일성에게 보낸 내용과 동일하게 민족주의, 통일, 중립화를 촉구하는 서한을 장면과 박정희에게도 발송했다. 이들 지도자나 당국 모두 아무런 반응을 보이지 않았다. 박정희 군사정권은 중립화를 주창하던 김용중 같은 이들을 사실상의 공산주의자로 간주했다.

비록 염원했던 결과를 얻진 못했지만 김용중의 노력은 한국 정치를 연구하는 후학들에게 영향을 미쳤다. 김용중의 유산을 학문적으로 계승한 사례로는 황인관 교수를 꼽을 수 있다. 그는 1987년 중립화 통일론을 집대성한 저서 《평화통일을 위한 남북한 공영방안: 중립화통일론One Korea via Permanent Neutrality》을 썼다.[131]

4) 김용중이 남긴 유산

김용중과 리들리 그룹이 추구했던 중립화는 분단된 조국의 이상적 미래를 중도적 입장에서 그려낸 작업이었다. 좌익으로 오해받으면서도 조국을 중립국으로 만들기 위해 수십 년을 매달렸다. 누가 뭐래도 그들은 한결같은 민족주의자였다. 민족주의는 곧 독립과 동의어였고 외국의 이념들에 저항할 수 있는 원동력이었다. 그들은 가장 숭고한 소명, 즉 평생을 바쳐 헌신한 독립운동의 소명을 완수하려면 쉼 없이 민족주의를 추구해야 한다고 믿었다. 민족주의를 추구하는 과정에서 도출된 논리적 귀결이 바로 중립화 통일이었다.

김용중과 리들리 그룹은 이상주의자였다. 마땅하고 옳다고 믿는 바에 굳건히 뿌리 내리고 있었지만 현실의 한계를 넘기는 어려웠다. 김일성 일당은 북한의 울타리 안에 확고한 요새를 구축했고, 남쪽의 박정희 군사정권도 마찬가지였다. 민족주의적 감성과 중립화 논리를 앞세워 호소한다고 해서 남북의 지배 엘리트들이 통일의 대의 앞에 순순히 권력을 내놓을 거라고 믿었다면 현실을 도외시한 순진한 생각이라고 할 수도 있다. 중립화에 핵심 역할을 해줘야 할 주변 강대국들도 한국의 상황을 바꾸는 데는 아무 관심이 없었다. 오히려 현 상황을 유지하는 게 그들의 전략적 이익에 부합했다.

그럼에도 불구하고 김용중의 개척 정신과 도전 정신만은 높이 평가받아야 한다. 아무도 나서지 않을 때 고착화된 상황을 돌파하기 위해 홀로 도전했다. 아무도 통일이 가능하다고 생각하지 않을 때 사람들에게 통일을 상상하도록 만들었다. 극도로 민감하던 이념의 시대에 중립화라는 개념은 좌우 양쪽으로부터 공격받을 수밖에 없는 운명이었지만 김용중은 결코 포기하지 않았다.

4.
결론

대한인노동사회개진당의 창당은 미주 한인들이 처음으로 시도했던 사회주의 실험이었다. 이를 통해 적어도 두 가지 측면에서 초기 한인들의 삶에 대한 이해를 넓힐 수 있다. 첫째, 한인 이민자들의 정치 활동은 여러 문헌이 암시하는 만큼 보수적이지 않았다. 둘째, 노동사회개진당의 창당에는 두 개의 동기가 혼재되어 있었다. 하나는 한국인들도 사회주의 정당을 갖고 있음을 보여줌으로써 국제 사회주의자들이 대한민국 임시정부를 인정하도록 설득하려는 것이었다. 동시에 기회가 닿으면 사회주의를 시험해 보고자 했던 한인들의 사회주의적 욕구를 충족시킨다는 동기도 있었다. 당 기관지 《동무》에 실린 기사에는 한인들의 사회주의 성향이 그대로 드러나 있다.

20세기 초반의 시대적 상황을 감안할 때 한인들이 사회주의 성향을 갖게 된 것은 불가피한 측면이 있다. 사회주의와 공산주의가 이 시기 유럽과 아시아를 휩쓸고 있었다. 한국인과 같은 식민 지배의 피해자들은 사회주의, 공산주의의 유행에 특히 민감할 수밖에 없었다. 사회주의가 식민주의의 기저에 흐르는 제국주의, 자본주의에 맞설 수 있는 이념적 무기를 제공했기 때문이다. 노동사회개진당은 또한 김호의 정치적 생애에 대한 이해를 넓힐 수 있는 실마리를 제공해 준다.

김호의 좌익 정치 활동을 통해 정치와 환경의 상호 관계에 관한 교훈을 확인할 수 있다. 어떠한 정치 성향을 취할 것이냐는 그가 처한 환경과 매우 밀접하게 연관돼 있다. 환경이 바뀌면 정치적 성향도 따라 변한다. 중국 망명이라는 환경은 김호를 좌익 성향으로 이끌었다. 하지만 사업이 궤도에 오르자 그의 정치 성향은 중도로 이동했다. 성공한 사업가로서의 삶이 노동자 의식을 점차 위축시켰기 때문일 것이다. 바로 이 지점에서 우익으로 돌아설 수도 있었지만 김호는 최소한 중간 지대까지만 물러서는 쪽을 선택했다. 그리고 내내 중도적 입장을 고수했다.

　학생 토론 모임에서 처음 싹을 틔운 급진주의 운동은 20여 년의 세월이 흐르는 동안 커다란 규모의 급진주의 조직으로 발전했다. 역사적으로 볼 때 한인 학생들의 급진주의는 보수 일변도였던 독립운동에 대안적 관점을 제시했다는 의의가 있다. 그러나 종국에는 넘어서기 힘든 아이러니와 마주할 수밖에 없었다. 한인 학생들은 미국 땅에서 급진적 정치 활동을 할 수 있을 만큼의 상당한 자유를 누렸다. 시민의 자유를 보장하는 미국에서 활동했기 때문에 가능한 일이었다. 하지만 급진적 노선과 언동이 강도를 높여가면서 법적 문제에 휘말리게 됐다. 법이 보호하는 자유의 한계선을 넘게 되자 그들의 자유를 보호해 주던 시스템이 거꾸로 그들을 적대시하는 상황이 됐다.

　김용중의 경우 《보이스 오브 코리아》와 공개서한을 통해 통일 문제를 이슈화한 공로를 분명히 평가해야 한다. 김용중과 리들리 그룹은 깊이 뿌리내린 민족주의적 신념 덕분에 통일에의 강한 열정을 유지할 수 있었다. 그들에게 있어 조국의 분단은 민족주의에 대한 반역이었다. 그들은 중도적 견지에서 한 치의 흐트러짐도 없이 일관되게 중립화 통일을 주창했다. 중립화 통일은 한국의 정치인은 물론 연구자들에게도 여전한 숙제로 남아있다.

주

제5장 좌익 한인들과 리들리 그룹(1920~1957)

1. 위스콘신 출신 조셉 매카시는 1947~1957년 공화당 소속으로 상원의원을 지냈다. 광적인 반공주의로 점철된 이력의 소유자다. 공산주의 세력이 미 국무부를 비롯한 정부 기관에서 일하고 있다는 혐의를 제기했다. 상원의원의 권력을 앞세워 "빨갱이"들을 사냥한 그의 행위는 수많은 이들의 명예를 훼손했고, 결국 동료 의원들한테조차 신뢰를 잃고 비난받는 처지가 됐다. 기자들은 정부에 반감을 가진 시민들을 무차별적으로 조사, 기소하려는 정부 기관의 조치 혹은 시도를 뜻하는 용어로 매카시즘을 사용하기에 이르렀다. Richard Fried, Nightmare in Red: The McCarthy Era in Perspective(NY: Oxford University Press, 1990), pp. 30~45; Robert Griffith, The Politics of Fear: Joseph McCarthy and the Senate(Boston: University of Massachusetts Press, 1970).
2. 백과사전, s.v. '조소앙(1887~1958)', http://www.encyber.com/search (accessed October 8, 2008).
3. 조지 최George Choi 인터뷰. 필자가 2006년 4월 12일 프레즈노에서 인터뷰했다. 중가주 한인 역사 연구회 특별 소장품.
4. 이선주 인터뷰. 필자가 2006년 5월 20일 로스앤젤레스에서 인터뷰했다; 허버트 신 인터뷰. 필자가 2006년 8월 12일 다뉴바에서 인터뷰했다. 중가주 한인 역사 연구회 특별 소장품.
5. 19세기 후반은 한국에게 격동의 시기였다. 서재필이 정변에 가담하게 된 배경은 다음 참조. Eugene C. I. Kim and Han Kyo Kim, Korea and the Politics of Imperialism (1876~1910),(Berkeley: University of California Press, 1967), pp. 121~150.
6. 서동성, "The 'Grandfather' I Didn't Know," unpublished essay, 2006, pp. 1~5.
7. 한영우, 《한국사 열전》, 서울, 대한민국: 돌베개, 2007, 261쪽.
8. 홍선표, 〈재미 한족 연합위원회 연구〉, 143쪽.
9. Ibid.
10. Henry Cu Kim, The Writings of Henry Cu Kim: Autobiography with Commentaries on Syngman Rhee, Pak Yong-man and Cheong Sun-man, edited by Suh Dae-Sook(Honolulu: University of Hawaii Press, 1987), pp. 129~130.
11. 김원용, 《재미 한인 오십년사》(Reedley, CA: Charles Ho Kim, 1959), 195쪽.
12. Ibid., 197쪽.
13. 〈대한인 노동사회개진당: 본당 창립의 연혁 개요〉, 《동무》 1, 1920년 8월, 20쪽.
14. Ibid., 19쪽.
15. Ibid.
16. Ibid., 20쪽.

17. Ibid.
18. 이승만의 적극적인 지지자였던 이순기는 1948년, 1952년 올림픽에서 미국 다이빙 대표로 연거푸 금메달을 딴 유명한 의사 사무엘 리의 아버지였다.
19. 평생 이승만을 후원한 이범영은 1948년 대한민국 정부 수립 후 이승만 대통령의 특사로 동아시아, 동남아를 순방했다.
20. 김탁은 신학 교육을 받은 뒤 캘리포니아 델라노에 있는 델라노 한인 감리교회에서 오랫동안 목회를 했다. 그 역시 이승만의 지지자였다.
21. 〈설립 배경〉, 《동무》, 21쪽.
22. Ibid.
23. 〈김호 선생의 보훈처 수훈록〉, Proceedings of Seminar on Refocusing on Central California Korean Immigrant History(프레즈노, 캘리포니아, 중가주 한인 역사 연구회, 2003년 1월 13일), 18쪽.
24. 〈설립 배경〉, 《동무》, 22쪽.
25. 당비 납부자를 근거로 산출한 숫자이다; ibid., 28~30쪽.
26. Ibid., 29쪽.
27. Ibid., 3쪽.
28. Ibid., 4~5쪽.
29. Ibid., 6~7쪽.
30. Ibid., 14~15쪽.
31. Ibid., 11~13.
32. Ibid., 14쪽.
33. Ibid., 15~16쪽.
34. Ibid., 17~18쪽; 신성구는 미국 유학길에 오른 의친왕 이강의 일행에 속해 미국에 왔다. 의친왕이 귀국한 후에도 미국에 남아 생을 마쳤다. Henry Cu Kim, Writings, p. 124.
35. Ibid., pp. 19~20.
36. 김원용, 《재미 한인 오십년사》, 197~198쪽.
37. 구익균, 《새역사의 여명에서》, 서울, 대한민국: 일월서각, 1994, 119~122쪽.
38. 서대숙, Documents of Korean Communism(1918~1948)(New Jersey: Princeton University Press, 1970, p. 483.
39. 윤병석, 《해외동포의 원류 – 한인 고려인 조선족의 민족 운동》, 서울, 대한민국: 집문당, 2005, 360~365쪽.
40. Gu, Dawn of New History, p. 117.
41. 서대숙, Documents of Korean Communism, pp. 482~484.
42. 양은식, "Korean Revolutionary Nationalism in America: Kim Kang and the Student Circle, 1937~1956", 유의영, Terry Randall 편저, The Korean Peninsula in the Changing World Order (Los Angeles: Center for Korean American and Korean Studies, 1990), pp. 173~174.
43. Ibid., p. 178.
44. Ibid., p. 179
45. Ibid.
46. Ibid.

47. Ibid.
48. 홍선표, 〈일제 시기 미주 한인 사회의 통일 운동〉, 《미주 한인의 민족 운동》, 서울, 대한민국: 도서출판 혜안, 2003, 279~280쪽.
49. 양은식, "Korean Revolutionary Nationalism", p. 181.
50. Ibid.
51. Ibid., p. 180.
52. Ibid., p. 184.
53. Ibid., p. 185.
54. Ibid.
55. Ibid.
56. Ibid., p. 183.
57. Ibid., p. 186.
58. Ibid., p. 183.
59. Ibid., p. 181.
60. Ibid., p. 182.
61. Ibid., p. 186.
62. 김원용, 《재미 한인 오십년사》, 399~406쪽.
63. 홍선표, 《재미 한족연합위원회 회의록》, 서울, 대한민국: 연세대학교 출판부, 2005, 159쪽
64. Ibid.
65. Ibid., 261쪽.
66. Ibid., 263쪽.
67. Ibid., 261쪽.
68. Peter Hyun, In the New World: the Making of a Korean American(Honolulu: University of Hawaii Press, 1991), p. 263.
69. 양은식, "Korean Revolutionary Nationalism", p. 187.
70. Ibid., p. 191.
71. Ibid., p. 193.
72. Ibid., p. 195.
73. Ibid., p. 196.
74. Ibid., p. 197.
75. Ibid., p. 176.
76. Ibid., p. 177.
77. Ibid., p. 178.
78. Ibid., p. 190.
79. Ibid., p. 196.
80. 이사무엘Samuel Lee 인터뷰. 필자가 2006년 9월 15일, 2007년 4월 13일 로스앤젤레스에서 인터뷰 했다. 중가주 한인 역사 연구회 특별 소장품.
81. 양은식, "Korean Revolutionary Nationalism", p. 196.
82. 이사무엘 인터뷰, 2007년 4월 13일.
83. Ibid.
84. 양은식, "Korean Revolutionary Nationalism", p. 190.

85. Ibid., p. 194.
86. Ibid.
87. Ibid., p. 196.
88. K. W. Lee, "A Child of the Lost Century: A Daughter of Han, a Life of Forlorn Search", KoreAm Journal 17, no. 4, April 2006, p. 57
89. Ibid.
90. Ibid.
91. Ibid., p. 56.
92. Ibid., p. 57.
93. Ibid., p. 59.
94. Hyun, In the New World, p. 1.
95. Peter Hyun, Man Sei: The Making of a Korean American(Honolulu: University of Hawaii Press, 1986), p. 12
96. Ibid., p. 168.
97. Ibid., pp. 169~170.
98. Ibid., pp. 121~122.
99. Hyun, In the New World, pp. 202~203.
100. Ibid., pp. 238~239.
101. Ibid., pp. 238~239.
102. Ibid., pp. 263~264.
103. Ibid., pp. 268~269.
104. Ibid., pp. 104~105.
105. Ibid.,p. 272.
106. Ibid., p. 273.
107. 양은식, "Korean Revolutionary Nationalism", p. 196.
108. Ibid.
109. "Value of Neutralized Korea", Voice of Korea 9, no. 106, March 1, 1952, pp. 1~2.
110. "Does Austria Point the Way for Korea?", Voice of Korea 12, no. 205, May 28, 1955, pp. 1~2.
111. "To the Big Four", Voice of Korea 12, no. 206, June 30, 1955, p. 1.
112. "A Challenge to North Korea: Text of a Letter from Mr. Yong Jeung Kim, President of the Korean Affairs Institute, to Marshall Kim Il Sung, Premier of North Korea", Voice of Korea 13, no. 221, September 27, 1956, p. 1.
113. Ibid., p. 1.
114. Ibid.
115. Ibid.
116. Ibid.
117. "A Further Plea for Reunification", Voice of Korea 18, no. 262, November 1960.
118. "Korean Leaders Urged to Foster Reunification: To Chang Myon, Prime Minister of South Korea, January 14 and to Kim Il Sung, Premier of North Korea, January 19", Voice of Korea 18, no. 264, January-February, 1961, pp. 1~2.

119. Ibid.
120. "To Premier Kim Il Sung and My Dear President General Park Chung Hee", Yong Jeung Kim Papers, Rare Book and Manuscript Library, Columbia University (1965).
121. 황인관, One Korea Via Permanent Neutrality: Peaceful Management of Korean Unification(Cambridge, MA: Schenkman Books, 1987), p. 62.
122. Ibid., pp. 152~153.
123. Ibid., pp. 63~64.
124. Ibid., p. 65.
125. 변홍진, 〈언론인 김용중 선생: 언론을 통한 광복과 통일 운동 기수〉, Paper presented at Seminar on Refocusing on Central California Korean Immigrant History, (프레즈노, 캘리포니아, 중가주 한인 역사 연구회, 2003), p. 58.
126. Ibid.
127. "Reply of Premier Kim Il Sung to the President of the Korean Affairs Institute in Washington", Kim Yong-jeung Papers, Rare Book and Manuscript Library, Columbia University, 1965.
128. Ibid., p. 5.
129. Ibid., p. 4.
130. "My dear Mr. Premier Kim Il Sung, The Democratic People's Republic of Korea, Pyongyang, Korea", Kim Yong-Jeung Papers, Rare Book and Manuscript Library, Columbia University, 1967.
131. 황인관, One Korea, pp. 60~65.

제6장

델라노, 윌로우스, 맥스웰의 한인들

1913
~
1957

중부 캘리포니아의 한인들에 관해 얘기할 때 결코 빼놓을 수 없는 인물이 세 명 있다. 한 명은 다뉴바에서 남쪽으로 60마일 떨어진 델라노에서, 나머지 두 명은 새크라멘토 밸리 북쪽에 자리한 쌀농사 왕국인 윌로우스와 맥스웰에서 각각 크게 성공했다. 다른 한인들과 마찬가지로 모두 무일푼에서 시작했지만, 기술도 자본도 없는 한인들에게 그나마 진입 장벽이 낮았던 농업으로 성공을 거뒀다. 그들은 애국자였다. 수입의 상당액을 독립운동 자금으로 내놓았다. 세 명 모두 한인 정착민의 거점이던 다뉴바와 인연을 맺었다는 공통점이 있었다.

이번 제6장의 1절에서는 델라노에서 과수, 채소, 포도 농장을 성공적으로 운영했던 한시대에 대한 소개로 시작한다. 농장 규모가 커지자 일자리를 찾던 한인들이 한시대의 델라노 농장으로 몰려와 일하게 됐다. 농장에 고용된 한인이 늘어나자 델라노에 한인 공동체가 자연스레 형성됐다. 농장으로 큰돈을 벌어놓은 덕분에 한시대는 인생 후반부를 독립운동 활동에 헌신할 수 있었다.

한시대 다음으로는 북부 캘리포니아의 곡창지대에서 쌀농사를 지었던 한인들의 이야기가 두 갈래로 펼쳐진다. 하나는 콜루사Colusa, 글렌Glenn, 유바Yuba 카운티 등지에서 농사지었던 이들이고, 다른 하나는 지금도 유일하게 캘리포니아 맥스웰에서 농사를 짓고 있는 한인 가족의 이야기다.

1910~1920년대 콜루사, 글렌, 유바의 곡창지대에서 쌀농사를 지은 한인은 30여 명이었다. 모두 소작농으로 크고 작은 성공을 거뒀다. 그중 최고의 성공 신화를 쓴 인물은 김종림이었는데, 한창 때 '백미왕'으로 알려졌을 정도였다. 김종림이 조국의 독립을 위해 엄청난 사재를 털어 넣은 것은 전설로 남아있다. 일본에 맞서 싸울 전투 비행사를 훈련시키기 위해 윌로우스에 한인 비행학교를 설립했던 일이 대표적이다.

윌로우스에서 남쪽으로 7마일 떨어진 맥스웰에는 이재수가 있었다. 한인 중 쌀농사를 가장 오래 지었고 두 아들에게 가업으로 물려줬다. 나중엔 손자가 이어받음으로써 3대에 걸쳐 농장을 운영하는 집안이 됐다. 이재수 역시 흔들림 없이 독립운동을 후원했고 한인 사회에 아낌없이 기부했다.

1.
한시대와 델라노

한시대는 북한의 최남단 황해도에서 1888년 태어났다.[1] 16세이던 1904년 사탕수수 농장에서 일하기 위해 하와이 이민을 떠났다. 부모, 누나, 남동생까지 가족 모두가 함께 이민에 나선 보기 드문 케이스였다.[2] 부모가 이미 50줄에 접어든 터라 장남인 한시대에겐 10대 시절을 자유분방하게 즐길 여유가 없었다. 나이 드는 부모와 형제들을 돌보기 위해 하루라도 빨리 어른이 돼야만 했다.

한시대는 최소한의 삶을 유지하고 가족을 부양하려면 영어부터 능통해져야겠다는

한시대, 애국지사이자 1930년대 델라노 한인 사회의 지도자였다.

생각에 하와이 한인을 위한 영어 교육기관이던 한인 중앙학교에 등록했다. 기본적인 의사소통이 충분할 정도로 영어 실력이 늘자 가족 모두 샌프란시스코로 이주한 뒤, 입학하기 까다롭다는 로웰고등학교에 들어갔다.[3] 로웰은 미시시피강 서부에서 가장 역사가 오래된 고등학교였다. 당시 이민자 사이에서는 흔치 않은 미국 고교 졸업자였던 덕분에 주변의 이민자 동료들은 한시대를 존경의 시선으로 바라봤다.

보통의 미국인이라면 고교 졸업장만으로도 꽤 괜찮은 직업을 구할 수 있었겠지만, 소수 인종이었던 한시대는 생계를 위해 은광에서 일해야 했다.[4] 나중엔 다뉴바로 이주해 소작농으로서 살구 재배에 몰두했다. 다뉴바에서는 한인 장로교회 설립에 핵심 역할을

하기도 했다. 1912년 교회가 문을 연 첫날에 교회 회의록을 작성한 이도 한시대였다.[5] 다뉴바에서의 삶은 고군분투하는 전형적인 이민자 가족의 삶이었다. 현재 캘리포니아주 와스코에 살고 있는 한시대의 아들 월터 한(90)은 필자와의 인터뷰에서 이렇게 말했다. "우리 모두가 열심히 일했어요. 거처로 삼았던 목조 건물 중앙에 난로가 있었죠. 그곳에서 몸을 녹이고 요리도 해 먹었어요. 살구를 훈증해서 말린 뒤에 포장하는 일을 했죠."[6]

다뉴바에서의 몇 년을 뒤로 하고 한시대 가족은 남쪽으로 60마일 떨어진 델라노로 이사했다. 자기 소유의 농장을 운영하고 싶어서였다. 꿈을 이루기 위해 한시대는 과감한 행동에 나섰다. 아메리카 은행Bank of America 델라노지점으로 걸어 들어가서는 다짜고짜 지점장 빌링스Billings를 보자고 청한 것이다. 다음은 월터 한의 증언이다.

> 아버지는 영농 자금을 대출받고 싶다고 했고, 빌링스 씨는 주택, 토지, 자동차 등 담보로 잡을 만한 게 있냐고 물었죠. 물론 그런 건 하나도 없다고 했죠. 당연히 "담보도 없는데 무슨 수로 돈을 빌려줍니까?"라고 물었겠죠. 아버지는 맨손을 내밀어 보이며 말했어요. "내가 가진 건 이것뿐입니다. 이 손이 나를 보증합니다. 나를 한 번 믿어보세요. 원금에 이자까지 더해서 금방 갚을 테니까."[7]

월터 한은 이후 벌어진 일을 이렇게 회상한다.

"그거 알아요? 빌링스 씨는 아버지를 쳐다보면서 속으로 생각했겠죠. 참 대단한 배짱이군! 그리곤 놀랍게도 "오케이"라고 말한 거예요. 정말로 1,000달러나 대출해 줬구요. 당시엔 정말 큰돈이었어요. 아버지는 그 돈으로 땅 90에이커를 임대했는데, 그게 1923년의 일입니다. 그 이후의 일은 역사가 됐죠. 아버지는 빌린 돈도 다 갚았고, 엄청난 성공을 거뒀어요."[8]

그로부터 20년이 지나 농장은 250에이커 규모로 커졌고 가치가 50만 달러에 달했다.[9] 델라노로 이주해 온 한인 대다수가 그의 농장에서 일했다. 한시대의 사업이 성장하면서 자연스럽게 델라노의 한인 인구도 증가했다.

1920년대 후반이 되자 한인 인구가 자체 교회를 운영할 수 있을 정도로 불어났다. 1930년 2월 10일 한석원 목사 집도로 첫 예배가 열렸다.[10] 6년 뒤 스탁턴의 한인들이 교회 매각 대금 500달러를 델라노 한인들에게 기부했다.[11] 여기에 델라노 한인들이 모금한 돈까지 더해져 교회 건립 자금이 마련됐다. 마침내 1936년 9월 6일 델라노에 한인 감리교회가 봉헌됐다.[12] 교회는 1954년 델라노 클린턴 스트리트 1028로 이전했다.[13] 신도 수가 가장 많을 때는 70명 정도였고, 10명에 불과한 때도 있었다.[14] 신도가 점차 줄면서 1958년 교회 문을 닫았다.[15] 델라노 한인 감리교회에서 사역한 목사로는 한석원, 김탁, 이기준, 김하태, 김형일 등이 있었다.[16]

한시대는 델라노 한인교회의 주요 후원자였다. 다시 월터 한의 회고를 들어보자.

"아버지는 일요일마다 우리 가족과 한인 노동자들을 평상형 픽업 트럭에 태워서 교회에 데려다 줬어요. 그때 설교하던 김탁 목사님이 가장 기억에 남네요. 예배가 끝나면 함께 둘러앉아 식사를 했죠."[17]

김탁 목사는 델라노 한인교회에서 가장 오래 사역한 목회자였다. 73세가 된 그의 딸 에이다 박은 스탁턴에서 태어나 델라노에서 자랐고, 지금은 캘리포니아 베이커스필드에 살고 있다.

"보통 일요일 예배에 출석하는 신도가 15명 정도였어요. 아이들도 있고, 가족끼리 온 사람들도 있고, 미혼 남자들도 섞여 있었죠. 가족 단위로 오는 집은 한 씨네, 윤 씨네, 오 씨네, 박 씨네, 김 씨네가 있었구요. 전부 농사일을 했어요. 아버지는 목회만으로는 생계가 어려워서 어머니와 함께 농사를 지었죠. 예배 후엔 교회에서 점심을 먹었어요."[18]

에이다는 그때 어른들이 얼마나 애국심이 강했는지도 기억하고 있다. 매년 3·1절이 되면 교회에 모여 그날을 기념했다. 에이다의 기억이다:

"맞아요, 우리는 3·1절을 기념하곤 했어요. 아버지가 특별 설교와 연설을 하고, 한시대 씨의 큰 딸 루이즈 한이 애국가를 불렀죠. 강단에는 한국의 독립문을 본딴 모형이 놓여 있었구요.

1936년 처음 건축된 델라노 한인 감리교회는 1954년 현 위치로 이전했다. 옛 모습을 그대로 간직한 이 건물은 현재도 현지 주민들의 감리교회로 사용되고 있다.

그리고 나서 함께 국수를 먹었어요."[19]

한시대를 비롯한 한인 부모들은 자녀들을 확실한 한국인으로 키우는 데 심혈을 기울였다. 그들에게 교회는 신앙뿐 아니라 애국심을 다지는 장소이기도 했다. 한국인의 정체성을 뚜렷이 새기면서 자란 한시대의 아들 월터는 젊은 시절 델라노에서 겪은 사건에 대해 들려줬다.

"전쟁[제2차 세계대전] 중에 있었던 일이에요. 술 한잔 하려고

델라노 공동묘지의 한인 묘. 1920~1950년대 델라노에 거주한 한인의 묘지가 20여 기 있다.

동네 술집에 들어갔는데 어떤 백인 남자가 날 보더니 저기 일본 놈이 온다며 손가락질하는 거예요. "이봐, 난 일본인이 아니야. 한국인이라고!"라고 대꾸했죠. 그런데도 계속 일본인 어쩌고 하길래 그 녀석한테 걸어가서는 주먹으로 턱을 갈겨줬죠. 그대로 의자에서 나가 떨어지더군요!"[20]

특히 1941년 일본이 진주만을 공격한 이후 센트럴 밸리에서 동양인에 대한 편견은 일상화됐다. 일본은 미국의 철천지 원수가 됐고, 일본인과 다른 아시아계를 제대로 구별하지 못하던 미국인들은 대놓고 아시아계를 적대시했다.

한시대는 남동생에게 원하는 학교는 어디든 보내줄 테니 공부만 열심히 하라고 독려했다. 동생은 스탠포드 의대에 입학했다. 한시대는 동생의 학비를 대 줬고, 가족 모두가 스탠포드 등록금을 마련하기 위해 팔을 걷어붙이고 나섰다. 한시대의 딸 루이즈 한은 당시를 이렇게 기억하고 있다. "아버지는 어떻게 하면 삼촌의 학비를 더 많이 벌 수 있을까 고민한 끝에 새끼 낳는 돼지를 키우기로 했어요. 시장에 돼지를 내다 팔고 돈을 벌었죠. 가족 모두가 무슨 일이 있어도 삼촌만은 대학에 보내자고 단단히 작정했어요."[21]

스탠포드 의대를 졸업한 남동생은 구겐하임 장학금Guggenheim Fellowship을 받은 덕분에 어디서 인턴 실습을 할지 마음대로 고를 수 있게 됐다. 그는 중국 베이징행을 선택했고,[22] 인턴을 마친 후 로스앤젤레스로 가서 오랫동안 개업의로 일했다.

한시대는 루이사 박과 결혼했다. 루이사 박 한은 1919년 다뉴바에서 도산 안창호의 아내 헬렌 안과 함께 대한여자애국단Korean Patriotic Women's League을 창립한 멤버 중 한 명이다.[23] 한시대는 1948년 영농을 그만두고 로스앤젤레스 근처의 잉글우드로 이사했다. 잉글우드에서는 주택 건설사인 한가기업회사Hanka Enterprise와 장학재단을 운영했다. 한시대의 재단은 형편이 어려운 한인 학생들에게 장학금을 지급했다.

한시대는 도덕 사상가이자 애국자인 안창호의 정신과 이상을 좇아 사는 데 열정을 불태웠다. 도덕·윤리적 개혁운동 단체인 안창호의 흥사단에 가입해 후원했고, 지역 사회에도 꾸준히 헌신했다. 대표적 한인 단체인 대한인국민회의 중앙집행위원장으로 오랫동안 일했다.[24] 제2차 세계대전에 대응하는 차원에서 1941년 미주, 하와이 한인 조직을 하나로 묶어낸 재미한족연합위원회가 창립됐을 때도 한시대는 김호와 더불어 운영 책임을 도맡았다.

재미한족연합위원회와 이승만은 미국 수도인 워싱턴 D.C.에서 누가 공식적으로 한국의 이익을 대변할 것이냐를 놓고 지속적으로 충돌했다. 양측 모두 상하이 임시정부에 교통정리를 요청했다. 김호에 이어 재미한족연합위원회 위원장이 된 한시대는 이승만과의 갈등이 격화되는 과정에서 임시정부에 위원회의 위상을 제대로 인정해 달라는 내용의 전보를 가장 많이 보낸 사람이었다.

　　1945년 세계 열강과 45개국이 샌프란시스코에 모여 회의를 개최했을 때도 한시대는 주목할 만한 역할을 맡았다. 유엔 결성을 위한 이 사전 회의에 참가할 한국 대표단 선정을 놓고 재미한족연합위원회를 대표해 이승만 측과 대화를 나눈 당사자가 바로 한시대였다. 그는 한국의 이익을 보호하려면 이 중요한 국제회의에 한국 대표단이 반드시 참석해야 한다고 생각했다.[25]

　　1945년 8월 해방이 되자 한시대는 김호 등 13명과 함께 재미한족연합위원회 사절단을 꾸려 꿈에도 그리던 고국을 방문했다.[26] 여생을 고국에서 보내겠다는 결심과 함께였다. 한시대는 슬하에 아들 5명, 딸 2명, 손자녀 22명을 두었다. 1981년 93세를 일기로 별세했다.

2.
김종림과 한인 쌀 농부들

캘리포니아의 쌀 재배는 파란만장한 역사를 갖고 있다. 중국인 이민자들이 장립종 쌀long grain의 재배를 시도하면서 캘리포니아는 처음으로 쌀 재배에 주목하게 된다. 새크라멘토 밸리 위쪽의 서늘하고 안개가 많은 기후에서는 장립종 쌀이 잘 자라지 않는다는 사실을 알게 된 후, 단립종short grain 재배가 대안으로 떠올랐다. 수년간의 실험과 시행착오 끝에 1911년 일본계 이민자 이쿠타와 미 정부 소속 농학자들이 단립종 쌀을 재배하는 데 성공했다.[27] 이로부터 얼마 지나지 않아 캘리포이나에서 상업 목적의 대규모 쌀 재배가 시작됐다.

본격적으로 쌀 시장이 커지게 된 것은 제1차 세계대전(1914~1918)을 지나면서였다.[28] 국내외 식량 수요 증대로 쌀 수요가 폭발적으로 증가하자 캘리포니아 지주들은 아시아계 이민자의 노동력을 주목하기 시작했다. 중국, 일본, 한국, 인도에서 온 이민자들이 캘리포니아의 쌀 산업으로 유입됐다.[29] 아시아계 이민자들을 쌀농사로 끌어당긴 매력적 요인은 '1할 거래' 관행이었다. 소작인은 지주한테서 땅을 빌린 뒤 농사 장비, 자재까지 제공받아 농사를 지었다. 앞서 언급한 대로 다뉴바 한인들도 이러한 방식으로 농사일에 뛰어들 수 있었다(캘리포니아 주법은 아시아인의 토지 소유를 금지했다). 지주는 수확물의 90%를 자기 몫으로 챙겼고 소작농이 나머지 10%를 가져갔다.[30] 가난한 이민자들은 자기 몫의 소출을 담보로 대출받아 약간의 자본을 확보할 수 있었다. 캘리포니아에서 쌀농사가 호황을 맞은 1910년대 중반부터 1920년대 중반까지 한인 31명이 이러한 방식으로 쌀농사를 지었다(〈표 6.1〉 참조).

31명 중 74%인 23명이 콜루사 카운티에서 농사를 지었고, 6명은 인접한 글렌 카운티, 나머지 2명은 유바 카운티에서 쌀을 지배

〈표 6.1〉 북가주의 한인 쌀 재배자 명단(1910년대 중반~1920년대)

Colusa (23)	Philip Ahn	S. O. Kim	K. H. Kim	Roy Kim
	C. L. Kim	S. L. Kim	K. S. Lee	S. W. Lee
	C. S. Lee	J. Soo Lee	A. Lee	J. K. Lim
	C. H. Lim	J. S. Im	S. K. Paik	S. K. Park
	Y. S. Park	K. H. Pyun	Kwang H. Shin	Leo Song
	D. Y. Song	M. S. Whang	Y. H. Yoon	
Glen (6)	D. K. Kang	Leo K. Chang	N. Kim	S. H. Kim
	M. S. Loo	H. M. Lee		
Yuba (2)	S. C. Park	Sun K. Rhee		
Total (31)				

*출처: Mary Paik Lee, Appendix C, p. 173~177.
**참고: 시기는 대략 추정한 것이다. 1913년 상업적 쌀 생산이 시작됐고, 1920년 거의 한 달간 지속된 홍수 탓에 한인들이 쌀농사에서 손을 뗐다.

했다. 31명 중 23%인 7명이 김 씨였고, 이 씨가 7명, 박 씨가 3명, 림·송·강 씨가 각 2명, 신·편·임·황·류·윤·백 씨가 1명씩이었다. 한국에서 가장 흔한 성씨인 김, 이, 박 씨가 가장 많았음을 확인할 수 있다.

    이름으로 한인의 숫자를 특정한 뒤 이들이 대출을 얼마나 받았는지도 파악할 수 있었다. K. S. 리와 S. O. 김이라는 사람이 1913년 8월 몰튼 관개토지사Moulton Irrigated Lands Company에서 7% 금리로 1,000달러를 빌렸다.[31] 두 사람은 크로커Crocker 목장으로부터 임대한 70에이커 농지의 수확물 중 자신들의 몫 전부를 대출 담보로 잡혔다.[32] 같은 해 9월에는 K. H. 김과 K. H. 편, 그리고 S. L. 김이 농기구를 구입하겠다며 쌀과 콩 수확물을 담보로 금리 7%에 1,500달러를 대출받았다.[33] 이들의 경작 규모가 어느 정도였는지는 확인되지 않는다. 1929년에는 안창호의 장남인 필립 안이 (부재농 자격으로) 이재수와 동업해 쌀 1만4,631포대를 생산했다.[34] S. K. 백과 로이 김은 네 곳을 합해 총 540에이커나 되는 농지에서 쌀을 재배했다. 이들은 1917년, 1918년에 농작물의 3분의 1을 담보로 잡아 콜루사 제일은행First National Bank of Colusa에서 8% 금리로 4,000달러를 빌렸다.[35] H. M. 리와 D. K. 강, 또 다른 백인 동업자 등 3명은 1921년 수확물의 3분의 1을 받는 조건으로 L. H. 트위드 부자父子로부터 400에이커의 토지를 임대했다.[36] 이들은 농지 면적 100에이커당 평균 1,000달러를 대출받았다.[37]

1920년의 1,000달러를 2007년 가치로 환산하면 2만 4,580달러다. 한인 쌀 농가는 현재 가치로 따져 평균 2만 달러 이상의 규모로 운영된 셈이다. 농부 1인당 경작 면적은 적게는 100에이커 미만, 많게는 수백 에이커에 이르렀다. 하지만 '백미왕' 김종림의 경우는 완전히 다른 차원에 있었다.

김종림은 무려 1만 에이커가 넘는 농지에서 쌀과 함께 건초, 밀, 보리를 재배했다. 160에이커를 맡아 경작한 Y. S. 박과 480에이커를 경작한 H. 김, 광Kwang H. 신이 김종림의 영농 파트너였고,[38] 백인 파트너도 여럿 있었다. 김종림은 방대한 규모의 농사를 위해 토지 회사, 은행, 개인 투자자 등 6곳에서 대출받아 영농 자금을 조달했다. 1만 에이커가 넘는 농장을 운영하기 위해 대출받은 8만 2,000달러는 2007년 현재 가치로 400만 달러에 해당하는 거액이다.[39] 10년에 걸쳐 경작 면적이 66배나 확대되면서 소득도 비례해 늘어났다. 1919년에 김종림은 백만장자가 됐다.[40]

김종림은 어떤 사람이었을까? 한반도 최북단 함경남도 출신인 김종림은 1906년 하와이 사탕수수 농장과의 노동 계약이 끝난 뒤 샌프란시스코로 건너왔다. 이후 유타주 솔트레이크 시티로 떠나

김종림, '백미왕Rice King'으로 불렸으며 캘리포니아 윌로우스의 한인 비행학교 설립자(1919)였다.

철도 건설 노동자로 일했다.[41] 1907년 여름 프레즈노에 와서 3년간 일하며 지냈다.[42]

김종림은 공립협회 프레즈노 사무소를 설립하는 과정에 참여하기도 했다. 한인들은 매주 토요일 이곳에 모여 악화일로를 걷는 고국의 정치 상황에 대해 논의했다.[43] 동병상련으로 일제의 위협에 시달리던 중국인들과 뭉쳐 합동 정치집회를 열기도 했는데,[44] 김종림은 이런 행사들을 조직하는 데 적극적 역할을 했다. 1910년에는 샌프란시스코로 돌아가 새로운 도전에 나선다. 한인 2명과 동업해 샌프란시스코 항구 지역에 객실 20개 짜리 호텔을 개업한 것이다.[45] 그러다 새크라멘토 밸리에서 쌀농사가 호황이라는 소식을 접하고는 1914년 콜루사 카운티로 이주했다. 처음으로 윌로우스 지역 토지 150에이커를 임대받고 A. J. 우디로부터 800달러를 빌렸다.[46] 이로써 '백미왕'의 쌀농사가 본격적인 막을 올리게 된다.

김종림의 영농 사업이 최전성기를 구가할 무렵 조국에서는 식민 지배에 반발한 대규모 민중 봉기인 3·1운동이 일어나며 정치적 위기가 몰아닥쳤다. 독립운동 지도자, 지식인들은 일본 헌병과 총독부의 잔학무도한 진압을 피해 중국, 시베리아, 미국 등지로 대거 빠져나갔다. 중국으로 망명한 이들은 상하이에서 대한민국 임시정부를 세웠다. 독립을 쟁취하기 위한 망명 정부였다. 새로이 수립된 임시정부를 지원하는 데 있어 미국에서 가장 부유한 한인으로 이름 높았던 김종림이 빠질 수 없었다. 그는 1919년 11월과 1920년 5월 두 차례에 걸쳐 임시정부 지원금으로 무려 6,345달러를 보냈다.[47]

이것은 시작에 불과했다. 윌로우스에 세워진 한인 비행학교의 설립 자금은 모두 김종림에게서 나왔다. 이 비행학교는 한인 젊은이들을 일본에 맞서 싸울 전투기 조종사로 훈련시키기 위해 만들어졌다.

3.
한인 비행학교

1903년 라이트 형제가 세계 최초로 비행에 성공한 지 채 10년도 지나지 않아 항공 기술은 비약적으로 발전했다. 제1차 세계대전은 항공기와 항공 기술의 진보를 이끌어낸 촉매제였다. 전쟁 초기만 해도 비행기는 단순한 운송 보조 수단에 그쳤지만 전쟁이 진행되는 동안 군 수뇌부는 비행기가 가진 엄청난 전투 잠재력을 발견했다. 전쟁이 끝날 무렵 여러 기술적 진보를 거듭한 비행기는 유럽의 주요 강대국과 미국의 전투 무기 체계에서 없어서는 안 될 요소로 자리매김했다.

1) 비행학교 구상의 시작

일본의 육·해군은 청일전쟁(1894~1895)과 러일전쟁(1904~1905)을 거치며 강력한 군사력을 충분히 검증받았지만 공군력은 여전히 유럽이나 미국에 뒤처진 상태였다.[48] 한국 독립운동가들은 여기에 주목해 독자적인 항공 전투 능력을 키우기로 결심했다. 일본이 약점을 보이는 공중전만큼은 잘하면 이길 가능성도 있겠다고 판단했던 것 같다.[49] 희망을 품은 중국의 대한민국 임시정부는 육군 항공부대 설립 계획을 검토했다.

물론 주권도 자원도 없는 망명 정부가 독자적인 공군력을 구축할 수 있을 거라고 믿는 사람은 별로 없었다. 그럼에도 임시정부를 이끌던 김구와 안창호는 이 문제를 진지하게 고민했다. 상하이의 영자신문인 《컨티넨탈 데일리》 기자에게 조언[50]을 구한 결과 러시아에서 시속 150마일짜리 비행기를 구입할 수 있다는 사실을 알아내기도 했다.[51] 하지만 이런 구상은 결국 아무런 결실도 맺지 못했다.

김구와 안창호의 구상은 수포로 돌아갔지만 같은 꿈을 꾸던 또 한 명의 애국자가 있었다. 바로 노백린이었다. 노백린은 독특한 이력의 소유자였다. 갓 스무 살이던 1895년 국비 장학생으로 선발돼 일본에 유학을 갔다.[52] 일본 육군사관학교를 졸업한 뒤 귀국해 대한제국군에서 복무했다. 이후 육군무관학교의 교관으로 근무하며 군의 근대화에 주력했다.[53] 정령(대령)으로 진급해 육군무관학교장이 됐지만 한일병탄이 이뤄지자 관직에서 물러났다.[54]

나라를 잃어 실의에 빠진 노백린은 다른 지식인들처럼 중국으로 망명했고, 1916년 하와이행 배에 몸을 실었다.[55] 하와이에서 망명 생활을 하던 중 3·1운동의 발발과 이어진 임시정부 수립 소식을 상하이의 동료들로부터 전해 들었다. 1919년 9월 임시정부가 자신의 군 경력을 파악하고 군무총장으로 임명했다는 사실도 알게 된다.[56]

군무총장이 된 노백린은 막 걸음마를 시작한 임시정부의 군대를 육성하겠다는 청사진을 그렸다. 하와이의 박용만, 워싱턴의 이승만, 필라델피아의 서재필 등 저명한 독립운동가들을 두루 만나 군대 육성에 관한 자문을 구했다.[57] 그렇게 미국을 돌던 1919년 12월 시카고에서 한인 지도자였던 곽림대를 만나게 된다.[58] 곽림대는 대한인국민회 본부의 집행이사를 맡게 되어 샌프란시스코로 떠나려던 참이었다. 곽림대는 도움을 청하는 노백린에게 캘리포니아로 가서 한인 백만장자이자 '백미왕'으로 유명한 김종림을 만나 보라고 조언했다.[59]

조언을 받아들인 노백린은 곧장 김종림이 있는 캘리포니아로 향했다. 항공 분야에 관심이 많던 그는 김종림을 만나기 전 레드우드 시티의 비행장에 먼저 들렀는데, 그곳에서 조종사 훈련을 받고 있던 청년 한장호와 우연히 마주치게 된다.[60] 노백린은 한장호가 이미 뛰어난 조종 실력을 갖춘 데다 조국의 독립을 위해 기꺼이 헌신할 뜻을 품고 있음을 간파했다. 한장호와 의기투합하자 멀리 시카고에서 항공 훈련을 받으려고 찾아왔던 한인 젊은이 몇 명도 합류 의사를 밝혔다. 그곳에서 한인 학생들을 가르치던 유명 조종사 해피 브라이언트Happy Briant와도 교분이 생겼다.[61]

레드우드의 학생들을 이끌고 김종림을 만난 노백린은 한인 전투 비행사가 임시정부에 기여할 수 있을 거라며 자신의 구상과 비전을 브리핑했다. 군사학교 교관 출신으로서 비행 교육 커리큘럼도 이미 준비해 뒀다고도 설명했다. 레드우드의 비행장에서 한장호와 학생들을 만났을 때 노백린의 비전은 이미 실행의 첫발을 내디딘 셈이었지만 재정 지원 없이는 도저히 불가능했다. 언뜻 비현실적으로 보이는 한인 전투 비행사 훈련 계획에 김종림은 흔쾌히 자금을 대겠노라고 나섰다. 이렇게 해서 마침내 노백린의 비전을 실현할 자금줄이 마련됐다. 캘리포니아 윌로우스에 비행학교를 세우고 김종림이 비행기 구입과 교관 고용, 인건비 지급 등을 책임지기로 했다. 노백린은 학생을 모집하고 비행학교를 운영하기로 했다.

2) 학교 조직

유일한 재정 후원자였던 김종림이 한인 비행학교의 교장을 맡았고 노백린은 학교 운영 총책임자가 됐다. 노백린에게 김종림을 만나 보라고 조언해 학교 설립의 산파 역할을 했던 곽림대가 감사를 맡았다. 김종림의 동업자였던 신광희와 이재수는 회계 담당으로 재정을 챙겼다. 장부 정리, 시설 유지, 수리 같은 일을 해 줄 직원 9명의 자리도 만들었다. 강사로는 한장호, 우병옥, 박낙선, 노정민, 오임하(피터 오), 이용선(또는 이용식), 이초(찰스 리)가 채용됐다. 학생으로 등록한 이는 19명이었다. 〈표 6.2〉를 보면 김종림이 세운 학교의 조직도를 한눈에 파악할 수 있다.

김종림은 먼저 직원, 강사들의 거처로 쓸 퀸트Quint의 옛 학교 건물을 임대하고 비행장 부지 40에이커를 사들이는 데 2만 달러

〈표 6.2〉 한인 비행학교 직책 및 명단(1920)

Position	Individuals		
President	Kim Chong-lim		
Superintendent	Ro Baek-lin		
Auditor	Gwak Lim-dae		
Secretary	Kang Yeong-mun		
Treasurer	Lee Jai-Soo	Sin Kwang-hee	
Manager	Jin Yeong-kyu	Yun Ung-ho	Yang Sun-jin
	Lim Chee-ho	Lee Ahm	Ma Chun-bong
	Lee Wun-Kyeong	Han Seong-jun	Lee Jin-seop
Instructor	Happy Bryanta	Han Jang-hoa	Ro Jeong-min
	Pak Nak-seon	Wu Byeong-ok	Oh Im-ha (Peter Oh)
	Lee Yong-seon	Lee Cho (Charles Lee)	
Student	Choe Yeong-gil	Kim Tae-seon	Pak Yu-dae
	Jo Kee-ho	Choe Neung-ik	Pak Dae-il
	Sin Yeong-chul	Jo Jong-ik	Jung I-yong
	Jung Hong-seong	Jung Mong-yong	Hong Jong-man
	Jo Jin-whan	Sin Hyeong-guen	Im Sang-hee
	Lee Yeong-kee	Kim Jeon	Son Li-do
	Pak Hee-seong		

*출처: 김원용, 350~351쪽; 이현희, 115~132쪽.
**참고: 브라이언트와 한(Han)은 김원용의 책에는 등장하지 않지만 이현희의 책에는 언급돼 있다. 모든 정황을 살펴볼 때 이현희 쪽이 더 신뢰할 만해 보인다. 《윌로우스 데일리 저널》 33호, no. 249(1920년 2월 19일)는 첫 비행기 도착과 함께 브라이언트가 강사로 고용됐고 4개월 후인 6월까지 학생 규모는 16명에서 30명으로 거의 두 배 늘었다고 보도했다.

를 썼다.[62] 또 매달 3,000달러의 운영 예산을 책정해 급여, 운영비로 쓰기로 했다.[63] 대한인국민회도 비행학교에 월 600달러를 지원하기로 결의했다.[64] 비행기는 대당 3,000달러였는데[65] 김종림은 3대를 구입했다. 비행기 동체에는 태극기의 음양 문양과 비슷한 파란색, 빨간색 태극 무늬와 KAC Korean Aviation Corps(대한민국 비행단) 이니셜이 검정색 굵은 글씨체로 큼지막하게 새겨졌다. 교과 과정은 영어, 비행 교육, 군사학 및 훈련으로 구성됐다. 수업료는 학생 1명당 10달러로 책정됐다.[66]

드디어 한인 비행학교가 1920년 2월 20일 개교했다. 같은 날 지역 신문인 《윌로우스 데일리 저널》은 "한국인들이 비행장을 갖게

캘리포니아 윌로우스의 한인 비행학교 조종사들(1919~1920).
왼쪽부터 장병훈, 오임하, 이용선, 노백린, 이초, 이용근, 한장호.

되다"라는 제목으로 개교 소식을 전했다. 제목의 크기가 가로 5인치, 세로 0.5인치나 될 만큼 비중 있게 다룬 기사였다. 제목 아래에는 "퀸트의 학교 건물을 임대하고 강사 채용할 예정……비행장 부지 40에이커 매입 및 비행사 고용……부유한 쌀 재배자 김이 설립 이끌어……학생 15명으로 시작……비행기는 3대 구입"이라는 부제가 달렸다.[67]

하룻밤 사이에 세간의 큰 주목을 받게 된 김종림은 마음이 편치 않았다. 부를 과시하는 양 비춰질까 우려스럽기도 했고, 아시아계 농사꾼이 비행 훈련으로 무슨 일을 꾸미려는 건지 미국인들이 의심할까 두려워했다. 그래서 기자가 학교에 대해 묻자 김종림은 자신을 받아준 미국의 사회적·공적 이익에 기여하겠다는 입장을

밝혔다:

> "우리 젊은이들이 훌륭한 미국인으로 자리 잡을 수 있게 훈련시키고 싶습니다. 이것이 학교를 세운 주된 목적입니다. 영어를 읽고, 쓰고, 말할 수 있게 가르쳐서, 훌륭한 미국인으로 만들 겁니다. 비행 기술을 가르쳐 놓으면 언젠가 미국이 다시 전쟁을 치를 때 싸우러 나설 수 있겠죠."[68]

비행학교에서 한인 청년들을 미국화하고 미국을 위해 싸울 수 있도록 준비시키겠다고 말한 것이다. 하지만 김종림의 발언이 보도된 지 일주일도 지나지 않아 14개 카운티 보호협회라는 극우 단체는 한인들의 비행학교가 캘리포니아에 위협이 된다며 성명서를 냈다.

> 비행학교를 조직한 한국인들은 전적으로 미국적인 평화로운 사업이라고 주장하고 있지만 집과 농장을 가진 우리는 이들로 인해 위협을 느끼며······한국인 젊은이들을 훌륭한 미국인으로 교육시킨다는 학교의 목적에도 의구심을 갖게 된다.[69]

그로부터 한 달여 후 비행학교 이슈는 다시 한 번 신문 지상을 장식하게 된다. 노백린이 비행 훈련의 숨겨진 목적을 인터뷰에서 털어놓은 것이다. 정치적 망명자였던 노백린으로선 비행학교에 대한 미국인들의 불편한 시선을 김종림만큼 민감하게 느끼지 못했던 탓이었다. 1920년 3월 1일 노백린과 인터뷰한 《윌로우스 데일리 저널》 기자는 "한국인의 비행 훈련은 일본과 싸우기 위한 것"이라는 제목의 기사를 내보냈다. "한국인이 설립한 비행 학교는……결국 일본과의 전쟁에 나설 비행사를 훈련시키려는 목적이었다. 한국 군인이자 애국자인 노백린 대령이 새크라멘토에서 이 점을 솔직하게 인정했다"라는 내용이었다.[70]

노백린은 한국인들이 일본에 맞서 싸움으로써 앞으로 미국에 닥칠 전쟁도 미연에 방지할 수 있다고 주장했다. 미국의 이익에도 도움이 될 텐데 어째서 비행학교를 반대하느냐는 항변이었다. 그는 "(우리 청년들이) 독립운동에 가담한다 해도 문제는 아시아에서 일어날 뿐, 미국에서는 아무 일도 없을 것이다. 나는 왜 미국인들이 학교를 반대하는지 모르겠다"고 말했다.[71]

비행학교가 일본과의 전쟁에 대비하기 위한 것이라는 노백린의 인터뷰가 보도되고 세 달이 지나서 김종림이 사들인 첫 번째 비행기가 도착했다. 1920년 6월 22일 자 《윌로우스 데일리 저널》은 또다시 "한인 학교 비행기가 오늘 도착"이라는 제목으로 대서특필했다. 신문은 학교에 등록한 학생 수가 30명으로 늘었다면서, 일본의 한국 지배를 "동양의 프로이센주의(비스마르크식 군국주의)"라고 지칭했다. 이웃 나라를 짓밟았다는 공통점을 들어 일본을 프로이센에 비유한 것이다. 논조는 다분히 호의적이었다.

알려진 것과는 달리 한국인들의 야망은 상당히 크다. 날로 횡포를 더하는 일본의 폭정에 조국이 시름하고, 국민의 자유와

계몽도 동양식 프로이센주의에 짓밟히고 있기 때문이다.[72]

기사는 이어 처음 들여온 비행기가 홀-스콧Hall-Scott 모터를 장착한 최신, 최고 디자인의 모델이며, 김종림이 풍부한 경험을 갖춘 유명 조종사 해피 브라이언트를 강사로 영입했다고 소개했다.[73] 김종림은 첫 번째 비행기를 브라이언트에게 맡겼다.

이틀 후인 1920년 6월 24일 두 번째 비행기가 도착했다. 브라이언트가 레드우드에서 윌로우스까지 조종해 왔다. 이 역시 《윌로우스 데일리 저널》에 "한인 학교의 두 번째 비행기 도착"이라는 제목으로 보도됐다.[74] 김종림이 브라이언트를 월급 500달러에 고용한 이유는[75] 기술적으로 뛰어난 조종사인 데다 한인 청년들을 가르친 경험이 있기 때문이었다. 더 중요하게는 미국인도 함께 일하고 있음을 보여줌으로써 한인의 민족적 이익만을 위한 학교 아니냐는 대중의 인식을 불식시키는 효과도 있었다. 이러한 김종림의 노력 덕분이었는지, 미국인들이 일본 군국주의의 확대에 위협감을 느꼈기 때문인지 한인 비행학교에 대한 지역 사회와 언론의 거부감은 점차 사그라들었다.

개교 7개월이 지난 1920년 9월 샌프란시스코에 있는 아메리칸 스크린 뉴스American Screen News Company의 영화 제작진이 윌로우스에 나타나 한인들의 비행 훈련 모습을 촬영했다. 지역 주민들은 흥분했다. 9월 4일 자 《윌로우스 데일리 저널》은 "한인 비행학교를 영화에서 보게 된다"는 제목의 기사를 냈다.

아메리칸 스크린 뉴스 대표인 모리스 블래쉬Maurice Blache는 윌로우스에 도착하자마자 곧바로 한국인 훈련소로 향했다. 그는 곧바로 촬영 준비에 착수할 예정이다. 비행장을 둘러싸고 있는 카운티의 상당 지역이 촬영 대상에 포함돼 있다. 이제 미 전역에서 영화를 통해 글렌 카운티를 볼 수 있게 된다.[76]

전국을 커버하는 미디어의 주목까지 받게 되면서 한인 청년들에게 비행 훈련을 시키던 한인 비행학교는 이제 전속력으로 날아오를 수 있게 됐다. 한인 비행학교는 어떤 성취를 이뤄냈고, 결국엔 어떻게 됐을까?

3) 결과물

1920년 2월 20일 개교한 지 불과 8일 만에 학생 비행사들이 학교에서 배운 실력을 대중에게 선보일 좋은 기회가 다가왔다. 3·1운동 1주년을 기념하는 행사가 성대하게 열린 것이다. 학생 비행사들은 1920년 3월 1일 새크라멘토, 다뉴바에서 열린 이 특별한 행사의 퍼레이드에 참가했다. 지역 언론인 《새크라멘토 비Sacramento Bee》는 "이날 오후 폭우에도 불구하고 퍼레이드가 열렸고 행진자들 사이로 글렌 카운티 윌로우스에서 비행사 양성 훈련을 받고 있는 한국인 청년 부대가 특히 눈길을 끌었다"고 보도했다.[77]

젊은 비행사들은 다뉴바에서 열린 3·1절 1주년 기념 퍼레이드에도 색다른 방식으로 참여했다. 행진 경로를 따라 비행하는 계획을 세운 것이다. 조종사 이용선이 새크라멘토에서 출발해 프레즈노까지 왔지만 폭우 탓에 다뉴바까지 불과 14마일을 남긴 지점에서 비행을 중단했다. 《다뉴바 센티넬Dinuba Sentinel》은 비행 중단을 이렇게 보도했다.

> 사람들이 한참을 기다린 비행기가 프레즈노까지는 왔지만 날씨 탓에 다뉴바에 모습을 드러내는 데는 결국 실패했다. 비행사 Y. S. 리에 따르면 악천후로 프로펠러가 작동하지 않아 비행이 불가능했다고 한다.[78]

한인 비행학교는 1920년 7월 7일 첫 졸업생 4명을 배출했다. 우병옥, 오임하(피터 오), 이용선, 이초(찰스 리)가 졸업의 영예를 안았고,[79] 졸업하자마자 모교의 강사로 채용됐다. 첫 졸업생 배출로 학교 분위기는 한껏 달아올랐고, 등록생 숫자도 두 배로 불어났다.

학생이 많아지면서 몇몇 불상사도 뒤따랐다. 두 건의 사고가 연이어 발생했는데, 1921년 4월 11일 자 《윌로우스 데일리 저널》은 한국인 비행사 하워드 박이 산호세 근처의 바니 필드에서 비행 중 추락했다고 보도했다.[80] 1921년 4월 24일 자에는 "조(조종익으로 추정)라고 알려진 한인 비행학교 학생이 어제 시동을 걸던 중 비행기 프로펠러에 맞아 오른팔을 다쳤다"는 사고 기사가 실렸다.[81]

기사를 통해 알 수 있는 사실은 1920년 2월 개교한 한인 비행학교가 1년 2개월이 지난 1921년 4월까지도 운영되고 있었다는 점이다. 김종림은 여전히 학교 재정을 지원하고 있었지만 그의 재산은 빠른 속도로 줄고 있었다. 전례 없는 폭우로 인해 김종림의 농지가 커다란 피해를 입었기 때문이었다. 1920년 11월에 내리기 시작한 폭우는 다음 달인 12월까지 내내 이어졌는데, "미수확 상태로 논에 남아 있던"[82] 벼가 70%나 됐다. 엄청난 손실과 파산이 뒤따랐고, 그 결과 아시아계 농부들이 북가주 곡창지대에서 대거 빠져나갔다.

김종림은 자금난을 버티지 못하고 결국 폐교를 결정했다. 노백린은 임시정부 군무총장으로서의 임무를 수행하기 위해 상하이로 돌아갔다. 일부 학생들은 조종사 자격증을 따려고 다른 곳에서 비행 수업을 이어갔다.[83] 하워드 박, 김자정, 이용근이 마침내 국제 조종사 자격증을 취득했다. 김자정은 중국의 장쭤린Zhang Zuolin 항공대에서 교편을 잡았으나 1922년 치명적인 사고를 당한 뒤 그만둬야 했다.[84] 하워드 박과 이용근은 중국에 있던 대한민국 임시정부 육군 항공대 소위로 임관했다.[85]

김종림이 학교 문을 다시 열기 위해 움직였던 것만은 분명해 보인다. 1921년 6월 1일 자 《윌로우스 데일리 저널》에는 "한국인 비행장 재개장하나" 제하의 기사가 실렸다. 기사는 "퀸트에 있는 한국인 비행 훈련장을 다시 열기 위한 노력이 진행되고 있다. 비행장은 얼마 전 문을 닫았었다"고 썼다.[86]

기사에서 폐교 시점으로 언급된 '얼마 전'은 김종림을 파산시킨 최악의 홍수가 발생한 이후의 어느 시점을 말하는 것 같다. 재개교를 위한 노력이 있었던 것 같긴 하지만 《윌로우스 데일리 저널》이나 다른 어느 기록에서도 비행학교 운영이 재개됐다는 증거는 찾을 수 없다. 따라서 학교는 끝내 다시 문을 열지 못했다고 봐야 한다.

윌로우스 한인비행학교 교사의 현재 모습. 소유주인 케네디가家에서 최근 건물 전면에 "THE KOREAN AVIATION SCHOOL, 1920-1921"라는 표식을 부착했다. 창고로 이용되며 부분 개보수가 이뤄지고 있어 매입 및 보존이 절실하다.

재개교가 이뤄졌다면 김종림과 비행학교에 비상한 관심을 보였던 《윌로우스 데일리 저널》이 보도하지 않았을 리 없다. 1921년 6월 이후 《윌로우스 데일리 저널》에서는 한인 비행학교나 김종림에 대한 기사를 더 이상 찾아볼 수 없다.

홍수로 파산한 뒤 김종림 일가는 마을을 떠나 로스앤젤레스로 이주했다. 김종림과 앨리스 부부는 코라, 일레인, 제임스, 도널드 등 네 명의 자녀를 뒀다. 해군 참전용사인 83세의 막내 아들 도널드와 아내 베티는 네바다주 라스베이거스에 살고 있다. 도널드는 1920년 홍수로 모든 것을 잃은 아버지의 삶에 대해 이렇게 말했다.

"아버지는 재기하기 위해 몸부림을 쳤어요. 일해서 돈을 모은 뒤 식료품점을 열려고도 했고, 간장 공장이나 다른 사업에도 도전했죠. 하지만 잘 풀리지 않았어요. 아버지가 잘할 수 있었던 건 오로지 농사뿐이었죠."[87]

김종림은 한때 임페리얼 밸리Imperial Valley에서 소작농으로 농사를 짓기도 했고, 말년에는 다뉴바 인근 센터빌Centerville에서 농사를 지었다. 정치적으로는 이승만을 지지했다. 그의 정치 활동과 비행학교에 대해 아들 도널드는 이렇게 말했다.

"아버지는 동지회(이승만 후원회)의 리더였고, 끝까지 이승만의 충실한 지지자로 남았죠. 어렸을 때 하숙집에서 열리는 동지회 모임에 아버지를 따라가곤 했어요. 하숙집엔 나이 많은 독신 남성들이 살고 있었는데, 아버지가 얼마나 대단한 애국자인지 제게 얘기해 주더군요. 한국 공군(윌로우스의 비행 학교)의 운영비를 아버지가 전부 댔다고 하면서요. 제가 태어나기도 전의 일이었죠."[88]

대한민국 정부는 김종림 사후에 건국훈장 애족장을 추서해 그의 공로를 기렸다. 김종림은 89세까지 농사를 지었고, 로스앤젤레스의 한 요양원에서 91세를 일기로 세상을 떠났다.

4.
맥스웰의 이재수: 사실과 미스터리

이재수는 1920년 홍수에도 살아남아 콜루사 카운티에서 계속 쌀농사를 이어갔다. 북부 캘리포니아의 기후에서도 단립종 벼가 잘 자라는 최적의 수위 측정법을 개발한 인물로 알려져 있다.[89] 캘리포니아 맥스웰에서 농사를 지으며 살다가 그곳에서 사망했다. 1880년 경기도에서 태어나[90] 1903년 하와이 사탕수수 농장으로 떠났다.[91] 하와이에서 아내와 아들이 홍역으로 사망하자[92] 홀로 본토로 이주했다.

본토로 이주하고 처음 1년간 아이다호에 머물며 보이시Boise의 탄광에서 일한 뒤[93] 캘리포니아로 건너왔다. 프레즈노에서 한인 25명과 함께 포도 따는 일을 했지만[94] 오래지 않아 유타주 솔트레이크시티로 넘어갔다. 그곳에서 웨스턴 퍼시픽 철도의 건설 노동자로 일하다가 작업반장이 됐다.[95] 이듬해 5월엔 와이오밍주 수피리어Superior 탄광으로 갔다.[96] 이후 몇 년간 일자리를 찾아 이곳저곳을 전전하다 마침내 북가주의 한인 쌀 재배자 그룹에 합류하게 된다.

이재수, 40대의 나이에 맥스웰에서 쌀농사로 성공을 거뒀다.

이재수의 대한인국민회 입회증서. 대한제국 마지막 연호인 융희(隆熙) 3년(1909년) 국민회 북미 염호(솔트레이크시티) 지방회장인 신영철이 발행했다고 기록돼 있다. 이재수는 하와이 사탕수수 농장을 떠나 미 본토에 건너온 뒤 이곳저곳을 전전하던 중 솔트레이크시티에 머무는 동안 국민회에 가입한 것으로 보인다. 한국에서의 원적은 공란으로 남아있다.

1) 사실들

1920년의 재앙적인 홍수로 쌀 산업 전체가 재정난에 허덕이게 되자 사실상 모든 한인 농사꾼들이 파산으로 내몰려 현업을 떠났다. 홍수를 버텨낸 이는 이재수뿐이었다. 지금도 맥스웰에 거주하는 이재수의 막내딸 메리 루이Mary Louie는 아버지의 쌀농사와 관련한 기억을 전해줬다.

> "우리가 알기론, 아버지는 한인으로는 북가주에서 유일하게 쌀농사를 짓던 농부였어요. 다른 사람들은 다 망해서 떠나 버렸죠. 어머니 말로는 아버지가 그 사람들한테 새 출발하라고 돈을 줬대요. 그런데 돈을 갚은 사람이 하나도 없어서 어머니가 서운해했죠. 족히 수백 달러는 됐다고요."[97]

모든 기록을 종합해 볼 때 이재수는 성공한 쌀 농사꾼으로서 널리 존경받았다. 《맥스웰 트리뷴》은 1956년 11월 28일 자에 이재수가 82세를 일기로 세상을 떠났다며 부고 기사를 냈다.

> 이재수 씨는 지난 50년간 맥스웰 지역 사회에서 가장 성공한 농부였다. 다른 농부들은 쌀농사에 문제가 생길 때면 언제나 그의 지혜로운 조언과 날카로운 판단력에 의지할 수 있었다. 그의 사망은 맥스웰 지역 사회에 깊은 상실감을 남겼다.[98]

이재수가 경작한 면적은 3,000에이커가 넘었고, 매년 쌀 1만 4,000가마 이상의 소출을 거뒀다. 다른 아시아계 이민자들처럼 이민 초기에는 소작만 부쳤지만 제2차 세계대전 시기에 두 아들의 도움으로 겨우 땅을 소유하게 된 뒤 재산이 불어나기 시작했다.

20대 후반에 하와이를 떠나온 뒤 독신으로 지내던 이재수는 47세라는 늦은 나이에 32세의 과부 백신실과 사랑에 빠졌다. 1926년 7월 백신실과 결혼했는데,[99] 그녀에게는 이미 데이비드와 해리라는 어린 아들 둘이 있었다. 부부는 결혼 뒤 메이블, 헬렌, 메리 등 세 딸을 낳았다.

데이비드와 해리는 제2차 세계대전 동안 미 육군에 복무했다. 데이비드는 포병 사단에서 근무했고, 해리는 정보부대에서 청동성 훈장을 받았다.[100] 두 의붓아들이 군 복무 중에 저축한 돈을 종잣돈으로 보내준 덕분에 이재수는 농지를 구입할 수 있었다. 미국 태생인 두 아들의 명의로 맥스웰에서 처음 산 땅은 100에이커였다.[101]

종전 후 데이비드와 해리는 아버지의 쌀 농사에 합세했다. 경작 면적이 점점 확대되면서 사업 규모도 커져갔다. 이재수의 딸 메리는 "나중엔 경작 면적이 3,000~4,000에이커쯤 됐고 토지 평탄화 사업도 하게 됐다"고 했다.[102]

농사로 큰돈을 벌자 데이비드와 해리는 카지노 사업에 진출했다. 3년 반 동안 네바다의 바니스 클럽을 소유했는데, 이 클럽은 1986년 카지노 업계의 큰손 하라스Harrah's에 매각됐다.[103] 데이비드는 2007년 사망했고 해리는 은퇴 후 딸 마시Marcie와 함께 캘리포니아 록클린Rocklin에 살고 있다. 데이비드의 아들 마크는 스탠포드대, 스탠포드 의학전문대학원을 졸업하고 현재 캘리포니아주립대에서 외상, 외상 후 재건, 정형외과 분야 조교수로 재직 중이다.[104] 데이비드의 또 다른 아들 제이슨은 맥스웰에서 3대째 농사를 짓고 있다. 이재수의 딸 메리에 따르면 "제이슨이 농장 경영을 물려받았다. 위탁받은 농지를 포함해 총 1만 5,000에이커가 넘는 면적을 경작하면서 레이저 토지 평탄화, 맞춤형 비료 살포, 화학제 살포 등의 사업도 병행하고 있다."[105]

이재수의 딸 메리 리는 의료 선교 교육을 받아 간호학 학위를 갖고 있다. 캘리포니아 윌리엄스에서 사브 모 마켓Sav Mor Market을 30년간 운영한 리처드 루이Richard Louie와 결혼했다. 메리는 맥스웰 침례교회에서 50년간 피아노와 오르간을 연주했다. 메리의 아들 리키는 맥스웰고등학교를 졸업하고 하버드대에 진학했는데, 콜루사 카운티 출신으로는 반세기 만의 첫 하버드 입학생이었다. 리키는 대통령 선거 기간에 조지 W. 부시의 하버드 캠페인을 이끈 공동

리더이기도 했다. 하버드에서 학사 학위를 받았고[106] 현재는 부동산 개발업에 종사하고 있다. 리키의 아내 스테파니 첸 역시 하버드 졸업생으로, 의학박사 학위를 받고 스탠포드 의학전문대학원 교수로 재직 중이다.[107]

간호사인 헬렌은 사무엘 송과 결혼했다. 사무엘은 록히드 마틴에서 일하며 우주 왕복선 프로그램에도 참여했던 뛰어난 엔지니어였다. 헬렌과 사무엘 부부는 데보라, 데니스 두 명의 자녀를 뒀는데, 둘 다 장학생이었다. 데보라는 건축가이고, 데니스는 텍사스대학교 오스틴 약대를 졸업한 뒤 통합 의약 서비스를 제공하는 약국인 플라워 마운드 허벌 파머시Flower Mound Herbal Pharmacy를 운영하고 있다.[108]

메이블과 남편 케네스 김은 교육자였다. 케네스 김은 오랫동안 중고등학교에서 수학, 역사를 가르쳤다. 평생 교육 분야에 관심이 깊었던 그는 하시엔다 라 푸엔테acienda La Puente 통합 교육구에서 교육위원회 위원으로 출마해 세 차례나 당선됐고, 1994년 몬테벨로 교사협회Montebello Teachers Association의 전무 이사를 마지막으로 은퇴했다.[109]

이재수는 후세에 남겨줄 자신의 유산에 대해 깊이 고민한 사람이었다. 1,600개 단어로 쓴 "해리, 데이비드, 메이블, 헬렌, 메리에게 보내는 나의 메시지"라는 유언을 통해 자녀들에게 성공의 비결을 전수하고자 했다. 모든 일에 "과학적으로" 접근하는 것, 즉 주의 깊은 관찰을 통해 새로운 해결 방식을 실험하는 것이 바로 성공의 비결이었다. 이는 성공적인 농장 경영의 요체라 할 수 있는 재배 기술을 연구하는 과정에서 이재수 본인이 사용했던 접근법이었다. 그의 표현에 따르면 "지난 사반세기 동안 나는 과학적인 쌀 재배법을 개발하는 데 모든 삶을 바쳤다. 지금 우리가 사용하는 방법은 내가 25년에 걸쳐 의식적으로 관찰하고 실험한 결과다."[110]

이재수는 자녀들에게 어떤 분야에서 일하든 "과학적"인 태도를 견지하고 최대한 정직한 마음가짐으로 용기 있게 도전하라고 충고했다. "너희들이 선택한 분야에서 생산성을 높이고 발전하려면 과학적인 일꾼이 되어야 한다. 언제나 정직한 쪽에 서고, 정직한 방법을 택하거라."[111]

이재수의 이야기는 무일푼에서 부를 이룬 부자들의 흔해 빠진 성공담이 아니다. 포기하지 않는 이성의 힘으로 역경을 이겨내고 성공에 이르는 스토리다. 그가 회상한 바와 같이 성공은 결코 쉽게 찾아오지 않았다. "경제적 곤경과 인종 차별이 수없이 내 가족의 삶을 위협했지만 나는 강철처럼 단단한 마음과 고무처럼 질긴 인내심으로 어려움과 마주했다. 지금도 나는 경제적 파산이라는 유령에 시달리곤 한다."[112]

자녀들의 개인적 삶에 대해선 자신의 충고가 별로 먹히지 않을 것이라는 점을 솔직히 인정하기도 했다. 자녀들이 이른바 "미국적 삶의 트렌드"라는 울타리에서 벗어날 수 없다는 사실을 깨달았기 때문이다. 그럼에도 자녀들이 한국 친구나 한국인 배우자를 만났으면 좋겠다는 바람을 드러내며 한국인 또래들과 연결되기를 바라는 희망을 놓지 못했다. "가족의 인생에 대해선 뭐라 조언을 하기가 쉽지 않다. 미국적 삶의 트렌드라는 게 있기 때문이다……하지만 이따끔씩 너희들이 한국의 젊은이들과 어울릴 수 있기를 소망한다."[113]

비록 가망은 없어 보여도 이재수는 간절한 희망의 끈을 놓지 않았다. 아이들이 한국인으로 남아주길 바라며 한국어를 배워야 한다고 고집했다. 메리의 증언이다.

"아버지가 고용한 선생님이 일주일간 우리한테 한국어를 가르쳐 줬는데, 선생님이 가시자마자 우린 다 까먹었어요. 우린 다른 아이들과 똑같은 '미국인'이 되고 싶었어요. 맥스웰에 동양인은 우리뿐이었거든요."[114]

아버지는 자녀들의 '미국화'에 무력함을 느꼈을지언정 일본에 관해서라면 결코 양보가 없었다고 메리는 기억한다.

"어느 날 메이블 언니가 밀스 오차드Mills Orchard에서 전학 온 일본 남자애 얘기를 부모님에게 한 적이 있어요. 머리에 이가 있어서 머리털을 빡빡 밀었다구요. 그러자 부모님은 일본인과는 절대 어울리지 말라고 신신당부했어요. 그 일본 남자애는 갑자기 학교를 떠났구요."[115]

한국인에게 있어 일본인은 나라를 빼앗은 약탈자였다. 딸이 약탈자와 친구가 될지도 모른다는 생각에 이재수는 모욕감을 느꼈을 것이다. 고국에 대한 이재수의 사랑은 끝을 알 수 없을 정도였다. 이웃인 김종림이 윌로우스에 한인 비행학교를 지을 때 발 벗고 나서 도왔고, 학교의 회계 담당을 맡았다. 애국 채권을 구입하고 독립운동 자금을 기부했으며, 한인 사회에 대한 기여를 멈추지 않았다.

이재수는 고국으로 돌아가 국가 재건에 힘을 보태야 한다고 생각했다. 막내딸 메리에게 함께 한국에 가겠다고 약속해 주면 의료 선교 교육비를 대 주겠다고 제안하기도 했다. 하지만 안타깝게도 고국으로의 귀환을 앞두고 눈을 감고 말았다.[116] 자녀들에게 남긴 유언의 나머지 부분은 그의 정치적 관점을 담고 있다. 다음은 국가와 시민에 관한 이재수의 관점이다.

> 시민권을 마음껏 누리되 의무는 성심껏 다해야 한다. 나라에 충성하되 딱 거기까지만 해야 한다. 민주주의 정부에서는 국민이 주인이고 공직자는 국민의 공복일 뿐이다.[117]

충성심과 개혁의 필요성에 대한 언급도 있다.

> 충성심은 그저 정부가 정해 놓은 규칙과 규정을 따르는 것만을 뜻하지 않는다. 국민의 삶과 미래를 위한다는 관점에서 접근해야 한다. 모두에게 이로운 것은 보전해야겠지만, 시대에 뒤처진 낡은 잔재들은 청산해야 한다.[118]

이재수는 민주주의에 대한 믿음과 진보적 견해를 자주 드러내 보였다. 1920년대 후반 안창호의 개혁 운동 단체인 흥사단에 가입한 이력도 진보적 성향에 기인한 것으로 보인다. 한때 친밀한 관계를 유지했던 보수파 이승만과 절연한 뒤 흥사단에 가입한[119] 이재수는 이후 흥사단과 대한인국민회의 충실한 후원자가 됐다.

2) 미스터리: 왕족이었을 수도?

이재수·백신실 부부의 삶에는 수수께끼 같은 면이 존재한다. 우선 백신실은 중국 여권을 소지한 채 1920년 8월 프랑스 파리를 거쳐 미국에 왔다. 파리 주재 중국 영사관은 1920년 7월 페싱셰Peh Sing-che(백신실의 중국식 발음)라는 이름으로 여권을 발급해 줬다.[120] 여권에 나와 있는 인적 사항은 다음과 같다. 나이 20세, 키 4피트 9인치, 직업 학생.[121] 백신실은 1909~1920년 한반도의 북서부 국경과 가까운 중국 도시 묵덴(현재의 선양)에서 학교를 다닌 것으로 돼 있다.[122]

백신실의 출신에 관해서는 두 가지 시나리오를 생각해 볼 수 있다. 첫 번째는 백신실이 묵덴에 살던 한인 가정 출신이었다는 것이다. 이들 가족은 중국에 귀화하지 않은 채 외국인 신분으로 살았을지도 모른다. 두 번째 가능성으로는 현재 북한 지역인 평안남도에 기반을 둔 집안 출신이었을 수 있다. 이재수의 가족에 관한 기록들이 이 가능성을 뒷받침한다. 이런 가정이 맞다면, 백신실의 가족은 한국인들이 자주 왕래하던 지역인 묵덴과 모종의 연결 고리를 갖고 있었을 것이다. 여권을 신청할 때 중국인으로 보이려고 묵덴에서 학교를 다녔다고 진술했을 수도 있다. 1920년은 한국이 일제 식민 치하에 있었기 때문에 일본 국적자로 여행할 수도 있었지만

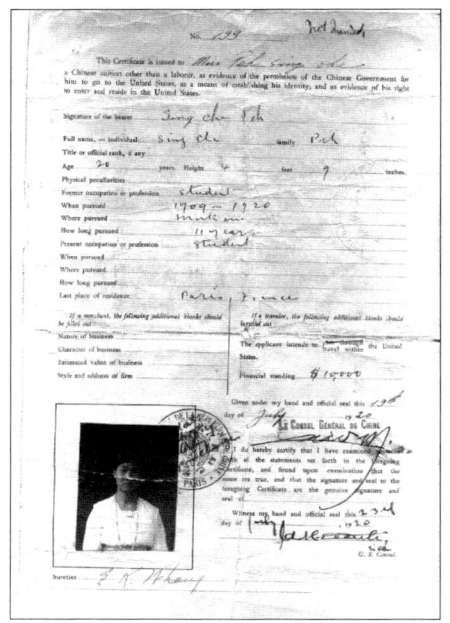

1920년 7월 발행된 백신실의 중국 여권. 자산 상태 항목에 $10,000라고 썼다.

백신실은 일부러 그 방법을 택하지 않은 것 같다. 유럽까지는 어떻게 갔는지에 대한 정보는 전혀 없다.

여권에는 백신실이 1만 달러를 소지했다고 적혀 있다. 당시 1만 달러는 현재 가치로 50만 달러에 해당하는 거액이다.[123] 1920년 한국에서 미혼의 20세 여성이 1만 달러를 들고 해외로 떠난다는 것은 상상하기 어려운 일이다. 특별한 집안에서 뭔가 특별한 사정으로 이런 여행을 허락했을 거라고 봐야 상식적이다.

백신실은 왜 한국을 떠났을까? 부모는 누구였고 어떤 집안이었을까? 어떻게 돈이 그렇게 많았을까? 그 많은 돈은 어디에 쓰였을까? 어디서도 해답의 실마리는 찾을 수 없고 오로지 추측만이 가능하다. 아주 부유한 상인 집안 출신이거나, 부모가 대지주였거나, 아니면 나라가 망하기 전 재산을 숨겨놨던 몰락한 왕족 또는 귀족 출신일 수도 있다.

딸 메리는 어머니 백신실이 하인을 많이 부리던 집안 출신이 아니었을까 짐작하고 있다. 메리의 추론이다.

> "어머니는 요리 솜씨가 형편없었어요. 요리하는 법을 아예 몰랐죠. 게다가 아주 거만했어요. 다른 한인들을 다 깔봤거든요. 마치 혼자 다른 계급인 것처럼 행동했죠. 과거사에 대해서도 절대 말하는 법이 없었어요. 우리 자매들은 해리, 데이비드 두 오빠가 어머니와 전 남편 사이에서 태어난 자식이라는 사실조차 전혀 모르고 있었어요. 한인 방문객 몇 명이 술 취해 떠벌린 뒤에야 비로소 알게 됐죠."[124]

백신실은 이재수와 결혼한 뒤 이재선으로 개명했다. 아들 둘, 딸 셋, 손주 열 명을 뒀다. 미국에서의 첫 6년을 다뉴바에서 보냈고, 이후엔 쭉 캘리포니아 맥스웰에서 살았다. 1996년 맥스웰에서 102세를 일기로 세상을 떠났다.

이재수의 생애 역시 미스터리에 싸여 있다. 맥스웰 사람들은 이재수가 한국의 왕실 출신 망명자일 거라고 짐작하기도 했다. 그가 왕실 혈통일 가능성을 뒷받침하는 근거는 두 가지인데 하나는 제3자로부터, 다른 하나는 이재수 본인의 입에서 나온 것이다. 제3자는 메리가 다녔던 고등학교의 교사였다. 메리는 교실에서 뜻밖의 사건

백신실, 이재수의 아내. 딸 헬렌 Helen(왼쪽), 메리Mary(오른쪽)와 함께.

을 겪은 적이 있다. "헬렌 언니하고 수업을 듣고 있는데 누군가 우리를 놀렸어요. 우리가 아주 좋아하던 영어 선생님이 그 광경을 보자마자 걔들을 혼내는 거예요. 선생님은 '다시는 그런 짓 하지 말거라. 애들이 왕족이란 거 몰랐니?'라고 했어요."[125]

선생님이 그렇게 말한 이유를 메리는 전혀 이해하지 못했다. "선생님이 왜 그런 말을 했는지 우린 알 수가 없었죠. 그 영어 선생님 이름은 에일린 해럴슨Aileen Hareson이었는데, 선생님 옆집에 송씨 성을 가진 한인 노부부가 살았다는 사실은 알고 있었어요. 선생님이 우리더러 왕족이라고 했을 때 진짜 깜짝 놀랐죠."[126]

또 다른 근거는 이재수 본인이 장녀인 메이블에게 했던 말이다. 메이블이 아버지에게서 들었던 말 중 왕실 혈통임을 인정하는 듯한 뉘앙스를 가장 강하게 내비친 발언이었다. "언젠가 술을 드신 아버지가 향수에 젖어 말씀하셨어요. 한국에 남아있었더라면 너는 공주가 됐을 거라구요. 사람들이 날 가마에 태워 나를 거라고도 하셨죠."[127]

메리가 떠올린 또 다른 기억 역시 이재수가 특별한 가문 출신이었을 것이라는 가능성에 더욱 힘을 실어준다.

> "대한인국민회나 신문사에서 나온 말쑥하게 차려입은 한인들이 이따끔씩 초라한 우리 집을 찾아오곤 했어요. 아버지와 뒷방에 옹기종기 모여앉아 얘기를 오래 나누고 술도 마셨죠. 그 사람들은 아버지를 엄청나게 정중하고 깍듯하게 대했고, 아버지가 말씀하시면 조용히 경청했어요. 아버지는 가난한 농부일 뿐인데 왜 그렇게 예의를 차리는지 우리는 이상해 했죠."[128]

하지만 이런 사건들은 그저 희뿌연 암시만 던져줄 뿐이다. 이재수는 백신실과 마찬가지로 한국에서의 삶에 대해 자녀들에게 별다른 말을 남기지 않았다. 유언에 자신의 배경을 언급한 대목이 있지만 여기에도 뚜렷한 단서는 없다.

> 썩을 대로 썩은 데다 신분제가 여전하던 한국에 있던 시절, 나는 살아남기 위해 친구, 친척들과의 연을 모두 끊어야만 했다.

그리고 희망과 용기를 품은 채 1903년(너희 어머니는 1920년) 미국에 왔다.[129]

이재수와 이재선(백신실) 부부는 자신들의 과거에 관한 어떤 실마리도 후대에 남기지 않을 작정이었다. 아마도 과거를 미스터리 속에 영원히 남겨두고 싶었는지도 모르겠다.

5.
요약

이 장에서는 20세기 초 캘리포니아 한인 정착촌 세 곳의 이야기를 다뤘다. 비교적 덜 알려진 델라노의 농경 공동체는 중가주에서, 다른 두 곳은 북가주 쌀 곡창지대에서 형성됐다.

델라노의 한인 공동체는 1930년대 농사로 성공한 한시대와 함께 형성되고 발전했다. 한시대의 농장 규모가 커지면서 한인들의 일자리가 생겼고, 델라노의 한인 인구는 한인 감리교회를 운영할 수 있을 정도로 불어났다. 다른 정착촌과 마찬가지로 교회의 등장은 한인 공동체가 자리를 잡았음을 보여주는 징표였다.

한시대의 삶에서 기업가 정신이란 무엇인지를 배울 수 있다. 그는 다른 이민자들과 달리 미국 고등학교를 졸업한 덕분에 성공의 필요조건인 영어를 유창하게 구사할 수 있었다. 또한 델라노에서 영농을 시작하기 전 여러 직업을 전전하며 경험을 축적했다. 하와이 사탕수수 농장, 탄광, 다뉴바 농장에서 쌓은 경험 덕분에 농사의 노하우를 습득할 수 있었다. 한마디로 성공할 준비를 제대로 갖췄던 셈이다. 배짱도 두둑했다. 1930년 아메리카 은행 델라노 지점장인 빌링스를 찾아가 1,000달러 대출을 요청하면서 아무것도 없는 두 손을 담보로 내밀었다. 무모해 보일 수도 있는 이 장면은 한시대의 결단력과 투지를 그대로 보여준다. 빌링스가 모험을 감수한 덕분에 한시대는 땅을 빌려 자신의 농장을 운영할 수 있었고, 결국 중가주에서 가장 성공한 농부이자 사업가 중 한 명이 됐다. 델라노 한인 사회는 한시대의 성공에 힘입어 진화할 수 있었다.

쌀농사는 미주 한인 이민사에서 빼놓을 수 없는 부분이지만 쌀농사에 대한 기록은 그다지 많지 않다. 한인 쌀 농가에 대한 자료를 통해 불완전하나마 누가 얼마나 생산했는지 정도를 확인할 수 있다. 인접한 세 곳의 카운티에 한인 30여 명이 모여 똑같이 쌀농사를 짓던 모습을 상상해 보라. 그중 한 명이 거둔 성공은 눈부실 정도였다. 바로 '백미왕' 김종림이었다. 그는 10년 남짓한 기간에 커다란 성공을 일궜다. 어떻게 그런 큰 성공을 거둘 수 있었는지에 대해선 별로 알려진 바가 없다. 기록에 따르면 김종림은 돈을 빌려 투자했고, 많은 수익을 남겼다.

김종림은 배짱과 비전의 소유자였다. 비행학교 건립을 떠맡은 것은 제아무리 부자였다고 해도 배짱 없이는 불가능한 일이었다. 논바닥을 포장해 활주로와 격납고를 갖춘 40에이커 규모의 비행장을 만들고 비행기도 3대나 들여놨다. 강사 8명으로 학생 19명을 훈련시키는 데 매달 3,000달러의 비용이 들었는데, 이는 현재 가치로 거의 4만 달러에 해당한다. 막대한 재산에 걸맞게 씀씀이도 컸던 셈이다. 하지만 김종림의 스토리는 희비가 극명하게 엇갈린다. 크게 성공해 아낌없이 나눴지만 하룻밤 새 모든 것을 잃었다. 주범은 자연재해였다. 김종림은 무일푼으로 세상을 떠났다.

한국인은 일본, 중국인에 비해 가업을 승계하는 경우가 드물지만 이재수의 집안은 예외였다. 이재수의 손자 중 한 명인 제이슨은 콜루사 카운티 맥스웰에 있는 할아버지의 논을 아직도 일구고 있다. 북가주에 유일하게 남아있는 한인 쌀 농장의 살아있는 유산인 것이다. 모두가 떠나갈 때 이재수는 쌀농사를 지켰다. 생산량을 늘리려고 새로운 접근법으로 관찰하고 실험한 데서 그의 끈질긴 인내심을 확인할 수 있다. 이런 방법을 통해 단립종 벼를 재배하기 위한 최적의 수위 측정법을 찾아냈다.

이역만리에서 홀로 쌀농사를 짓던 농부의 삶은 고독했다. 이재수는 대부분의 여가 시간을 조국의 독립과 미래를 걱정하는 데 보냈다. 평생에 걸쳐 대한인국민회와 안창호의 흥사단을 후원했다. 다른 애국자들처럼 이재수 역시 철저한 반일주의를 고수했다. 그의 정치적 가치관과 인생관은 조국의 독립에 일조하겠다는 사명감으로부터 형성된 측면이 크다. 하지만 수십 년간의 미국 생활은 국가, 정치에 대한 이재수의 인식에도 영향을 끼쳤다. 자녀들에게 남긴 글에서 정치 개혁과 표현의 자유, 정치적 의사 표현에 대한 신념을 밝혔다.

독립운동은 그 자체로 정치·사회적 변화를 향한 여정이었다. 일본은 한국 고유의 문화와 언어를 말살하려 했을 뿐 아니라 정치적 불만을 표현하는 것조차 금지했다. 일제 식민주의는 표현의 자유를 부정하고 인권을 침해했다. 일제에 맞서고 부당한 정부에 대항하려면 정치적 용기가 필요했다.

    백신실은 수수께끼 같은 인물이다. 아마도 특별한 집안 출신의 특별한 여성이었을 그녀의 스토리에는 매혹적 요소가 있다. 이재수 가족이 한국의 귀족이나 왕족 혈통이었는지는 확실히 알 수 없다. 혈통을 입증하려면 단순한 일화 이상의 증거가 필요하다. 이재수가 남긴 가장 중요한 유산은 깊은 애국심과 쌀농사에서 보여준 인내심이다. 이재수의 후손들은 캘리포니아 쌀 산업과 한국인 간의 연결고리를 증명할 뿐 아니라 쌀 산업에 기여한 한국인의 공로를 상기시켜 주는 살아있는 유일한 증표다.

주

제6장 델라노, 윌로우스, 맥스웰의 한인들(1913~1957)

1. 제인 한Jane Han 인터뷰. 필자와 앤드루 K. 차가 2006년 3월 5일 녹음했다. 중가주 한인 역사 연구회 특별 소장품.
2. Ibid.
3. "가족 메모Family Memo", 한시대 가족 소장품, 중가주 한인 역사 연구회 특별 소장품.
4. Ibid.
5. 《다뉴바 대한인 장로교회 일지》(다뉴바, 캘리포니아, 1912), 중가주 한인 역사 연구회 특별 소장품, 프레즈노, 캘리포니아, 2쪽.
6. 월터 한 인터뷰. 필자가 2006년 3월 5일 캘리포니아 와스코에서 녹음했다. 중가주 한인 역사 연구회 특별 소장품.
7. Ibid.
8. Ibid.
9. Ibid.
10. 김원용, 《재미 한인 오십년사》, Reedley, CA: Charles Ho Kim, 1959, 79쪽.
11. Ibid.
12. Ibid.
13. Ibid., 80쪽.
14. Ibid.
15. Ibid.
16. Ibid.
17. 월터 한 인터뷰, 2006년 3월 5일.
18. 에이다 박Ada Park 인터뷰. 필자가 2007년 4월 7일 전화로 인터뷰했다. 중가주 한인 역사 연구회 특별 소장품.
19. Ibid.
20. 월터 한 인터뷰, 2006년 3월 5일.
21. 루이즈 한Louise Han 인터뷰. 필자가 2007년 5월 20일 캘리포니아 프레즈노에서 전화로 인터뷰했다. 중가주 한인 역사 연구회 특별 소장품.
22. 제인 한 인터뷰, 2006년 3월 5일.
23. 김원용, 《재미 한인 오십년사》, 227~230쪽.
24. 홍선표, 〈재미 한족 연합위원회 연구〉, 서울, 대한민국: 한양대학교 박사학위 논문, 2002, 143쪽.
25. 고정휴, 〈샌프란시스코 회의와 얄타 밀약설: 이승만의 반소 반공 노선과 관련하여〉, 《미주 한인의 민족

322 •

운동〉, 서울, 대한민국: 도서출판 혜안, 2003, 291~292쪽.
26. 정병준, 〈김호와 리들리 그룹〉, Paper presented at Kim Ho Memorial Lecture, (서울, 대한민국: 국가보훈처, 2003, 42~43쪽.
27. Sucheng Chan, "Korean Rice Growers in the Sacramento Valley", in Quiet Odyssey: A Pioneer Korean Woman in America by Mary Paik Lee, edited by Sucheng Chan(Seattle: University of Washington Press, 1990), p. 173.
28. Kenneth Klein, "Catastrophic Season of 1920~21", "The Korean Pilot Training School in Willows," Wagon Wheels 34, no. 2,1989, Colusi County (CA) Historical Society, p. 12.
29. Chan, "Korean Rice Growers", p. 173.
30. Klein, "Korean Pilot", p. 10.
31. Chan, "Korean Rice Growers", p. 174.
32. Ibid.
33. Ibid.
34. Lee Jai-soo to Mrs. Harlan, May 6, 1929, Maxwell, California, 중가주 한인 역사 연구회 특별 소장품.
35. Chan, "Korean Rice Growers", p. 175.
36. Ibid., p. 176
37. Ibid.
38. Ibid., p. 175.
39. Ibid.
40. K. W. Lee, "The Untold Story of the Rice King", KoreAm Journal 15, no.10, October 2004, p. 48.
41. 이자경, 〈중가주 초기 한인 이민사 개요〉, 《미주 한인 사회와 독립운동 1》, 서울, 대한민국: 박영사, 2003, 213쪽.
42. Ibid.
43. Ibid., 215쪽.
44. 헨리 안Henry Ahn 인터뷰. 앤드루 K. 차가 2005년 7월 15일 캘리포니아 프레즈노에서 녹음했다. 중가주 한인 역사 연구회 특별 소장품.
45. K. W. Lee, "Untold Story", p. 217.
46. Chan, "Korean Rice Growers", p. 174.
47. 이 수치는 대한인국민회가 기부자에게 발급한 영수증에서 취합한 것이다. 《미주 지역 한국 민족 운동사 자료집 3》, 서울, 대한민국: 도산안창호선생기념사업회, 2004, 203~446쪽.
48. 이현희, 《계원 노백린 장군 연구》, 서울, 대한민국: 신지서원, 2000, 9~10쪽.
49. Ibid., 124쪽.
50. Ibid., 133쪽.
51. Ibid.
52. Ibid., 11쪽.
53. Ibid., 13쪽.
54. Ibid., 19~21쪽.
55. Ibid., 115쪽.
56. Ibid., 116쪽.

57. Ibid.
58. Ibid.
59. Ibid.
60. Ibid., 118쪽.
61. Ibid.
62. Ibid., 120쪽.
63. Ibid., 118쪽.
64. Ibid.
65. Ibid.
66. Ibid., 120쪽.
67. "Koreans to Have Aviation Field", Willows Daily Journal(Willows, CA) 33, no. 249, 10 February, 1920, p. 1.
68. Ibid.
69. "Van Bernard Sees Menace in Korean Flying School", Willows Daily Journal(Willows, CA) 33, no. 255, February 26, 1920, p. 2.
70. "Koreans to Train Aviators Here to Fight the Japs", Willows Daily Journal(Willows, CA) 33, no. 258, March 1, 1920, p. 1.
71. Ibid.
72. "Airplane for Korean School Arrives Today", Willows Daily Journal(Willows, CA) 34, no. 85, June 22, 1920, p. 1.
73. Ibid.
74. "Second Airplane for Korean School Arrives Today", Willows Daily Journal(Willows, CA) 34, no. 87, June 24, 1920, p. 1.
75. 이현희, 《계원 노백린 장군 연구》, 121쪽.
76. "Korean Aviation School to Be Seen in the Movies", Willows Daily Journal(Willows, CA) 34, no. 148, September 4, 1920, p. 1.
77. "Meeting in Sacramento", 〈해외의 한국 독립 운동사료, 미주편 1〉, 《한국평론》, 서울, 대한민국: 국가보훈처, 2001), 240쪽.
78. "Dinuba Meeting", 〈해외의 한국 독립 운동사료, 미주편 1〉, 《한국평론》, 서울, 대한민국: 국가보훈처, 2001, 242쪽.
79. 이현희, 《계원 노백린 장군 연구》, 122쪽.
80. "Willows Aviator Injured Trying for a License", Willows Daily Journal(Willows, CA) 35, no. 20, April 11, 1921.
81. Willows Daily Journal 35, No. 34, April 24, 1921, p. 1.
82. Klein, "Korean Pilot Training", p. 12.
83. 이현희, 《계원 노백린 장군 연구》, 122쪽.
84. Ibid.
85. Ibid.
86. "To Reopen Korean Aviation Field", Willows Daily Journal(Willows, CA) 35, no. 63, June 1, 1921, p. 1.
87. K. W. Lee, "Untold Story", p. 48.

88. Ibid., p. 49.
89. 메리 루이Mary Louie 인터뷰. 필자가 2007년 9월 7일 캘리포니아 프레즈노에서 전화로 인터뷰했다. 중가주 한인 역사 연구회 특별 소장품.
90. Per Lee's passport issued by the government of the Kingdom of Korea in 1903, 중가주 한인 역사 연구회 특별 소장품, 프레즈노, 캘리포니아.
91. Ibid.
92. 메리 루이가 2008년 6월 17일 필자에게 알려준 내용이다. 중가주 한인 역사 연구회 특별 소장품, 프레즈노, 캘리포니아.
93. 이자경, 〈중가주 초기 한인 이민사 개요〉, 213쪽.
94. Ibid., 214쪽.
95. Ibid., 215쪽.
96. Ibid., 216쪽.
97. 메리 루이 인터뷰, 2007년 9월 7일.
98. "J. S. Lee Rites Held Monday", Maxwell Tribune(Maxwell, CA), November 28, 1956, p. 1.
99. Marriage license and certificate issued to Lee Jai-soo and Paik Jai-sun, July 17, 1926, Sacramento County Recorder, C.A. Root. 중가주 한인 역사 연구회 특별 소장품.
100. U. S. Army Separation Qualification Record of Harry Lee, Battle Honors, Citations of Units, VI, by J. A. Ulio, Major General, Adjunct General, 14 April 14, 1945, 중가주 한인 역사 연구회 특별 소장품.
101. 메리 루이 인터뷰, 2007년 9월 7일.
102. Ibid.
103. Ibid. p. 103. "Barney's Club Closes; Harrah's May Buy It", Sacramento Bee 260, December 13, 1986.
104. Ibid.
105. 메리 루이 인터뷰, 2007년 9월 7일.
106. 메리 루이가 2008년 5월 21일 필자에게 메모와 편지로 알려준 내용이다. 중가주 한인 역사 연구회 특별 소장품.
107. Ibid.
108. 헬렌 송Helen Song이 텍사스에서 2008년 6월 5일 필자에게 알려준 내용이다. 중가주 한인 역사 연구회 특별 소장품.
109. 메이블 김Mabel Kim이 2008년 6월 20일 필자에게 알려준 내용이다. 중가주 한인 역사 연구회 특별 소장품.
110. 이재수, "해리, 데이비드, 메이블, 헬렌, 메리에게 보내는 나의 메시지(My Message to You, Harry, David, Mabel, Helen and Mary)", 메리 루이가 2008년 4월 20일 필자에게 복사해줬다. 중가주 한인 역사 연구회 특별 소장품.
111. Ibid.
112. Ibid.
113. Ibid.
114. 메리 루이가 2008년 6월 17일 필자에게 알려준 내용.
115. Ibid.
116. Ibid.

117. 이재수, "나의 메시지", p. 1.
118. Ibid.
119. 메리 루이 인터뷰, 2007년 9월 7일.
120. Passport issued to Peh Sing-che, Consul General of the Republic of China, in Paris, July 13, 1920, 중가주 한인 역사 연구회 특별 소장품.
121. Ibid.
122. Ibid.
123. Ibid.
124. 메리 루이 인터뷰. 2008년 8월 19일 필자가 전화로 인터뷰했다. 중가주 한인 역사 연구회 특별 소장품, 125. 메리 루이가 2008년 6월 17일 필자에게 알려준 내용.
125. 이재수, "나의 메시지", p. 1.
126. Ibid.
127. Ibid.
128. Ibid.
129. 이재수, "나의 메시지", p. 1.

제7장

캘리포니아 센트럴 밸리 한인 정착의 시작

지금까지 반세기에 걸쳐 이어진 중부 캘리포니아 한인 농장 이민자들의 스토리를 들어봤다. 이번 장에서는 그들의 이야기를 미주 이민의 역사와 경험이라는 보다 넓은 맥락으로 확장해 분석해 보기로 한다. 한인들의 하와이, 북미 이민은 어떻게 이루어졌는가? 누가, 어떤 이유로 이민을 왔는가? 중가주 이민자들의 사회·정치 활동은 다른 지역 이민자들과 비교할 때 어떠했는가?

이번 장의 서두에서는 19세기 후반 한미 양국 정부가 하와이, 북미 이민의 다리를 처음 놓았던 과정을 살펴본다. 이민자로 선발되고 정착하는 데 있어 무엇보다 중요했던 것은 '사회자본social capital'이었다. 이민 정보를 얻기 쉬운 지역에 살았던 사람들은 이민 기회에 한층 열려 있었다. 이민자들의 기독교 신앙과 유교적 배경은 인종 차별, 소외에 대처하고 견뎌내는 데는 도움이 됐다. 노동과 생존을 위해 쓰고 남는 시간을 이민자들은 어떻게 보냈을까? 농장, 과수원, 광산, 철도 건설 현장 등에서 고된 노동을 마친 뒤 이민자들이 시간과 열정을 쏟아부은 대상은 바로 독립운동이었다.

독립운동은 아시아, 하와이, 미국을 넘나드는 초국가적 맥락

속에서 전개됐다. 한인 이민자들의 초국가적 독립운동은 시기별로 크게 4기로 구분할 수 있다. 1기를 상징하는 장면은 1908년 발생한 미국 외교관 암살 사건이었다. 한인 이민자들의 반일 감정은 강제 합병이 한창 진행되던 20세기 초 절정에 달했는데, 이민자 두 명이 친일파 미국 외교관 스티븐스를 샌프란시스코에서 살해한 사건은 그런 맥락에서 이해할 수 있다. 1919년 3·1운동이 일어나자 크게 자극받은 해외 한인 사회는 항일 활동의 새로운 단계로 진입했다. 3·1운동 이후의 시기를 초국가적 독립운동의 2기로 볼 수 있다. 3기는 1937년 제2차 중일전쟁의 발발과 함께 시작됐다. 한인들은 중국을 도와 독립을 쟁취할 수 있겠다고 판단했다. 일본이 진주만을 공격했을 때도 마찬가지였다. 때문에 이 시기 한인 이민자들은 임시정부 지원에 어느 때보다 총력을 기울였다. 한인 이민자 그룹이 초국가적 정치 활동을 펼친 마지막 4기는 한반도가 분단된 1948년 이후였다. 이 시기는 중립국 선언을 통해 분단된 조국을 통일하고자 했던 김용중, 김호 등 리들리 그룹의 활동으로 특징지을 수 있겠다.

1.
국가의 역할

미국은 영토 확장이나 식민지 건설과 같은 제국주의적 야심이 없었다는 점에서 다른 서구 열강들과는 다르다고 주장하는 역사학자들도 있다.[1] 하지만 미국은 19세기 거의 내내 극동 아시아에서 제국주의의 면모를 과시했다. 예컨대 1차 아편 전쟁(1839~1842)의 전리품으로 1844년 중국으로부터 치외법권, 최혜국 대우와 기독교 포교권 등을 얻어냈다.[2] 1854년에는 일본을 윽박질러 개항을 이끌어냈고 조선에도 1866년과 1877년 두 차례에 걸쳐 같은 방식으로 접근했다.[3] 조선은 두 번 모두 미국의 접근을 물리쳤다.[4]

1) 조선

역사가 보여주듯 조선은 좀처럼 비집고 들어갈 틈이 없는 나라였다. 수세기 동안 교류했던 국가는 중국이 거의 유일했고, 일본과는 제한적으로만 접촉했다. 조선 왕실이 쇄국정책을 유지했기 때문에 외교적으로 중국만 신경 쓰면 됐다. 조선은 대대로 중국에 조공을 바쳤고, 중국은 조선 외교의 뒤를 봐줬다.

하지만 1870년대에 이르러 중국의 조선 종주권은 위협받기 시작했다. 산업·군사 강국으로 떠오른 일본과 러시아가 조선에서의 중국의 지위에 도전장을 던졌다. 중국은 한반도에서 영향력을 과시하려는 일본, 러시아를 혼자 힘으론 물리치기 어렵다는 사실을 깨닫고 미국을 끌어들여 라이벌들의 팽창을 견제하려 했다. 조선과 미국의 통상조약 협상을 중재하고 나선 것이다. 그 결과 1882년 조미수호통상조약이 체결됐다.[5] 하지만 중국의 희망과 달리 미국은 조약 체결 후 조선의 정치 문제에 깊숙이 개입하길 꺼렸다.

미국이 원한 것은 상업적 이권과 기독교 포교의 자유였다. 조선 왕실은 별다른 거부감 없이 미국의 요구를 들어줬다. 고종은 1895

년 미국인 사업가에게 북서부 지역 운산 금광의 채굴권을 부여했고, 1898년에는 미국 회사에 철도, 노면 전차, 가로등 시설 등의 건설권을 허가했다.[6] 조약 발효 후 1년이 지나자 미국 선교사들이 속속 한반도에 도착하기 시작했다. 1909년경 전국에 퍼진 미국 선교사의 숫자는 247명에 달했다. 이들의 선교 활동으로 16만 1,000명의 기독교인이 생겨났다.[7]

그러는 동안 한국에 대한 일본의 입김은 점차 거세지고 있었다. 일본은 한반도에서의 영향력 확대를 위해 청일전쟁(1894~1895), 러일전쟁(1904~1905)을 잇따라 일으켰다. 전쟁에서 중국과 러시아를 제압한 일본은 오랜 숙원이던 한반도 병합을 실현하려 나섰다. 대한제국 황실은 속수무책이었다. 오랜 세월 중국에만 매달려 온 관료들은 또다시 열강들의 보호막에 기대려 했다. 중국에 집착하는 친중파와 일본식 근대화 모델을 받아들이자는 친일파, 러시아 황제에게 도움을 청하자는 친러파로 조정은 삼분됐다. 부패한 조정은 국정 능력을 상실했고 경제는 엉망진창이 됐다. 농민 반란이 전국적으로 번졌다. 20세기 전환기의 한국은 국가의 운명을 열강들에 내맡긴 채 몰락하는 나라였다.[8]

2) 미국

이 시기 미국은 제국주의적 야심을 실현할 대상을 물색하고 있었다. 하와이 제도는 정치·경제적으로 미국의 영향력을 확장하기에 딱 좋은 먹잇감이었다. 미국 정부는 1876년 하와이 왕국과 무관세 교역을 보장하는 호혜조약Treaty of Reciprocity을 체결함으로써 하와의 진출의 교두보를 마련했다.[9] 이 협정으로 하와이 설탕에 대한 수요가 급증하자 하와이 내 설탕 생산을 늘리고 공정을 현대화하려는 움직임이 시작됐다. 미국 기업들이 하와이 설탕 산업에 뛰어들어 8,500만 달러를 투자했는데, 이는 하와이 역사상 최대 규모의 외국 자본 투자였다.[10]

경제적 침투에 성공한 미국은 다음 수순으로 정치적 영향력을 뻗치기 시작했다. 미국 사업가들은 1887년 하와이 왕국 전복을 꾀했고, 이듬해 미국이 하와이를 자국 영토로 병합하는 데 성공했다.[11] 이로써 미국은 20세기 초 하와이의 정치·경제를 사실상 장악하게 됐다. 하지만 정치·경제적 지배로 설탕 산업 내부의 문제까지 자동으로 해결되는 것은 아니었다. 설탕 생산을 안정적으로 이어가려면 무엇보다 사탕수수 농장에서 일할 노동력 확보가 시급했다.

원래 하와이 사탕수수 농장은 대부분 중국인과 남태평양 섬 원주민들의 노동력으로 유지되고 있었다. 하지만 1882년 중국인 노동자의 미국 내 취업을 금지한 〈중국인 배척법〉이 발효되자 더 이상 중국인 노동자를 쓸 수 없게 됐다. 하와이 농장주들은 일본인에게 눈을 돌렸다. 그 결과 1900년 하와이 사탕수수 농장에서 일하던 일본인의 수는 6만 5,000명에 달하게 됐다.[12] 일본인은 우수한 노동 자원이었지만 그만큼 고용주에 대한 요구사항도 많았다. 일본인 주도의 파업이 일상적으로 일어났다.[13] 골치 아픈 일본인의 대안을 찾아 나선 농장주들이 주목했던 게 바로 한국인이었다.

사탕수수 농장주들은 한국인들이 사탕수수 노동자로서 딱 맞는 조건을 갖추고 있다고 판단했다. 무엇보다 일본인들보다 순종적이고 고분고분해 보였다.[14] 이런 인식하에 하와이의 설탕 무역 업체들(하와이 설탕 농장주협회)은 1902년 의료 선교사 출신의 한 외교관에게 접근했다. 바로 대한제국 주재 미국 공사였던 호레이스 앨런 박사였다. 농장주들은 앨런에게 한국 정부가 하와이로의 노동 이민을 허용해 줄지 여부를 알아봐 달라고 부탁했다.[15]

3) 이민 허용

앨런은 1884년 조선 땅을 밟은 최초의 미국인 선교사였다. 조선 조정의 내부 정보에 훤했던 터라 왕과 왕비로부터 두터운 신임을 받았다. 외교적 수완까지 갖췄던 앨런은 고종을 만나 하와이 노동 이민에 대해 조심스럽게 운을 뗐다. 고종은 처음엔 별로 내켜 하지 않았다. 생계를 위해 백성들을 국외로 내보내는 것은 임금의 치세에 흠결이 된다고 생각했기 때문이다. 유교적 관습도 장애물이었다. 고종은 백성들이 한번 떠나면 영영 돌아오지 않을 텐데 그 조상들의 묘는 누가 돌보겠느냐고 앨런에게 반문했다.[16]

앨런은 하와이에서 한국인 노동자를 원하는 이유는 한국인을 높이 평가하기 때문이라며 이민 허용을 간청했다. 이민으로 한미 관계가 강화되고 이민자들이 본국에 송금하면 경제에도 도움될 것이라는 설득이 계속됐다.[17] 민생이 수렁에 빠져있던 터라 하와이 이민의 매력이 부각될 수밖에 없었다. 게다가 당시 백성들 사이에서는 외국에 문호를 개방해야 한다는 인식이 널리 확산되고 있었다.[18] 하와이 이민은 신세계로의 문을 열 수 있는 절호의 기회였다.

이 모든 요인이 맞물리면서 고종은 결국 이민을 승인하기에 이

호레이스 앨런Dr. Harace Newton Allen(1858~1932·왼쪽)과 고종 황제(1852~1919).

르렀다. 1902년 11월 처음으로 이민국이 설립되어[19] 하와이 이민 신청자들을 심사하고 여권을 발급했다. 한국인들을 잔뜩 실은 증기선(갤릭 호)가 1903년 1월 13일 하와이 호놀룰루에 입항했다. 1905년 일본의 압력으로 이민이 중단되기까지 7,000여 명이 하와이로 삶의 터전을 옮겼다.[20]

일본은 한국인들의 하와이 이주를 탐탁지 않게 여겼다. 현지에서 일본인 노동력에 대한 수요를 감소시킬 뿐 아니라 자국 노동자들의 임금 수준도 낮출 게 뻔했기 때문이다.[21] 1905년 11월 일본이 대한제국을 보호령으로 삼고 사실상의 지배를 시작하자[22] 대한제국 조정은 이민을 중단시킬 수밖에 없었다.

하와이로 이주한 7,000여 명의 한인 중 2,000여 명이 북미 본토로 건너갔다. 그중 약 500명과 정치적 망명자, 학생 등이 캘리포니아의 샌호킨 센트럴 밸리에 정착했다.

2.
사회자본의 역할

한인들이 성공적으로 미국에 정착하는 데 중요한 역할을 한 사회자본으로 크게 6개 요인을 들 수 있다: 미국 선교사, 기독교 교회, 중국·일본계 이민자, 정치 지도자, 유교적 배경, 그리고 개개인의 자질이다.

1) 미국 선교사

하와이 이민에 결정적 역할을 한 것은 미국인 선교사들이었다. 호레이스 앨런이 아니었다면 하와이 이민이라는 사건은 아마도 일어나지 않았을 것이다. 기독교 신자가 이민자의 주를 이뤘는데 이는 선교사들이 이민을 장려했을 뿐 아니라 성경을 배우고 선교사의 생활을 관찰하는 과정에서 자연스레 서구적 가치에 익숙해졌기 때문이었다.

기독교로 개종할 가능성은 어느 지역에 살았는지에 따라 크게 엇갈렸다. 서울이나 경기도에 살던 사람이 미국 선교사와 접촉해 기독교인이 될 확률은 멀리 떨어진 한반도 북부나 남부, 동해안에 사는 사람보다 3배나 높았다. 1909년 기준으로 전체 선교사 247명 중 3분의 1이 넘는 82명이 경기도에 몰려 있었다. 권력의 중심지인 서울에 쉽게 접근할 수 있었고 생활 여건이나 기후도 좋았기 때문이었다. 기독교의 동아시아 거점으로 선교사들 사이에서 "동예루살렘"으로 불리던 평안남도에도 선교사들이 많았다. 평안남도에 자리 잡은 선교사는 37명이었는데, 중가주 이민자 중 평안남도 출신자는 전체의 18%로 경기도에 이어 두 번째였다. 선교사가 각각 3명, 2명뿐이던 함경북도와 강원도에서는 중가주 이민자가 한 명도 없었다.[23]

이민자를 모집하는 사탕수수 농장의 최우선 과제는 신체 건강한 지원자를 확보하는 것이었다. 호레이스 앨런은 이민자 모집 책임을 미국인 사업가에게 맡겼다. 이 사업가는 공식 관문인 인천에 미국 노동이민사 사무소를 차렸다. 서울, 원산, 평양, 진남포, 부산 등 5곳에는 지역 사무소를 열었다. 서울의 경우 인구가 가장 많은 수도인 데다 인천과도 가까웠기 때문에 당연히 지역 사무소가 필요했다. 부산과 원산, 진남포는 각각 최남단, 북동쪽, 북서쪽의 항구 도시였다. 인천과 지근거리에 있는 서울을 제외하면 지역 사무소는 모두 항구 도시에 위치해 있었다.

연중 봄날 같은 기후, 돈을 벌 기회, 낮은 생활비 등을 내세운 하와이 이민 광고가 거리의 벽보로 나붙었다. 채용 광고에 혹한 사람은 주로 빈곤층과 실업자, 처우가 형편없던 노동자들이었다. 쇠락하는 나라에서 미래가 보이지 않던 이들이 미국 노동이민사에 문의하고 이민을 신청했다. 건장한 체격의 부랑자나 건달은 물론이고 세태에 염증을 느끼던 중산층 지식인까지 이민단에 선발됐다. 학생으로 보이는 이들도 있었는데, 단체 이민을 이용해 일단 하와이에 간 뒤 북미로 넘어가 공부하려는 목적이었다. 해체된 대한제국군의 전직 병사와 장교들도 이민단에 합류했다. 3년(1902~1905)에 걸쳐 하와이로 간 7,000명은 기독교인, 버림받은 전직 군인, 가난한

노동자, 지식인, 건달, 학생 등 각양각색의 사람들이 모인 집단이었다.[24]

거의 모든 지원자가 이민모집소를 통해 정보 접근이 가능했던 인천과 서울, 부산, 원산, 진남포에서 모여든 사람들이었다. 지리적 요충지였던 이들 항구 도시에 살거나 자주 드나들던 사람이라면 누구나 이민에 관한 소식을 접할 수 있었다. 반면 이들 지역 밖에서는 이민에 대해 거의 알지 못했다. 기독교 개종 가능성이 살던 지역에 좌우됐던 것처럼, 이민 실현을 위한 첫 번째 관문은 바로 이민 정보에 대한 접근성이었던 것이다.

2) 기독교 교회

하와이에 정착했을 때나 미 본토로 다시 건너갔을 때나 기독교는 한인들의 삶과 늘 함께했다. 태평양을 횡단하는 기나긴 여정에도 기독교 지도자들은 선상에서 주일 예배와 기도회를 열었다.[25] 하와이에서는 자리 잡고 일했던 모든 섬마다 교회를 세웠다. 미 본토로 이주해서도 마찬가지였다. 1906년 지어진 샌프란시스코 한인교회, 1912년 다뉴바 한인 장로교회, 1936년 델라노 한인 감리교회, 1939년 리들리 한인 장로교회 등이 좋은 예다.[26]

이는 초기 한인 이민자들이 중국인, 일본인과 대별되는 지점이었다. 중국인들의 경우 도교 사원, 씨족 모임, 당黨을 기반으로 공동체를 형성했고,[27] 일본인에게는 같은 현 출신 모임인 켄진카이縣人會나 불교 사원이 있었다.[28] 한인 사회의 중심에는 언제나 기독교 교회가 있었다. 한국에 파견된 미국 선교사들이 주로 감리교나 장로교 출신이었던 만큼 한인 이민자들이 세운 교회도 두 교단에 속했다.

기독교적 전통인 '선한 사마리아인'이 한인들의 신앙 활동에 도움을 준 사례도 찾아볼 수 있다. 남부 캘리포니아에는 장로교단 소속의 메리 엘리자베스라는 '사마리아인'이 있었다. 상당한 재산가였던 그녀는 한인 이민자들의 사정에 관심을 보이던 중 업랜드Upland와 클레어몬트Claremont에서 한인 교회가 지어질 때 물심양면으로 도움을 줬다. 스튜어트는 클레어몬트 한인 장로교회에서 7년간이나 성경과 영어를 가르치기도 했다.[29] 한국에 있던 미국 감리교 선교단에서 하와이로 파견된 한인 전도사 도라 김Dora Kim[30]은 사탕수수 농장에서 일하는 동포들에게 열정적으로 전도하며 오랫동안 감리교 장로직을 수행했다. 교회는 사회적 결속과 정신적 위안을 제공했고 공동체의 기반을 형성시키기도 했다. 교회가 없었다면 한인 이민자들은 정서적 황량함 속에 방치됐을 것이다.

3) 먼저 온 중국인, 일본인들

한인 이민자들은 먼저 미국에 도착한 중국, 일본 이민자들의 행로를 뒤따랐던 덕분에 거처와 일터를 찾느라 헤매지 않아도 됐다. 초기 한인 이민자들이 두 이웃 국가 덕분에 후발 주자의 혜택을 입었다는 사실은 아이러니하다. 한국인들은 오랜 세월 자국에 군림해온 중국과 압제의 강도를 높이던 일본 모두에 악감정을 품고 경계했다. 하지만 미국 땅에서는 한국인, 중국인, 일본인이 한배에 올라탄 처지였다. 차이점보다는 공통점이 더 많았다. 이런 상황이 한국인들에게는 도움이 됐다.

4) 정치 지도자들

비범한 정치 지도자들의 존재도 초기 한인 이민자들에게 큰 도움이 됐다. 선구자 서재필, 독립 운동가 이승만, 무장 투쟁의 선도자 박용만, 공동체 조직가 안창호가 그들이다.

· 서재필

1885년 미국으로 망명한 서재필은 진정한 의미의 한국계 미국인 개척자였다. 미국 도착 직후 기독교로 개종한 서재필은 수많은 '최초'의 업적을 이뤘다. 한국인 최초로 미국에서 의학박사 학위를 받았고, 최초로 미국 시민권자가 됐으며, 처음으로 유명 가문의 미국인(미 대통령 제임스 뷰캐넌의 사촌)과 결혼했다. 또한 미국 유학을 마치고 귀국한 첫 번째 한국인이었고, 처음으로 근대적 신문을 발행했으며, 자유와 민주주의를 주제로 하는 공개 토론회를 처음 개최했다.[31] 한인 이민자들은 서재필을 큰 어른이자 정치가로 우러러봤다. 서재필은 미주 한인들의 사회적·정신적 지주였다.

· 이승만

대한민국 초대 대통령 이승만은 서재필보다 9살 아래였다. 그가 이뤄낸 성취는 한국인뿐 아니라 어느 누구도 해내기 힘들 만큼 비범했다. 1904년 도미해 불과 6년 반 만에 학사, 석사, 박사 학위까지 취득했다. 이런 놀라운 학업 성과는 미국에 오기 전 이미 능숙한 영어 능력을 갖췄기에 가능했다.[32] 대한제국이 망한 뒤 걸출한 학력과 임시정부에서의 지도적 위상을 앞세워 거물 독립운동가로 떠올랐다. 그가 독립운동을 펼친 무대는 대부분 하와이와 미국이었다. 정치 활동뿐 아니라 하와이 한인 교회를 설립하고 이민자 자녀를 위한 기독교 학교를 설립하는 데도 지도력을 발휘했다. 이승만은 세계 정치의 변화로 생겨나는 기회를 제대로 잡아야 독립의 가능성이 커진다고 믿었다. 미국이 종국엔 일본을 억누를 것이며, 그때가 바로 독립의 시기라고 주장했던 걸 보면 선견지명도 있었다고 할 수 있다.[33] 이승만의 이러한 접근 방식은 한인 사회에 꽤 비중 있게 먹혀들었다.

· 박용만

이승만과 비슷한 시기 미국에 와서 네브래스카대를 졸업한 박용만은 무장 독립투쟁론을 대표했던 인물이다. 네브래스카 헤이스팅스에 한국 청년을 대상으로 한 군사학교를 세웠고, 하와이에도 군사훈련소를 열었다.[34] '백미왕' 김종림이 캘리포니아 윌로우스에 세운 비행학교는 박용만의 방식을 따른 것이었다.

· 안창호

모든 지도자를 통틀어 한인 이민자 사회에 가장 직접적이고도 중요한 영향을 끼친 인물은 안창호였을 것이다. 고향에서 한문을 배우다 서울로 이사한 뒤에는 구세군이 운영하는 학교에서 서양 문화와 가치관을 습득했다. 미국 유학을 결심하고 1902년 샌프란시스코에 도착했는데, 그로부터 몇 년이 지나지 않아 하와이 이민자들이 미 본토, 주로 캘리포니아로 이주하기 시작했다. 안창호는 근대적 의미의 한인 공동체를 처음 조직한 인물이었다.[35] 동포들을 취업시키고, 한국적 가치를 반영한 행동 양식을 가르치는 데 리더십을 발휘했다. 그가 처음으로 조직한 한인들의 자조 공동체는 후일 대한인국민회로 발전했다. 샌프란시스코에서 한인 사회의 유일한 매개체였던 한인 소식지를 최초로 발간하는 데 기여하기도 했다.[36] 1913년 샌프란시스코에 설립해 현재까지 명맥이 이어지고 있는 흥사단과 그 깃발 아래 펼쳤던 민성혁신民性革新 운동은 안창호의 영원한 유산이다. 흥사단은 한인 사회의 윤리적·도덕적 보루였다.

5) 유교적 배경

중국인·일본인과 마찬가지로, 유교적 성장 환경에서 가치관을 형성했다는 점은 한국인들이 지닌 귀중한 사회자본이었다. 이민자들이 보여준 교육열은 지식인을 존중하는 유교적 전통에서 비롯된 것이었다. 한인들이 공유했던 효, 사회 질서, 근면 등의 가치도 유교의 가르침에 뿌리를 두고 있다. 이민자들의 경우 유교적 배경과 기독교 신앙이 뒤섞이는 과정에서 갈등을 빚기도 했다. 가족이나 사회 계급 같은 유교적 가치가 기독교적 평등·보편주의와 부딪쳤기 때문이다. 그럼에도 초기 이민자들은 두 세계관 사이에서 대체로 건강한 균형을 유지했다.

6) 개개인의 자질

경제학에서는 풍부한 자질이나 속성을 타고난 축복받은 상황을 가리켜 요소 부존도factor endowment라는 용어를 쓴다. 개인이라면 높은 지능을 타고난 경우, 국가라면 천연자원이 풍부한 경우를 뜻한다. 이를 이민자들에게 변용해 보자면, 기질 부존도character endowment가 이민의 성공 여부를 갈랐다고 할 수 있다. 델라노의 한시대는 머리도 좋았지만 은행에 무담보 대출을 요구하는 배짱도 겸비하고 있었다. 리들리 김형제상회의 김형순, 김호는 기꺼이 위험을 감수하는 사람들이었다. 복숭아 재배를 시험해 보려고 식물유전학자인 프레드 앤더슨한테서 권리를 사들였는데, 이 거래가 훗날 보물이 되어 그들을 백만장자로 만들어줬다. 김형순의 아내 한덕세(데이지 김)는 김형순과 김호의 뒤에서 영향력을 발휘했다. 보수적인 한국적 문화에서도 남편과 동등한 자신의 몫을 당당하게 주장했고, 한술 더 떠 자기 몫의 절반을 옛 은사인 김호에게 나눠주기까지 했다. 김형제상회의 장부를 움켜쥐고 자금을 관리한 것도 한덕세였다.

송철은 끈질긴 성격과 좋은 머리 덕분에 오래도록 품었던 미국 유학의 꿈을 이루고 사업가로도 성공할 수 있었다. UC 버클리에서 37세에 공학 학사 학위를 받고, 이승만을 평생 동안 끈기 있게 후원한 데서 그의 기질을 엿볼 수 있다. 김용중도 송철과 비슷했다. 세간의 의구심에도 불구하고 한반도 중립화의 신념에서 한 걸음도 물러서지 않았다. 《보이스 오브 코리아》를 통해 거의 20년이나 멈추지 않고 정치적 견해를 천명했다.

'백미왕' 김종림 역시 위험을 감수할 줄 아는 선각자였다. 동양인에 대한 경계심이 최고조에 달했던 1919년 캘리포니아에서 대담하게도 비행기 3대를 사들이는가 하면, 자신의 농지를 비워 격납고를 세우고 유능한 교관과 학생들로 비행학교를 꾸려갔다. 김종림의 배짱이 아니었다면 이루기 힘든 과업들이었다. 쌀 농사꾼 이재수는 매우 이성적인 인물이었다. 정규 교육을 받지 않았음에도 과학적 사고가 몸에 배어 있었다. 예리한 관찰 능력과 실험 정신으로 무장했던 덕분에 북가주의 기후와 지형에 들어맞는 독창적인 벼 재배 기술을 개발할 수 있었다.

3.
초국가적 정치 활동

캘리포니아의 한인 이민자들은 한국인이면서 미국인이었다. 정치·문화적 의미에서도 그들은 동시에 두 나라에 살았다. 물론 초기 이민자들의 마음속에서는 언제나 한국이 우선이었다. 그렇기에 이민자들의 정착 과정에서 나라 간 경계를 넘어선 초국가적 정치 활동 transnational politics이 주는 의미는 사뭇 중요했다. 호주의 이민학 권위자인 스티븐 카슬스Stephen Castles은 초국가적 현상을 이렇게 정의했다.

> 초국가적 정치 공동체는 두 개 이상의 나라에서 동족과 연대하는 행위를 수반하는데, 보통 조국에 어떠한 변화를 일으키는

것을 목적으로 삼는다. 초국가적 문화공동체는 이민자 집단 내에서 조국의 문화유산과 언어를 유지하고자 한다. 몸은 떠났어도 여전히 조국의 일원이라는 점을 조국으로부터 인정받고 싶어 하는 것이다.[37]

미주 한인 이민자 사회에서 초국가적 정치 활동을 촉발시킨 도화선으로 크게 네 가지 사건을 꼽을 수 있다. 1908년의 더럼 스티븐스Durham W. Stevens 암살 사건, 1919년 3·1 만세 운동, 1937년 제2차 중일전쟁, 그리고 1948년 한반도 분단이다.

1) 1908년의 결정적 사건: 더럼 스티븐스 암살

1908년 3월 샌프란시스코에서 발생한 살인 사건이 한인 사회 전체를 뒤흔들었다. 한인 이민자 학생 2명이 대한제국의 전직 외교 고문을 암살한 것이다. 사건의 충격파는 하와이, 한국, 중국, 러시아, 멕시코로까지 퍼져 나갔다. 이 비극적 사건의 배경에는 한반도 복속 계획을 착착 실행하던 일제에 대한 반발심이 자리 잡고 있었다.

일본은 1905년 11월 17일 대한제국에 을사늑약 체결을 강요했고 그로부터 5년이 지난 1910년 마침내 강제 병탄에 성공했다. 늑약에 따라 대한제국은 일본인을 재정 고문으로, 일본인이 아닌 외국인을 외교 고문으로 임명해야 했다.[38] 합법적으로 대한제국의 재정권, 외교권을 찬탈하기 위한 준비 작업이었다. 일본은 오랫동안 자국 정부를 위해 일해 온 미국인 더럼 스티븐스를 외교 고문 자리에 앉히라고 고종의 팔을 비틀었다. 스티븐스는 1904년 12월 대한

제국 정부와 외교 고문 계약을 체결했다.[39]

외교 고문의 탈을 썼지만 실제론 일본의 첩자나 다름없었다. 일본의 영향력을 확대해 궁극적으로 대한제국을 무너뜨리는 데 일조하라는 은밀한 임무가 주어졌다. 스티븐스가 외교 고문으로 부임한 뒤 한국을 복속시키려는 일본의 계획은 착착 진행되고 있었다. 일본은 1905년 11월 을사늑약을 강제로 체결해 대한제국을 일본의 보호국으로 만들었다. 사실상 대한제국을 통치하게 된 것이다. 상황이 이렇게 되자 명목상으로만 존재하던 스티븐스의 고문 노릇도 종지부를 찍었다.[40]

일본 정부는 스티븐스에게 워싱턴 D.C.로 건너가 미국 내 점증하던 반일 정서를 억제하라는 새로운 임무를 하달했다. 아시아·태평양 지역에서 세력을 확장하던 군국주의 일본이 미국의 위협으로 떠오르자 미국에서도 반일 감정이 고조되던 상황이었다. 미국 사회에서 일본인 혐오가 고개를 들면서 1882년 〈중국인 배척법〉의 전례에 따라 일본인의 미국 이민을 금지하려는 움직임도 생겨났다. 오만하고 자존심 강한 일본인들은 미국에서 중국인과 똑같은 대접을 받는다는 사실을 용납할 수가 없었고,[41] 어떻게든 반일 정서의 흐름을 저지해야 했다. 그를 위해 미국 언론, 정치인, 사회 지도층에게 로비해 반일 움직임을 중단시키라는 은밀한 임무가 스티븐스에게 내려진 것이었다.

일본의 충실한 앞잡이였던 스티븐스는 1908년 3월 4일 도쿄를 떠나 워싱턴으로 향했다.[42] 3월 10일 샌프란시스코에 도착해서는 언론과 여러 차례 인터뷰를 가졌다. 인터뷰에서 한국 정부가 무능하고 잔인하게 국민을 다스렸기 때문에 일본의 지배를 받게 된 것은 한국에 오히려 행운이라는 언급도 서슴지 않았다.[43] 필리핀이 미국의 혜택을 받았듯 한국 역시 일본의 통치로부터 많은 혜택을 입을 것이라고 주장하기도 했다. 스티븐스는 "필리핀에서 미국이 필리핀인들을 위해 하고 있는 일을 일본도 한국에서 한국인들을 위해 하고 있다"고 말했다.[44]

한국과 한국인을 폄훼한 스티븐스의 발언에 샌프란시스코의 한인 이민자 사회는 크게 격분했다. 곧바로 대응 방안을 논의하기 위한 회의가 열렸다. 1908년 3월 22일 일군의 한인 민족주의자들이 스티븐스가 묵던 호텔 로비로 몰려가 망언을 취소하라며 대치했다.[45] 하지만 스티븐스는 같은 입장을 되풀이하며 한인들을 극도로 격앙시켰다. 다음 날 워싱턴행 기차를 타기 위해 샌프란시스코 페리 선착장에 도착한 스티븐스가 차에서 내렸을 때 사건이 벌어졌다. 한인 청년 전명운이 스티븐스의 얼굴을 확인하고 권총을 발사했지만 불발됐다. 다급해진 전명운은 권총 손잡이로 스티븐스를 후려갈긴 뒤 달아났다. 이 광경을 지켜보던 또 다른 한인 장인환이 나서 총 세 발을 쐈다. 아수라장 속에 탄환 한 발이 전명운에게 맞았고 나머지 두 발은 스티븐스의 등에 박혔다. 전명운은 부상에서 회복했지만 스티븐스는 피격 이틀 후 사망했다.[46]

한인 2명이 암살을 저질렀다는 소식은 미 전역과 재외동포 사회, 일본, 한국까지 뒤흔들었다. 한국인들에게 장인환과 전명운은 영웅이었지만 미국 대중의 눈에는 그저 살인자에 불과했다. 현지 언론은 한국인을 총질하는 광신도로 묘사했다.[47] 한인 사회는 대중

장인환(왼쪽), 1908년 더럼 스티븐스를 저격했다. 전명운(오른쪽)도 공범이었다.

의 두려움을 누그러뜨리고 암살이 정당한 행동이었음을 알리기 위해 두 사람에게 최대한의 법적 조력을 제공하기로 했다. 이를 위해 대동보국회와 샌프란시스코의 공립협회, 하와이의 합성협회 등 3대 한인 단체가 변호 비용 모금에 나섰다. 7개월여 만에 북미, 하와이, 중국, 러시아, 멕시코 한인 사회와 모국으로부터 7,390달러(2008년 가치로 환산하면 18만 달러)가 모금됐다.[48] 실로 엄청난 후원 열기였다.

재판은 샌프란시스코 고등법원에서 280일간 이어졌다. 전명운은 증거 불충분으로 무죄를 받았지만 장인환은 2급 살인 혐의가 인정돼 25년형을 선고받았다. 샌쿠엔틴 교도소에서 10년간 복역한 장인환은 1919년 보호관찰 조건으로 석방됐다.[49]

스티븐스 암살 사건은 국경을 넘어 초국가적인 파급 효과를 낳았다. 이 사건에서 영향을 받은 애국자 안중근은 1909년 10월 중국 하얼빈에서 한반도 정복 계획의 설계자인 일본의 이토 히로부미 백작을 암살했다.[50] 이 소식을 전해 들은 하와이 이민자 출신 이재명은 1909년 12월 친일 내각의 최고 책임자였던 이완용 살해를 기도했다. 일본 요인에 대한 암살 시도는 끊임없이 이어졌다. 강우규가 서울에서 일본 총독 암살을 시도했고, 도쿄에서는 이봉창과 김지섭이 일왕 암살을 노렸다. 조명하는 대만 타이베이에서 일본 왕족(육군 대장 구니노미야)을 죽이려 했고 윤봉길은 상하이에서 일본군 장성들을 향해 폭탄을 던졌다.[51] 전명운·장인환의 샌프란시스코 의거가 중국, 한국, 일본, 대만에서 커다란 연쇄 반향을 불러 일으킨 것이다.

　스티븐스 암살 사건은 이민자들의 항일 활동에도 중대한 영향을 미쳤다. 동포 사회는 조국을 일본의 손아귀에서 구해내려면 어떻게 해야 할지를 놓고 여러 파벌로 갈려 있었다. 견해 차이와 갈등이 얼마나 심했는지는 하와이 24개, 북미에 6개 단체가 경쟁하며 난립했던 데서도 쉽게 짐작할 수 있다. 하지만 피는 물보다 진하다는 속담처럼, 한인들은 7개월 만에 장인환과 전명운을 돕기 위해 7,300달러라는 거액을 모금했다. 위기 앞에 민족의 이름으로 뭉쳤기 때문에 가능했던 성과였다. 스티븐스 암살이 한인 사회에 덮어씌운 테러리스트의 오명과 임박한 국권 상실의 위기에서 살아남으려면 모두가 단결해야 한다는 교훈을 던져준 것이다.

　단결의 필요성을 자각한 한인 단체들은 근본적 변화를 모색하고 나섰다. 하와이에 난립하던 24개 단체가 모여 1908년 합성협회라는 단일 조직을 설립했다.[52] 1909년 2월에는 하와이 합성협회와 북미 여러 단체가 통합해 대한인국민회를 결성했다. 대한인국민회는 북미, 하와이, 중국, 시베리아, 블라디보스토크, 멕시코, 쿠바에 이르기까지 모든 한인 이민자들을 아우르며 한인 애국자들의 목소리를 대변하는 단체가 됐다.[53] 대한인국민회는 실질적으로 거의 반세기 동안 해외에서 한국의 이익을 대표하는 준정부 기구로 기능했다.

하지만 장인환과 전명운의 영웅적 의거로 촉발된 잇따른 암살 시도들도 일본의 한국 점령을 막아낼 수는 없었다. 대한인국민회 설립 1년 뒤 일본은 한국 병탄이라는 궁극적 목표를 달성했다. 해가 지날수록 독립의 가능성은 점점 낮아졌고 한인들의 투지도 서서히 사그라들고 있었다. 이어지는 몇 년 동안 한인 사회에는 무기력과 체념이 스며들었다. 1919년까지는 그랬다.

2) 1919년 3월 1일 만세 운동

일제 식민 통치에 맞서 한국인들이 대규모로 봉기하기까지는 외부와 내부의 힘이 함께 작용했다. 그 첫 번째 자극은 1917년 볼셰비키 혁명을 일으킨 블라디미르 레닌의 제국주의 종식 선언이었다. 이어 미국 대통령 우드로 윌슨이 1918년 1월 14개 항의 연설을 통해 민족 자결권을 주창했다.[54] 같은 해 프랑스 베르사유에서는 파리 강화회의가 열렸는데, 제1차 세계대전 이후 새로운 세계 질서를 만들자는 논의의 중심에 윌슨의 자결권이 있었다. 민족 자결권은 1918년 내내 세계적인 이슈였다. 한인 민족주의자들 입장에서 볼 때 레닌의 제국주의 종식 촉구, 윌슨의 자결권 지지, 파리 강화회의에서의 논의 등은 세계대전 참전국인 서구 열강뿐 아니라 식민주의의 희생양인 한국인들에게도 시사하는 바가 컸다.

미주에서 가장 유명한 정치 망명객으로서 세계 정치의 흐름을 예의 주시하던 이승만은 강화회의에서 한국 문제를 호소하기 위해 파리로 떠나려 했다. 상하이의 김규식은 이미 파리에 당도해 있었다.[55] 한국 내 민족주의자들 역시 윌슨의 민족 자결권에 해당하는 대표적 사례가 바로 한국이라는 점을 만방에 호소하려면 지체 없이 행동에 나서야 한다고 생각했다. 민족의 고통을 알리기 위해서는 대규모 항일 시위가 필요했다. 이에 민중 봉기가 계획됐고, 1919년 3월 3일로 거사일이 정해졌다. 폐위되어 1월 20일 승하한 고종 황제의 장례일이었다.[56] 고종의 사인을 둘러싸고 일본이 독살했다는 소문이 도는 등 민심이 흉흉한 상황이었다. 민중 봉기를 준비하던 지도자들은 고종의 장례식에서 거사를 실행하기로 결정했다. 일본에 대한 적개심에 고종 살해 의혹까지 더해지면 조문객들의 분노가 불타오를 것이고, 민중 봉기의 성난 함성도 배가될 것이기 때문이었다.

하지만 거사는 계획대로 진행되지 못했다. 1919년 2월 8일 재일 한인 유학생 400여 명이 도쿄에서 일제를 규탄하고 한국의 독립 자주권을 선언하는 시위를 벌였다. 도쿄 경찰은 시위를 강제 해산시켰다.[57] 일본 유학생 시위와 맞물려 3월 1일 전국의 도시와 마을에서 수십만 명이 시장, 공원, 학교 운동장으로 쏟아져 나와 금지된 태극기를 흔들었다. 시위대는 독립선언문을 큰 소리로 낭독하고, 서로 팔짱을 긴 채 거리를 행진하며 일본의 철수를 요구했다.[58] 3·1

운동은 이듬해 6월까지 산발적으로 이어졌다. 일본 경찰과 헌병이 시위대를 잔인하게 진압한 결과 4만 7,000명이 체포됐고 부상자 1만 5,000명, 사망자 7,000명이 발생했다.⁵⁹⁾

3·1운동 직후 중국의 망명객들은 상하이에 모여 대한민국 임시정부를 세웠다. 3·1운동이 일어난 이때가 주권을 가진 정부를 조직해 독립 투쟁을 전개할 적기라고 판단한 것이다.⁶⁰⁾ 임시정부가 수립된 지 불과 2주 만에 미국 필라델피아에선 원로 망명객인 서재필이 제1차 한인 자유대회를 개최했다. 이 자리에서 독립선언과 함께 기독 민주공화국의 헌법 초안이 발표됐다. 참가자 150여 명이 미국 독립의 상징인 필라델피아 독립기념관으로 행진하면서 대회는 막을 내렸다.⁶¹⁾

필라델피아 1차 한인 자유대회가 끝난 직후 이승만은 미국에서 임시정부의 이익을 대변하는 활동을 펴기 위해 수도 워싱턴 D.C.에 구미위원부 사무실을 열었다.⁶²⁾ 이 밖에도 다양한 후속 활동들이 이어졌다. 서재필은 필라델피아에 한국정보국Korean Information Bureau을 설립해 영어 매체인 월간 《코리아 리뷰Korea Review》를 발간했다.⁶³⁾ 《코리아 리뷰》는 영어권 세계에 일제 치하의 참상을 알리고 한국 관련 뉴스와 의견을 전파하는 역할을 했다. 서재필은 또 독립에 대한 미국인들의 지지를 호소하기 위해 미국 27개 도시에 지부를 둔 한국친우회League of the Friends of Korea를 설립하기도 했다.⁶⁴⁾

서재필은 한국친우회 후원자들의 도움으로 미 상원의원 여럿과 대화를 나누며 의회에서 한국 문제를 다뤄달라고 요청했다. 가장 주목할 만한 인물은 찰스 토마Charles S. Thoma와 제임스 펠란James D. Phelan 두 상원의원이었다. 콜로라도 출신 토마 의원은 1920년 3월 평화 조약과 국제 연맹에 관한 수정안을 상원에 제출했다.[65] 이 수정안은 미 상원이 국제연맹 가입을 비준할 경우(결국 비준되지는 않았지만) 한국의 국제연맹 가입을 지지한다는 내용을 담고 있었다. 캘리포니아의 펠란 의원은 1919년 10월 "미 상원은 스스로의 손으로 정부를 세우고자 하는 한국인들의 열망을 지지한다"는 내용의 결의안을 상정했다.[66]

다뉴바의 한인 여성들은 1919년 5월 임시정부를 지원하기 위해 대한애국부인회를 결성하고 하와이와 멕시코 메리다에 지부를 만들었다.[67] 같은 해 8월에는 캘리포니아와 미국 각지의 한인 유학생들이 다뉴바에 모여[68] 독립운동에서 학생의 역할에 대해 토론했다. 12월에는 국제 사회주의자들로부터 임시정부 승인을 얻어낸다는 목표하에 다뉴바에서 대한인노동사회개진당이 창당됐다.[69]

3·1운동 1주년 기념행사 역시 국경을 초월해 초국가적으로 열렸다. 다뉴바 한인들은 1920년 3월 1일 캘리포니아 다뉴바에서 300명 넘게 참석한 가운데 기념행사를 개최했고,[70] 새크라멘토에서도 비슷한 행사가 열렸다.[71] 멕시코 한인 이민자의 중심지인 유카탄반도 메리다에 살던 한인들과[72] 하와이의 한인들도 3·1절 1주년을 기념했다. 네 곳의 기념행사 모두 애국심 가득한 주제와 퍼레이드로 꾸며졌고, 지역 사회의 전폭적인 지지를 받았다. 다뉴바에서는 마칭 밴드가 가두행진에 동참했고, 마을 사람들도 길가에 나와 퍼레이드를 구경했다. 새크라멘토에서는 윌로우스 한인 비행학교의

학생 조종사들이 유니폼을 입고 나와 주 의사당 앞을 행진했다. 멕시코 메리다의 헤네켄 농장주들은 한인 노동자들에게 하루 휴가를 허락해 하루종일 진행된 퍼레이드 등의 행사를 즐기도록 해줬다. 하와이 호놀룰루에서는 공무원과 관계 기관들이 퍼레이드 등 한인들의 3·1운동 기념행사를 돕기 위해 발벗고 나서기도 했다.

한인 이민자들의 애국심이 3·1운동을 계기로 다시 불타올랐다는 사실은 무엇보다 상하이 임시정부와 독립운동에 엄청난 자금 지원이 쏟아졌다는 데서 여실히 확인된다. 대한인국민회는 3·1운동 1년 뒤인 1920년 한 해 동안에만 임시정부를 대리해 북미, 하와이, 멕시코 등지의 한인 2,755명으로부터 4만 2,000달러를 모금했다.[73] 캘리포니아 농장과 하와이 사탕수수밭, 멕시코 헤네켄 농장에서 일하던 한인 노동자들은 많아야 월 25~30달러를 버는 형편이었지만[74] 수입의 상당 부분을 자발적으로 기부했다. 1인당 평균 기부액이 3주에서 한 달 치 수입에 달할 정도였으니 실로 놀라운 희생이 아닐 수 없었다.

특이하게도 대한인국민회가 모금한 4만 2,000달러에는 제Jeh라는 이름의 중국인이 기부한 1,000달러가 포함돼 있었다.[75] 항일투쟁은 한국인뿐 아니라 중국인에게도 중요한 대의라며 국민회가 중국인 커뮤니티에 후원을 호소한 결과였다. 3·1운동 이후의 독립운동이 캘리포니아의 중국인 이민자까지 포괄하며 초국가적 차원에서 진행됐음을 보여주는 또 하나의 사례라 할 수 있다.

임시정부 수반이자 워싱턴 D.C.의 구미위원부 위원장이었던 이승만은 1920년 자체 모금 행사를 시작했다. 대한민국 채권을 25

만 달러 규모로 발행해 한국인은 물론이고 중국인, 미국인, 캐나다인에게까지 팔려 했다.[76] 공채 발행 계획은 임시정부와 대한인국민회가 극구 반대한 탓에 시작부터 삐걱거렸고 결과적으로 별다른 성공을 거두지 못했다. 그럼에도 불구하고 이승만의 공채 발행 시도는 독립운동에 외국인도 끌어들일 수 있다는 새로운 시야를 열어줬다. 이 역시 초국가적 독립운동의 사례라 할 수 있다.

때로 지도자들의 내분 탓에 모금 및 송금이 중단되기도 했지만, 임시정부와 대한인국민회, 이승만의 구미위원부에 대한 북미, 하와이, 멕시코 한인들의 지지는 계속 이어졌다. 하지만 세월이 흐르면서 3·1운동의 빛나던 광채도 점차 색이 바래기 시작했다. 가까운 시일 내 한반도에서 일본을 몰아낼 가능성은 희박해 보였다. 임시정부는 중국에서, 대한인국민회와 지역 지부들은 북미, 하와이에서 여전히 활동하고 있었지만 3·1운동 직후의 활력은 더 이상 찾아볼 수가 없었다. 1920년대 후반에서 1930년대 전반까지 한인들의 독립운동은 겨우 명맥만 유지했다. 독립운동의 열정은 1930년대 후반부에 들어서야 되살아났다.

3) 제2차 중일전쟁(1937): 해방의 전조

베네치아의 상인 마르코 폴로는 중국에서 14년(1278~1292)을 보낸 뒤[77] 이탈리아로 돌아가 마르코 폴로의 여행기(《세계 경이의 서》)를 썼다. 이 책에는 1192년 베이징 서쪽 9마일 위치에 지어진 노구교盧溝橋, Lugou Bridge에 관한 대목이 나오는데, 11개의 아치가 보여주는 건축적·미학적 우아함을 생생하게 묘사했다. 이후 노구교는 마르코 폴로 다리로 세계에 알려지게 된다. 1937년 7월 일본 황군이 마르코 폴로 다리를 방어하던 중국군을 향해 발포하는 사건이 벌어졌다. 마르코 폴로 다리 사건으로 불리게 된 이 소규모 교전은 중국 본토에서의 양국 간 전면전으로 비화하게 된다.[78]

국내외 한인 민족주의자들에게 제2차 중일전쟁은 하늘이 내린 기회였다. 전쟁에서 패할 경우 일본은 중국 점령지뿐 아니라 한반도도 내놓아야 할 판이었다. 한인들은 지금이 중국을 도와 일본을 물리침으로써 독립을 쟁취할 절호의 기회라고 판단했다. 대한광복군과 의용군은 장개석의 국민당군에 합류해 중국군 증강에 일조했다. 재외동포들도 군사력 증강을 도모하던 임시정부를 지원하고 나섰다. 하지만 기대와는 달리 무기가 빈약했던 중국군은 일본군의 화력에 밀렸다. 일본은 중국에서 기세를 올리며 전선을 확대해 나가고 있었다.[79]

일본이 중국에서 승기를 잡는 동안 히틀러의 독일은 1939년 폴란드를 침공했고, 그에 앞서 1935년엔 무솔리니의 이탈리아가 에티오피아를 침공했다. 침략국인 일본, 독일, 이탈리아 세 나라는 추축국Axis Powers 동맹을 맺었다. 영국, 프랑스, 소련은 연합국Allied Powers을 결성해 추축국에 맞섰다. 바야흐로 제2차 세계대전의 막이 오르고 있었다.[80]

이 거대한 충돌의 초기에 미국은 겉으로는 어느 편도 들지 않는 중립을 취했지만 뒤로는 연합국을 돕고 있었다.[81] 미국이 공식적으로 연합국에 합류하면 전세는 연합국 쪽으로 급격히 기울 게 분명했다. 추축국 입장에선 미국의 참전을 막는 게 급선무였다. 중국과 동남아에서의 전과로 자신감에 취한 일본은 미국의 참전을 막기 위한 선제 행동에 나서기로 했다. 1941년 12월 7일 미국의 진주만 해군기지를 기습 공격한 것이다. 진주만 공습으로 뒤통수를 맞은 미국은 곧바로 연합국 합류를 결정했다. 이로써 중일전쟁의 양상도 바뀌게 됐다.[82] 일본은 이제 확장된 제2차 세계대전의 무대에서 중국, 미국 두 나라와 동시에 싸워야 했다.

한인들로선 중국을 돕는 것 못지않게 미국의 승전을 돕는 일이 중요해졌다. 지체 없이 행동에 나선 임시정부는 1941년 12월 11일 일본에 선전포고를 했다. 북미, 하와이의 한인들도 조국의 미래를 좌우할 세계대전에 걸맞게 조직을 새로이 정비했다. 일제 타도의 결의가 불타오르면서 한인들의 단결력도 어느 때보다 높아졌지만, 한편으론 사회주의·공산주의가 영향력을 발휘하면서 한인들의 민족주의 전선도 한층 복잡해졌다.

한인 단체 연합 조직인 대한인국민회는 스티븐스 암살 사건으로 한인 사회의 연대 의식이 고조된 결과 1909년 창설된 조직이었다. 이후 몇몇 단체가 지도자 간 갈등과 정치적 노선 차이로 인해 대한인국민회에서 탈퇴해 독립 조직을 꾸렸다. 예컨대 이승만은 동지회라는 자신의 후원 단체를 만들었다. 중한인민동맹이나 하와이의 중한민중동맹단, 후일 조선민족혁명당의 북미 총 지부가 된 로스앤젤레스 기반 학생들의 금요 포럼, 하와이 좌익 조직인 민족전선연맹당 등도 독자적 활동으로 주목받았다.

연합국이 전쟁을 승리로 이끈다면 한국도 해방과 독립을 맞을 것이 확실해 보였다. 한인들은 공동의 목표인 독립을 준비하기 위해 분산된 에너지와 자원을 결집하자는 데 뜻을 모았다. 이에 따라 1941년 대한인국민회를 본뜬 새로운 연합 조직인 재미한족연합위원회가 출범했다.[83] 양대 단체였던 대한인국민회와 이승만의 동지회, 그리고 앞서 언급된 좌익 성향 단체를 포함한 주요 한인 단체들이 망라됐다. 재미한족연합위원회는 이후 미국의 전쟁 수행을 돕고 임시정부와 광복군을 지원하는 한편 독립운동의 전략을 수립하고 실행하는 데 중추적 역할을 맡게 된다.

재미한족연합위원회는 먼저 임시정부와 광복군의 군사력 강화를 지원하기 위한 모금 활동에 착수했다. 1941년 모금액 목표를 4만 5,000달러로 잡은 뒤 그중 3만 달러를 중국의 임시정부와 광복군에, 나머지 1만 5,000달러를 워싱턴 D.C.에서 활동하는 이승만의 구미위원부에 배정하기로 했다.[84] 위원회는 구미위원부가 임시정부에 대한 미 정부의 외교적 승인을 받아낼 것으로 기대했지만 성사되지는 못했다. 위원회는 또 미국의 전쟁을 돕기 위해 한인들에게 미국 전쟁국채를 사라고 장려하기도 했다. 1943년 기준으로 한인들이 사들인 미 전쟁국채는 23만 달러가 넘었다.[85] 이렇게 하와이, 북미, 멕시코의 한인들이 임시정부 지원 및 독립운동 자금으로 기부한 금액은 도합 300만 달러 이상이나 됐다.[86]

핵심 인물이었던 김호의 리더십하에 재미한족연합위원회는 한인 국방경위대, 일명 '맹호군'을 창설했다. 맹호군은 캘리포니아 주 정부의 승인을 받은 한인 판 주 방위군이었다. 북가주, 남가주의 한인들이 제복을 착용하고 미군의 요청 시 즉각 지원할 태세를 갖췄다.[87] 여기에 더해 위원회는 한인 청년들에게 군 입대를 장려했고,

250명이 미군에 입대하는 성과를 냈다.[88] 미 전략정보국OSS에 들어가 통역관이나 통신 요원, 정보 분석가로 활동한 한인도 상당수 있었다.[89]

염원과 노력은 마침내 결실을 맺었다. 1945년 8월 15일 일본이 태평양 전쟁에서 미국에 항복하면서 36년의 한반도 무단 통치가 끝났다. 하지만 임시정부나 다른 어떤 한인 단체들도 일본이 떠난 빈 자리를 대신하지는 못했다. 한반도의 남쪽을 미군이, 북쪽을 소련군이 점령한 것이다. 제2차 대전에선 동맹국이었지만 이제 이념의 적이 된 미국과 소련은 한국을 어떻게 처리할 것인지를 놓고 대립했다. 두 초강대국은 남북에 각각 독자적인 정부를 세우는 방안을 선호했다. 이승만이 미국을 편들어 남한 단독선거를 지지함에 따라 북한은 소련의 입김에 휘둘리게 됐고, 결국 나라는 두 동강이 났다.[90]

민족주의자들은 정파를 막론하고 분단을 결사반대했다. 투철한 민족주의자였던 중가주의 김호, 한시대, 김원용, 김용중도 한국으로 귀국해 분단을 막으려 분투했다.[91] 하지만 이들의 반대에도 불구하고 남북이 각각 단독정부를 세우자는 쪽이 더 득세했다. 자본주의 남한과 공산주의 북한으로의 분단은 1948년 말에 이르러 완전히 고착화됐다.

김용중은 초강대국들의 놀이터가 된 조국에 민족주의자는 설 자리가 없는 현실을 개탄하며 미국으로 돌아왔다. 김호와 한시대, 김원용도 마찬가지였다. 이후 김호, 김용중, 김원용, 김형순 등 네 명은 포기하지 않고 "리들리 4인방"으로 뭉쳐 분단 극복에 앞장섰다. 싸움을 이어가기 위해 김용중은 워싱턴 D.C.에서 한국사정사 운영을 재개했다. 리들리 그룹은 한반도 문제에 관심을 가져야 할 이유를 미국 대중에게 설명하고 설득하는 데 한국사정사를 활용했다. 김용중은 영문 월간지 《보이스 오브 코리아》의 집필, 발간을 맡아 한국에 대한 자신의 입장, 곧 리들리 그룹의 입장을 명확히 밝혔다.[92] 워싱턴 정치인, 관료, 오피니언 리더, 학계, 유엔 관계자 등이 《보이스 오브 코리아》의 구독자였다. 리들리 김형제상회의 두 백만장자인 김호와 김형순이 한국사정사의 재정을 지원했다.[93] 리들리 4인방 중 경제 형편이 가장 좋지 못했던 김원용도 성심을 다해 활동을 지원했다.

조국의 분단에 반대하고 변화를 이끌어내려 시작된 김용중과 리들리 그룹의 중립화 운동이 무려 20년이나 이어질 줄은 아무도 몰랐다. 1세대 한인들이 펼친 초국가 정치의 마지막 페이지는 리들리 그룹이 주창한 분단 반대와 통일 방안, 그리고 이들이 미주 한인 사회에 끼친 영향으로 장식될 수밖에 없다.

4) 중립화 통일을 모색하다

미국과 소련이 한국을 갈라놓은 방식에 김용중과 리들리 그룹이 불쾌감을 드러냈던 근본적 이유를 요약하면 이렇다. 이념적 대척점에 선 미국과 소련은 한국의 이익은 제쳐둔 채 자신들의 이념·정략적 이익만을 앞세웠다. 무엇이 한국에 최선인지 가장 잘 아는 것은 다른 누구도 아닌 한국인들이었다. 자유와 독립을 향한 36년간의 투쟁을 가능케 했던 힘은 민족주의였고, 바로 그 민족주의의 원칙에 따라 한국인 스스로 운명을 결정했어야 했다. 미소 양국이 한국인의 민족주의를 존중했다면 한국 문제에 간섭하지도 않았을 것이다. 두 초강대국의 탐욕과 간섭이 한반도를 분단시켰고, 이념 대립 끝에 전쟁까지 이어지는 비극적 결말을 초래했다.

 비극적 전쟁까지 겪은 마당에 한국처럼 작은 나라가 전 세계로부터 자치권과 자유를 보장받으려면 어떻게 해야 할 것인가? 중립을 선언하고 강대국들이 이를 보장한다면 자치와 자유가 가능하다는 것이 김용중과 리들리 그룹의 주장이었다. 김용중은 《보이스 오브 코리아》를 통해 중립국 오스트리아를 예시로 들었다.[94] 미국, 영국, 프랑스, 소련이 오스트리아의 중립을 보장하기로 합의한 덕분에 오스트리아는 최대한의 자치와 독립을 누릴 수 있었다. 한국이라고 안 될 이유가 있을까? 김용중은 미소 양국이 한반도 중립화를 승인하도록 유엔이 중재하고 설득해 주기를 기대했다.[95]

 정치 지도자들은 한반도 중립화를 위한 김용중의 노력을 외면했다. 주목할 만한 예외도 있었는데, 미 의회에서 극동의 역사와 문화에 가장 정통한 것으로 알려진 마이크 맨스필드 상원의원은 1960년 아시아 방문 조사를 마친 뒤 상원 외교관계위원회에서 한반도 중립화를 제안했다.[96] 저명한 동아시아 전문가인 로버트 스칼라피노 교수 역시 1961년 한반도 중립화를 공개 지지한 바 있다.[97] 이후 남한에도 중립화 통일 방안을 옹호하는 시민단체들이 여럿 생겨났다.[98]

 하지만 공산주의를 금지하고 중립조차 좌 편향으로 인식하는 사회에서는 중립화 주장이 점점 설 자리를 잃어갈 수밖에 없었다.

때문에 한국의 젊은 진보주의자들은 중립화 대신 통일에 집중하게 됐다. 통일은 별로 위험하게 들리지 않았고, 정부 당국도 그렇게 인식했다. 하지만 통일의 개념 역시 추구하는 정신이나 뉘앙스를 볼 때 일정 부분 중립화가 지향하는 바와 동일한 가치, 관점을 내포하고 있었다. 1980년대 이후 한국의 젊은 진보 세력은 사회·정치적으로 보다 받아들이기 쉬운 개념인 통일이라는 구호 아래 결집했다. 중립화를 주장하던 세력도 여기도 합류했다.

진보 세력은 통일에 대한 대중의 지지를 이끌어내기 위해선 민주적 절차가 필요하다는 사실을 깨달았다. 이제 통일이라는 목표에 민주화가 더해졌다. 학생, 진보 운동 세력이 정치적 민주화와 한반도 통일이라는 두 가지 목표하에 활발한 정치 운동을 전개하는 시대가 열렸다. 1970~1980년대에 걸친 민주화와 통일 운동은 마침내 한국 정치의 민주화를 이뤄냈다. 신흥 산업국에서는 보기 드문 중요한 성취였다. 김용중과 리들리 그룹이 한반도 중립화 노력을 통해 한국의 민주화와 통일 운동의 기초를 마련한 셈이다.

하지만 중립화의 대의를 추구한 대가로 그들의 평판은 땅에 떨어졌다. 앞서 설명한 이유로 한국 당국은 리들리 그룹을 공산주의자와 다를 바 없는 안보 위협으로 간주했다. 한인 사회 역시 김용중, 김호, 김형순, 김원용이 공산주의자는 아닐지 몰라도 좌익임에는 틀림없다고 인식했다. 하지만 리들리 그룹은 한 치의 물러섬도 없이 20년 넘게 중립화를 주창했고 뜻깊은 유산을 남겼다. 중립화를 통한 분단 극복과 통일의 가능성을 한국 국민들과 미주 한인 사회, 그리고 전 세계에 일깨워준 것이다.

주

제7장 국가, 사회자본, 초국가주의의 역할

1. Martin Seymour Lipset, American Exceptionalism: A Double-Edged Sword(New York: W. W. Norton, 1996); David Wrobel, The End of American Exceptionalism: Frontier Anxiety from the Old West to the New Deal(Lawrence: University of Kansas Press, 1993).
2. 미국은 1844년 왕샤 조약을 통해 이 같은 수혜를 얻어냈다; Immanuel C.Y. Hsu, The Rise of Modern China, 6th ed.(New York: Oxford University Press, 2000), p. 191.
3. Eugene C. I. Kim and Han-kyo Kim, Korea and the Politics of Imperialism, 1876~1910 (Berkeley: University of California Press, 1967), p. 13.
4. Ibid.
5. 최봉윤, Koreans in America(Chicago: Nelson-Hall, 1979), pp. 43~49; Kim and Kim, Korea and the Politics of Imperialism, pp. 16~24.
6. 최봉윤, Koreans in America, p. 54.
7. James S. Gale, Korea in Transition(New York: Board of Foreign Missions of the Presbyterian Church in the U.S.A., 1909), pp. 257~258.
8. Andre Schmid, Korea between Empires, 1895~1919(New York: Columbia University Press, 2002); Choy, Koreans in America, pp. 52~55; Kim and Kim, Korea and the Politics of Imperialism, pp. 23~30.
9. William Castle, Hawaii Past and Present(New York: Dodd, Mead & Company, 1917), p. 66.
10. Ibid., pp. 65~67.
11. Ibid., pp. 47~52.
12. Wayne Patterson, The Korean Frontier in America: Immigration to Hawaii, 1896~1910 (Honolulu: University of Hawaii Press, 1988), p. 12; Andrew Lind and Katherine Coman, The History of Contract Labor in the Hawaiian Islands and Hawaii's Japanese(New York: Arno Press, 1978), pp. 63~64.
13. Patterson, Korean Frontier, p. 6.
14. Ibid., pp. 12~16.
15. Ibid., pp. 22~30.
16. 하와이 이민을 승인받기까지 고종을 어떻게 설득했는지에 관한 보다 자세한 기록은 Ibid., pp. 38~41 참조.
17. Ibid., pp. 42~44.
18. 이는 '개국 진취'와 같은 운동이 벌어진 데 힘입은 것이다. 김원용, 《재미 한인 오십년사》(Reedley,

CA: Kim Ho Publisher, 1959), 4쪽.
19. Patterson, Korean Frontier, p. 43.
20. 김원용, 《재미 한인 오십년사》, 6쪽; 다른 문헌에 따르면 이 숫자는 7,200명 정도였다: Murabayashi, D.H. Lee, 《하와이 이민 백년》, 서울, 대한민국: 중앙 M&B, 2003, 23쪽.
21. Patterson, Korean Frontier, pp. 37, 67~72.
22. 일제는 1904~1905년 사이 일련의 협정들을 강요했고 1905년 11월 17일 을사늑약으로 정점을 찍었다. Kim and Kim, Korea and the Politics of Imperialism, p. 121.
23. Gale, Korea in Transition, p. 193.
24. Patterson, Korean Frontier, pp. 50~53.
25. Ibid., pp. 185; 191~192; 201.
26. 1903~1950년 사이 하와이 교민들은 36개의 교회를 세웠다. 멕시코에 2개, 쿠바에 1개, 북미에 16개의 교회가 세워졌다; 김원용, 《재미 한인 오십년사》, 40~70쪽. 하와이, 북미의 한인 이민자들에게 교회는 민족주의를 배양하고 정신적 위안을 주는 곳이었다. 이만열, 〈미주 한인 교회와 독립 운동〉, 《미주 한인의 민족 운동》, 서울, 대한민국: 도서출판 혜안, 2003, 63~112쪽; 기독교가 한인 정체성 형성에 어떻게 기여했는지는 Kenneth Wells, New God, New Nation: Protestants and Self-Reconstruction Nationalism in Korea 1896~1937(Honolulu: University of Hawaii Press, 1990).
27. James Olson, The Ethnic Dimension in American History(New York: St. Martin's Press, 1979), pp. 184~185.
28. Ibid., p. 337.
29. 김원용, 《재미 한인 오십년사》, 80~81쪽.
30. Ibid., 81~82쪽.
31. 서재필의 생애에 관한 최고의 기록은 서동성, "The 'Grandfather' I Didn't Know"(Los Angeles: Unpublished essay, 2006), pp. 1~12.
32. 이주영, 《우남 이승만: 그는 누구인가?》, 서울, 대한민국: 배재학당 총동창회, 2008, 41~63쪽.
33. 일본이 결국 미국과 격돌할 것이라고 경고하며 세계 정치 질서에서 일본의 역할을 분석한 이승만의 통찰력에 대해서는 Syngman Rhee, Japan Inside Out: The Challenge of Today(New York: Fleming H. Revell Company, 1941).
34. Henry Cu Kim, The Writings of Henry Cu Kim: Autobiography with Commentaries on Syngman Rhee, Pak Yong-man and Cheong Sun-man, edited and translated by Suh Dae-sook(Honolulu: University of Hawaii Press, 1987), pp. 263~260.
35. 김형찬, 《도산 안창호: A Profile of a Prophetic Patriot》 로스앤젤레스: 도산안창호선생기념사업회, 1996, 1~3쪽.
36. Ibid., 15~42쪽; 추가로 안창호의 사회, 정치적 사상에 관해서는 안병욱, 《도산 사상》, 서울, 대한민국: 삼육출판사, 1972.
37. Stephen Castles, "The Myth of the Controllability of Difference", in Brenda S. Yeoh and Katie Willis, eds., State/Nation/Transnation: Perspectives on Transnationalism in the Asia Pacific(New York: Routledge, 2004), p. 26.
38. Kim and Kim, Korea and the Politics of Imperialism, p. 123.
39. Richard Kim, "Durham White Stevens and the Intersections of Korea, Japan and U.S. Relations", paper presented at Seminar on the Historical Significance of the Patriotic

Deed of Chang In-whan and Chun Myeng-woon, Independence Hall of Korea, Hilton Hotel, San Francisco, March 21, 2008, pp. 22~23.
40. Ibid., p. 27.
41. Ibid., p. 28; Hilary Conroy, The Japanese Frontier in Hawaii, 1868~1898(Berkeley: University of California Press, 1953), pp. 93~98.
42. Richard Kim, "Durham White Stevens". p. 28.
43. Brandon Palmer, "American Media Coverage of the Assassination of Durham White Stevens", paper presented at Seminar on the Historical Significance of the Patriotic Deed of Chang In-whan and Chun Myeng-woon, Independence Hall of Korea, Hilton Hotel, San Francisco, March 21, 2008, p. 94.
44. Ibid.
45. 김원용, 《재미 한인 오십년사》, 330쪽.
46. Palmer, "American Media Coverage", p. 94.
47. Ibid., p. 96.
48. 김원용, 《재미 한인 오십년사》, 326~327쪽.
49. Ibid., 319~320쪽.
50. Ibid., 317~318쪽.
51. 박민영, 〈상항 의거가 국내에 미친 영향〉, Paper presented at Seminar on the Historical Significance of the Patriotic Deed of Chang In-whan and Chun Myeng-woon, Independence Hall of Korea, Hilton Hotel, San Francisco, March 21, 2008, 120~121쪽.
52. Ibid., 112~114쪽.
53. Ibid., 115~117쪽; 김원용, 《재미 한인 오십년사》, 119~166쪽.
54. Donald Clark, Living Dangerously in Korea: The Western Experience, 1900~1950, (Norwalk, CT: EastBridge, 2003), p. 45.
55. 이승만은 결국 파리에 가지 못했다. 일본의 방해로 미국 국무부가 여행 허가증 발급을 거부했기 때문이다. 이주영, 《우남 이승만: 그는 누구인가?》, 76~77쪽. 김규식은 이미 1919년 1월 파리에 중국의 신한청년당을 대표하는 한국 공사관을 설립했다. 그는 한국을 대표해 평화 회의에 탄원서를 제출했다. "Korea and the Peace Conference", 〈해외의 한국 독립 운동사료, 미주편 1〉, 《한국평론》, 서울, 대한민국: 국가보훈처, 1994, 106~108쪽. 김원용, 《재미 한인 오십년사》, 368~370쪽.
56. Donald Clark, Living Dangerously, p. 46.
57. Bruce Cumings, Korea's Place in the Sun: A Modern History(New York: W. W. Norton, 1997), pp. 154~155. 한국 민족주의의 발호에 대한 또다른 해석은 Kenneth Wells, New God, New Nation: Protestants and Self-Reconstruction Nationalism in Korea 1896~1937(Honolulu: University of Hawaii Press, 1990), pp. 1~16.
58. Cumings, p. 156.
59. Donald Clark, Living Dangerously, p. 46.
60. Suh Dae-sook, Documents of Korean Communism, 1918~1948(Princeton, NJ: Princeton University Press, 1970), pp. 17~18.
61. Suhr, "Grandfather", p. 4.
62. 이주영, 《우남 이승만: 그는 누구인가?》, 80~81쪽.
63. Suhr, "Grandfather", p. 7.

64. "League of the Friends of Korea", 〈해외의 한국 독립 운동사료, 미주편 1〉, 《한국평론》, 서울, 대한민국: 국가보훈처, 2001.
65. Ibid., 236~237쪽.
66. Ibid., 127쪽.
67. 김원용, 《재미 한인 오십년사》, 228~230쪽.
68. "First Korean Student Conference in Dinuba, California", 〈해외의 한국 독립 운동사료, 미주편 1〉, 109쪽.
69. 김원용, 《재미 한인 오십년사》, 195~197쪽.
70. "Dinuba Meeting", 〈해외의 한국 독립 운동사료, 미주편 1〉, 241~242쪽.
71. "Meeting in Sacramento", 〈해외의 한국 독립 운동사료, 미주편 1〉, 240~241쪽.
72. 이자경, 《한국인 멕시코 이민사》, 서울, 대한민국: 지식산업사, 1998, 364~365쪽.
73. 천지명, 〈해제〉, 《미주 지역 한국 민족 운동사 자료집 3》, 서울, 대한민국: 도산안창호선생기념사업회, 2004, 6쪽.
74. Ibid.
75. Ibid.
76. Warren Y. Kim, Koreans in America, 서울, 대한민국: 보진재, 1971, pp. 125~126. 이 책은 《재미 한인 오십년사》의 영문판이다.
77. Edward Burns et al. World Civilizations: Their History and Their Culture, 6th ed., vol. 1, (New York: W.W. Norton, 1982), p. 530.
78. Dun J. Li, The Ageless Chinese: A History, 2nd ed.(New York: Charles Scribner's Sons, 1971), p. 485.
79. Ibid., pp. 484~487.
80. David Kennedy, Freedom from Fear: The American People in Depression and War, 1929~1945(New York: Oxford University Press, 1999), pp. 396~399.
81. Ibid., pp. 426~438.
82. Ibid., pp. 516~520.
83. 홍선표, 〈재미 한족 연합위원회 연구〉, 54쪽.
84. Ibid., 105쪽.
85. 정병준, 〈김호와 리들리 그룹〉, Paper presented at Kim Ho Memorial Lecture, 서울, 대한민국: 국가보훈처, 2003, 35쪽.
86. 김원용, 《재미 한인 오십년사》, 435쪽.
87. Ibid., 417~418쪽.
88. 정병준, 〈김호와 리들리 그룹〉, 34쪽.
89. Ibid., 34~35쪽.
90. Cumings, Korea's Place in the Sun, pp. 185~192.
91. 정병준, 〈김호와 리들리 그룹〉, 41~44쪽.
92. Ibid., 27~28쪽.
93. Ibid., 29쪽.
94. "Does Austria Point the Way for Korea?", Voice of Korea 12, no. 205, May 28, 1955.
95. "Unification: A UN Task", Voice of Korea, No. 197, 31 August 1954; "UN Needs New Approach to Korea", Voice of Korea, no. 261, September-October, 1960.

96. 황인관, One Korea Via Permanent Neutrality: Peaceful Management of Korean Unification (Cambridge: Schenkman, 1987), p. 63.
97. Ibid., p. 65.
98. 변홍진, 〈언론인 김용중 선생: 언론을 통한 광복과 통일 운동의 기수〉, Paper presented at Seminar on Refocusing on Central California Korean Immigrant History(프레즈노, 캘리포니아, 중가주 한인 역사 연구회, 2003), 58~59쪽.

제8장

결론

남북전쟁이 막을 내리고 산업화가 진행되던 시기, 미국인들은 호레이쇼 앨저Horatio Alger의 이야기로부터 큰 위안을 얻었다. 앨저의 소설에 등장하는 인물들은 근면, 인내, 자립심, 자기 절제를 통해 역경을 극복했다. 누구든 열심히 일하기만 하면 성공할 수 있다는 "누더기에서 부자로rags to riches"의 신화가 모두의 입에서 회자됐고, 오늘날 미국의 번영을 이룬 주춧돌이 됐다. 사람들은 열심히 일하면 경제적으로 성공할 수 있을 뿐 아니라, 그 성공을 통해 신의 은총도 드러난다고 믿었다.[1]

'아메리칸 드림'이라는 통념은 전도사 출신 소설가 호레이쇼 앨저로부터 비롯되어 널리 퍼졌다고 할 수 있다. 앨저가 19세기 후반에 주로 쓴 120편의 소설은 근면함과 절제력을 갖춘 주인공이 신의 은혜를 통해 "누더기"에서 "부자"로 일어서는 모습을 그려내고 있다. 한인 이민자들은 아마 앨저의 소설을 읽기는커녕 앨저라는 이름조차 들어본 적이 없을 것이다. 하지만 20세기 초의 한인 이민자들은 앨저가 아메리칸 드림을 이루기 위해 필요하다고 여겼던 미덕을 거의 다 갖추고 있었다. 사탕수수 농장주들이 한국인을 하와이로 데려오려 했던 이유이기도 한 근면함, 강한 직업의식, 유교적 자기 절제야말로 한인 이민자들을 특징짓는 자질이었다. 훌륭한 노동자의 자질을 두루 겸비했던 한인들은 하와이 사탕수수밭과 아이오와의 탄광, 그리고 캘리포니아의 농장, 과수원, 논, 철도 건설 현장 등에서 힘난한 노동을 감당해냈다.

한인 이민자들은 또한 대부분 기독교 신자였기 때문에 신의 은총 안에서 사는 것처럼 보이기도 했다. 한국에서는 일제의 박해에도 굴하지 않고 교회에 나갔고, 하와이와 북미에 정착한 후에는 스스로의 선택으로 예배당을 지어 신앙의 자유를 마음껏 누렸다. 하와이에만 39개의 교회를 지었고,[2] 북·중가주의 샌프란시스코, 오클랜드, 스탁튼, 다뉴바, 델라노, 리들리, 윌리엄스 등에도 교회를 최소 한 곳 이상 세웠다. 남가주에서는 로스앤젤레스 및 인근에 여러 개의 교회가 세워졌다. 중서부 시카고와 동부 해안의 뉴욕에도 각각 한인 교회가 생겨났다.[3] 이쯤 되면 미국 이민사 연구자들이 아시아계 이민자 중 가장 독실했던 이들로 한국인을 꼽는 것도 전혀 놀랍지 않다.[4] 그렇다면 이런 성공의 요건을 두루 갖췄던 한인들은 결국 아메리칸 드림을 이뤄냈을까? 슬프게도, 아니었다.

한인들의 아메리칸 드림을 방해한 최대 걸림돌은 바로 아시아계 이민자라는 사실이었다. 20세기 초 미국에서 아시아계 이민자가 단순한 육체노동 이상의 일자리를 얻기란 거의 불가능했다. 설사 숙련된 기술이나 전문 지식이 있어도 인종 차별의 벽에 가로막혀 더 나은 직업으로 옮겨갈 수 없었다.[5] 동양인은 법적으로 부동산을 소유할 수 없었고 은행은 돈을 빌려주지 않았다. 아시아계 이민자에겐 귀화가 허용되지 않았기 때문에 시민으로서 누릴 수 있는 권리도 없었다. 설상가상으로 한인들은 1910년 나라를 잃고 무국적자 신세가 됐다. 일본 국적을 선택하지 않는 한 곤경에 처하거나 도움이 필요할 때 손을 내밀어 줄 모국 정부가 없었다.

물론 예외적인 성공도 있었다. 김종림은 북가주에서 쌀농사로 부자가 됐다. 리들리의 김형제상회는 복숭아 재배와 묘목업, 포장업으로 수백만 달러를 벌어들였다. 한시대는 델라노에서 성공한 농부가 됐다. 김송위탁판매소를 동업한 김용중과 송철은 다뉴바, 로스앤젤레스에서 수익성 좋은 과일 도매업을 경영했다. 캘리포니아 맥스웰의 이재수는 존경받는 쌀 농사꾼으로 이름을 남겼다. 하지만 이런 예외는 극히 드물어서, 한인 이민자 대부분은 최저 수준에서 근근히 생계를 꾸렸다.

기독교 신앙과 독립운동이 없었다면 가난과 좌절로 인한 절망의 나락에 빠질 수밖에 없는 상황이었다. 신실한 기독교 신앙은 차별과 척박한 환경을 버텨낼 힘을 줬다. 교회는 안식처이자 위로와 평안을 주는 곳이었다. 1910년 나라가 망하자 이제 한인 이민자들에게는 더 큰 삶의 의미가 부여됐다. 생존의 늪에서 허우적대던 이들조차도 그랬다. 한인 민족주의자들은 빼앗긴 주권을 되찾기 위해 독립운동에 나섰다. 하와이, 북미의 한인들은 희생을 무릅쓰고 대한민국 임시정부, 대한인국민회, 이승만의 동지회, 재미한족연합위원회, 안창호의 흥사단 등 주요 애국 단체에 활동 자금을 기부하며 독립운동에 힘을 보탰다. 초라한 수입에 변변한 생필품도 없이 지내면서도 조국의 변화를 만들어 내겠다는 일념으로 아낌없는 기부 행렬에 동참했다. 이런 희생이 가능했던 이유는 조국의 독립이야말로 공동체의 에너지를 한데 모으고 민족적 정체성을 공유할 수 있는 공동의 목표였기 때문이다. 이를 통해 이민자로서의 생존 투쟁도 한 단계 높은 인식의 차원으로 올라설 수 있었다. 그저 생존하기 위해 하루하루를 버틴다는 것보다는 더 나은 삶의 의미를 찾아야 했다. 어떻게든 살아남아 조국의 미래에 작은 밀알이라도 된다면 충분히 의미 있는 삶이었다.

한인들의 독립운동은 국경의 벽을 넘어섰다. 북미, 중국, 한국, 일본, 극동 러시아, 하와이, 멕시코 등지에서 한민족으로서의 결속력과 정체성을 널리 공유했다. 그러한 초국가적 시민 의식은 독립을 대의로 내세운 다양한 정치 활동에서 의심의 여지 없이 증명됐다.

임시정부, 대한인국민회, 재미한족연합위원회를 중심에 둔 하와이, 북미 한인들의 지원 활동을 주류라고 한다면, 중가주 진보 세력의 대한인노동사회개진당 창당이나 로스앤젤레스 학생과 지식인들의 좌익 운동은 공개적으로 인정받지 못한 비주류 활동이었다고 할 수 있다. 하지만 미주 한인의 진보·좌익 운동을 그저 역사의 각주 정도로만 취급해서는 곤란하다. 그 자체로도 연구 가치가 충분할 뿐 아니라 광범위한 한국 독립운동사의 일부로서 정당한 지위를 인정받을 자격이 있다. 역사의 다차원적 총체를 더욱 깊이 이해하기 위해서도 필요한 일이다.

해방 후 미주 한인들의 가장 중요한 정치 활동이라 할 김용중과 리들리 그룹의 한반도 중립화 운동도 한인 좌익 운동에 관한 연구의 범주에 포함시켜야 한다. 한반도 중립화 운동은 한국과 미주 한인 사회에서 이념적 감정선을 자극했다. 한국 정부는 김용중과 리들리 그룹이 좌익 성향, 더 나아가 노골적 공산주의 성향을 한반도 중립화라는 가면 뒤에 감추고 있다고 간주했다. 리들리 그룹의 친구나 이웃들조차 그렇게 생각했다.

리들리 그룹은 정말로 좌익이었을까? 김용중, 김호, 김형순이 매우 부유한 부르주아였음을 감안하면 이런 질문은 더욱 씁쓸하게 느껴진다. 자본주의의 수혜자들이 어떻게 좌익일 수 있었을까? 그들의 좌익적 성향은 과연 어느 정도였던 걸까? 본 연구를 통해 내린 단 하나의 결론은 그들이 민족주의자였다는 사실이다. 좌익이었는지, 중도주의자였는지 여부는 민족주의와 이데올로기가 서로 교차했던 당대의 민족주의 운동에 관한 의문들과도 궤를 같이한다.

한국과 미국은 오랜 세월에 걸쳐 불가분의 관계를 유지해왔다. 한국은 근대적 발전 과정에서 미국 선교사들에게 큰 신세를 졌다. 미국 선교사들이 복음을 전파하고, 자유와 평등에 대한 생각을 심어주고, 현대적 교육 시설과 병원을 지어주고, 이민을 장려하지 않았다면 한국의 근대화는 상당 기간 지체됐을 것이다.[6] 한국은 1882년 체결된 조미수호통상조약으로 문호를 개방한 덕분에 미국 선교사들의 영향력을 국가 발전에 활용할 수 있었다. 초기 미국 선교사 중 가장 중요한 인물은 하와이 단체 이민을 처음으로 성사시킨 호레이스 앨런이었다. 앨런이 아니었다면 한인 하와이 이민은 그때, 그 방식으로 이뤄지지 못했을 것이다. 미국 선교사들은 수많은 기독교인을 배출했고, 그들 중 상당수가 하와이 이민자 집단을 이뤘다.

1882년 이후 한미 관계는 중단 없이 지속돼 왔다. 양국을 연결하는 역사의 끈은 하와이 이민, 전후 미군의 남한 점령, 분단에 대한 미국의 개입, 한국전쟁 등으로 얼기설기 엮여 있다. 한국전쟁의 유산은 현재까지도 남아있다. 미군 2만 8,500명이 한국에 주둔 중이고, 북한은 핵무기를 개발하기에 이르렀다. 오늘날 이민자와 학생들이 꾸준히 미국에 유입되는 모습을 지켜보자면 하와이 이민이 한 세기 전에 시작됐고 한인 이민자들이 끊임없이 미국 역사에 기여해왔음을 새삼 떠올리게 된다. 한미 관계의 역사는 거의 140년 전으로 거슬러 올라간다. 예나 지금이나 한국계 이민자들은 이 오랜 양국 관계의 중요한 연결 고리다.

주

제8장 결론

1. Matthew Warshauer, "Who Wants to Be a Millionaire: Changing Conceptions of the American Dream", American Studies Today Online, February 13, 2003.
2. 이만열, 〈미주 한인 교회와 독립 운동〉, 《미주 한인의 민족 운동》, 서울, 대한민국: 도서출판 혜안, 2003, 68쪽; Kenneth Wells, New God, New Nation: Protestants and Self-Reconstruction Nationalism in Korea 1896~1937(Honolulu: University of Hawaii Press, 1990).
3. 김원용, 《재미 한인 오십년사》(Reedley, CA.: Charles Ho Kim, 1959), 50~72쪽.
4. 중국인들은 도교 사원을, 유교를 믿는 이들은 사당을, 일본인들은 신사 혹은 불교 사원을 지었다. James Olson, The Ethnic Dimension in American History(New York: St. Martin's, 1979), pp. 182, 334. Lan Cao and Himilce Novas, Everything You Need to Know about Asian-American History(New York: Plume, 1996), pp. 254~255; Donald Clark, "The Jerusalem of the East", in his Living Dangerously in Korea: The Western Experience 1900~1950(Norwalk, CT: EastBridge, 2003), pp. 120~121; Don Baker, "Christianity Koreanized" in Hyung Il Pai and Timothy Tangherlini (eds)., Nationalism and the Construction of Korean Identity, Korea Research Monograph 26(Berkeley, CA: Institute of East Asia, 1998), pp. 108~125.
5. 캘리포니아를 포함한 11개 주에서 한국인들이 땅을 사거나 소유하는 것이 허용되지 않았고, 15개 주에서는 한국인과 백인의 결혼을 금지했다. 뉴욕시에서는 27개 직종에서 한국인의 접근을 금지했다. Bruce Cumings, "America's Koreans", Korea's Place in the Sun: A Modern History(New York: W. W. Norton, 1997), p. 441. 캘리포니아주는 1913년 외국인 배척법을 시행해 아시아계의 토지 소유, 임대를 금지했다.
6. 한국의 기독교 역사가 1882년 한미조약 체결 이후 한국에 들어온 미국 개신교 선교사로부터 시작됐다고 인식해서는 곤란하다. 이미 천주교가 중국에서 들어와 1784년 첫 교회가 세워진 이래 널리 전파돼 있었다. 하지만 조선 조정이 천주교도들을 박해하자 사실상 소멸되어 지하로 숨어 들었다. Don Baker, Christianity Koreanized, p. 112. 한국의 초기 근대화에 기여한 미국 선교사들의 이야기를 읽어 보려면 James S. Gale, Korea in Transition(New York: Board of Foreign Missions of the Presbyterian Church in the U.S.A, 1909), pp. 159~188; Homer Hulbert, The Passing of Korea(서울, 대한민국: 연세대학교 출판부, 1969 reprint, first published 1906), pp. 456~460; Bruce Cumings, Korea's Place, p. 111; Donald Clark, Living Dangerously, pp. 222~239; Kyung Moon Hwang, "Country or State? Reconceptualizing Kukka in the Korean Enlightenment Period, 1896~1910", Korean Studies 24, pp. 1~5. "Nation, State and the Modern Transformation of Korean Social Structure", History Compass, 5/2 (2007), pp. 335~336.

도움 주신 분들

이 책을 쓰는 과정에서 수많은 이들의 도움을 받았다. 원고를 읽고 건설적 비평과 함께 편집 방향을 제언해 준 나의 친구이자 프레즈노 캘리포니아주립대 정치학과 동료인 러셀 마든 교수에게 깊은 감사를 드린다. 서울대 명예교수이자 재외동포재단 이사장을 지낸 이광규 박사는 원고의 첫 3개 장을 검토한 뒤 격려의 조언을 남겨줬다. 서동성 변호사와 방흥규 교수 역시 리뷰와 조언으로 도움을 줬다. 또한 나의 멘토이자 동료였던 고 조지 토튼 남가주대 교수가 초고를 검토하고 격려해 준 덕분에 연구를 지속할 힘을 얻을 수 있었다. 소장 도서를 빌려줘 더 넓은 역사적 맥락으로 사고의 지평을 넓힐 수 있게 해 준 프레즈노 캘리포니아주립대 역사학과의 시드니 장 교수에게도 감사의 말씀을 전한다. 프레즈노 캘리포니아 주립대의 아시아계 미국학·인종학 교수인 프랭클린 엔 교수는 중국인 이민자와 캘리포니아 농업의 발전을 비롯한 여러 주제에 관한 귀중한 자료들을 찾아내는 데 협력해 줬다. 로스앤젤레스 캘리포니아주립대 유의영 교수는 미주 한인의 역사와 인구통계학에 대한 지식을 아낌없이 전수해줬다. 리들리 시 행정 담당관 로키 로저스는 리들리 한인에 관한 내용을 검토하고 건설적 조언을 남겨줬다.

대한인노동사회개진당 기관지 《동무》의 최초이자 마지막이었던 발행본을 찾아내 이 진귀한 문서를 연구에 활용할 수 있게 도와준 하버드대 엔칭도서관의 엘렌 맥길에게도 감사의 말씀을 전하고 싶다. 김용중

선생의 부인인 고 메리 김과 딸 메릴린 김은 컬럼비아대 도서관에 보관돼 있던 선생의 논문집 내용을 얼마든지 활용하라고 친절하게 허락해 줬다. J. P. 모건 이코노미스트였던 양재훈 박사가 컬럼비아대 찰스 암스트롱 교수를 소개해 준 데 대해서도 고마움을 전한다. 암스트롱 교수가 대학원생 리처드 김을 소개해 준 덕분에 컬럼비아대 희귀 도서관에 있는 김용중 논문 모음집에서 필요한 자료를 복사할 수 있었다. 가족사를 들려주고 가족사진까지 친절하게 제공해 준 김호 선생의 손녀 데이시 에타 김, 그리고 부친 송철 선생에 대한 자료를 연구에 이용할 수 있게 도와준 유진 송에게도 감사드린다. 대릴 송은 툴레리 카운티 도서관에서 옛 신문 자료를 검토해 초기 한인 이민자들에 관한 내용을 발췌해 줬다.

캘리포니아 맥스웰의 쌀 농부였던 이재수 선생의 자녀들, 특히 막내딸 메리 루이는 현존하는 유일한 한인 쌀 농가의 일원으로서 귀중한 자료를 공유해 줬다. 그녀가 공유해 준 가보와 유물, 그리고 삶의 기억 등은 내가 이민 1세대의 후손들에게 기대했던 바로 그것이었다. 수십 점의 역사적 유물, 기념품, 자료를 CCKHS의 특별 소장품으로 보전할 수 있게 된 것 역시 전적으로 메리의 너그러움과 공유 정신 덕분이었다. 이선주 목사는 1930~1940년대 로스앤젤레스의 좌익 계열 정치인과 한인 교회사에 대한 지식을 아낌없이 나눠줬다. 김형순 지사의 손자인 언론인 김운하는 한인 커뮤니티의 정치·사회적 삶을 좌지우지했던 김형제상회의 동업자 김형순, 김호 선생의 삶에 대한 자료와 기억을 제공해 줬다. 대한민국 임시정부에서 헌신적으로 일했던 애국자 현순 목사의 아들 피터 현이 쓴 두 권의 책을 알려준 K. W. 리에게도 감사드린다. 피터 현이 본인과 가족에 관해 쓴 전기를 발견한 덕분에 역사가뿐 아니라 한국의 젊은 세대도 역사적 가치가 큰, 상하이 정치 망명객과 그 가족의 힘겨웠던 삶에 관한 일차 문헌을 영문으로 접할 수 있었다.

랄프 안, 고 월터 한, 제인 한, 아이다 박, 존 고의 자손인 사라 고와 로즈 고 카리소사, 테드 셀라야에게도 감사의 인사를 전하고 싶다. 이들은 다뉴바에서 자란 어린 시절 부모와 조부모, 여러 사건에 대한 소중한 기억을 공유해 줬다. 허버트 신과 존 장이 들려준 다뉴바, 리들리의 초기 한인 이민자들의 이야기는 값을 매길 수 없는 귀중한 역사 수업이었다. 고 윌리 강은 부친에 대한 기억, 김형제상회와의 관계 등에 관해 시간을 아끼지 않고 들려줬다. 이승만 전기를 보내준 서울대 정용덕 교수, 소장 자료와 함께 통찰력도 제공해 준 윤병욱 전 한인재단 이사장께도 감사 드린다.

전 리들리 시장이자 CCKHS 이사인 조셉 로즈Joseph Rhodes가 리들리의 사회, 역사, 권력 구조에 대한 시야를 넓혀준 덕분에 20세기 초 리들리 소수민족의 삶을 그려낼 수 있었다. 리들리 묘역 관리자인 빌 콘래드에게도 특별히 감사를 전한다. 묘지 명단에서 한인을 추려내고 사망 증명서를 확보하는 작업에 큰 도움을 받았다. 다뉴바의 역사와 묘지에 대한 지식을 공유해 준 스미스 마운틴/알타 묘역 관리자인 다니엘 던컨에게도 감사드린다.

프레즈노 캘리포니아주립대의 헨리 매든 도서관 직원들도 연구 수행에 매우 커다란 도움을 줬다. 희귀 도서와 자료를 오랜 기간 대여할 수 있도록 허락해 준 남가주대 동아시아 한국 유산 도서관의 켄 클라인 박사와 조이 김에게도 특별히 감사드린다. 조이 김은 한국 학생들에게 남가주대 도서관의 《신한민보》 마이크로필름을 샅샅이 뒤지는 작업을 맡겨 자료 확보에 도움을 줬다. 프레즈노 카운티 도서관에서는 샌호킨 밸리의 초기 개발에 대해 귀중한 자료와 정보를 얻을 수 있었다. 하와이의 미주 한인 이민 100주년 기념사업회와 재외동포재단의 지원으로 연구비를 마련할 수 있었다. 또 프레즈노 캘리포니아주립대 정치학과, 사회과학대학이 지원해 준 자금으로 마이엇, 마미야프 티샤 두 명의 대학원생을 고용해 17년간 발행된 《보이스 오브 코리아》 내용을 분석할 수 있었고, 연구의 참고문헌을 정리한 대학원생 그레이스 차의 조력도 이 자금 덕분에 가능했다. 그리고 발로 뛰며 이민자 후손들이 소장하고 있는 가보 기념물, 역사 자료 수집에 지대한 공헌을 한 차기호(앤드루 차)에게도 깊은 감사를 드린다.

나의 친우이자 전 CCKHS 회계 담당, 프레즈노 시립대학의 연구 책임 교수 김익근 박사는 CCKHS의 이사진, 고문단과 더불어 이 책을 완성하기까지 모든 과정에서 나를 격려해줬다. 마지막으로, 최종 출판 작업에서 원고 형식을 통일하고 교열하는 업무를 맡아준 앤 바이어에 대한 감사도 빼놓을 수 없다. 아내와 아이들이 인내심을 잃지 않고 협력해준 점에 대해서도 고맙게 생각하는 바이다. 모든 것은 도와준 이들 덕분이고, 실수는 전적으로 나의 잘못이다.

옮긴이의 말

2018년 국내외에서 선풍적 인기를 끈 〈미스터 션샤인〉이라는 드라마가 있다. 국권이 일제에 넘어가던 혼돈과 절망의 시대, 나라로부터 보호받기는커녕 처절하게 버림받고 상처 입은 백성들이 있었다. 힘겨운 생존 투쟁 끝에 얻어낸 안정적 삶과 한 많은 목숨마저 미련스럽게 내던지는 극중 인물들의 마음은, 시작은 한 여인을 향한 연정이었지만 나중엔 그토록 원망하던 조국을 끝내 외면하지 못한 미련이었다.

"뜨겁고 의로운 이름, 의병義兵. 역사는 기록하지 않았으나 우리는 기억해야 할, 무명의 의병들."

〈미스터 션샤인〉의 김은숙 작가가 기억하고자 했던 이름 없는 의병들의 이야기는 드라마보다 앞서 2010년에 쓰인 이 책에도 고스란히 녹아 있다.

놀랍게도 100여 년 전 태평양 건너 미국 땅에도 의병이 있었다. 총칼이나 죽창을 들고 일어선 건 아니지만 피, 땀, 눈물로 얼룩진 돈을 고스란히 독립의 대의에 바친 의병이 무려 수천이나 있었다. 미국 거리에서 권총을 뽑아 친일파 미국인을 응징하는가 하면, 하늘에서 일제와 붙어 보겠다며 비행기를 사들여 조종사를 훈련시킨 전설적 의병도 있었다.

　희망 없는 비루한 삶을 뒤로하고 미지의 신대륙으로 떠나갔던 이민자들은, 몸은 등졌어도 마음만은 조국에 남겨두고 온 의병이었다. 독립운동에 돈을 댄 부유한 재미 교포쯤으로 막연하게 인식되던 이들의 실체는, 험한 인종 차별에 시달리며 식민지 백성과 하등 다를 바 없는 비참한 삶을 이어가던 외롭고 가난한 민초였다.

　이 책은 역사에 제대로 기록되지도, 후세에 기억되지도 못한 채 100년간 묻혀 있던 초기 미국 이민자들의 삶의 조각들을 하나하나 모으고 엮어 생생하고 매혹적인 초상화로 완성해 냈다. 이름 없는 이민자 선조들과 몇몇 지도자들을 그러모아 만들어 낸 이 거대한 모자이크 작품의 디테일을 찬찬히 감상하노라면, 독자 누구나 절절하고, 뭉클하고, 숙연하고, 안쓰러운 감정의 파고를 겪게 될 것이다.

　저자는 과연 어떤 사람들이 기약 없는 이역만리 이민 길에 겁 없이 나섰는지, 미국에 가서 어떤 일을 하고 어떤 삶을 살다 어떻게 죽었는지, 조국의 독립과 통일을 위해 어떻게 헌신했는지 등을 가능한 모든 방법을 동원해 복원해 냈다. 중부 캘리포니아 너른 들판에 가뭇없이 묻혀 있던 초기 이민자들의 삶의 흔적을 5년 여의 끈질긴 추적 끝에 되살려낸 재미 학자 차만재 교수의 헌신과 열정에 새삼 경의를 표한다.

이 책은 한국은 물론 미국의 역사에서도 당당한 주체로 대우받아야 할 초기 한인 이민자들의 공헌을 영어로 기록한 연구 보고서라는 점에서도 가치가 크다.

캘리포니아의 보잘것없던 시골 마을은 한인 정착민들과 더불어 발전했다. 이민자와 그 후손들은 세계대전을 치르는 미국을 직간접으로 지원했고, 시민의 의무를 다하며 사회 공동체에 기여했다. 이런 뜻깊은 책을 출간한 지 10년도 더 지나서야 모국어로 번역해 한반도의 후세에게도 널리 알릴 수 있게 됐다는 사실이 부끄럽고 안타까울 따름이다.

거짓말처럼 한류의 시대다. 대문자 K를 앞세운 팝 음악과 영화, 드라마가 지구상의 문화 지형을 뒤흔들고 있다. 소프트 파워와 하드 파워 모두 세계적 수준에 오른 한국은 이제 명실공히 선진국 대접을 받는다. 몇 달 치 노동의 대가를 아낌없이 독립운동 자금으로 내놓고, 미국의 작은 시골 마을에 수백 명씩 모여 3·1운동 기념 퍼레이드를 열고, 자녀에게 겨레의 얼과 말을 심어주려 절치부심했던 초기 이민자들이 오늘날 조국의 모습을 본다면 감격의 눈물을 펑펑 쏟으며 덩실덩실 춤추지 않을까.

    찾는 이 없는 캘리포니아 시골의 공동묘지에 쓸쓸히 잠든 수백의 영혼들, 그리고 미 전역에서 힘겨운 이민자의 삶을 이어가다 어딘가에 묻혔을 이름 없는 선조들에게 이 중가주 이민자 연대기가 작은 위안이나마 됐으면 좋겠다.

서울 백련산 자락에서
김문섭

번역판에 부치는 글

영문판《Koreans in Central California (1903~1957): A Study of Settlement and Transnational Politics》가 출판된 지 14년 만에《캘리포니아 디아스포라: 이민 선조들의 나라찾기 이야기》라는 제목으로 국문 번역판이 인물과사상사에서 출판되었다.

  번역을 도맡아 주신 김문섭 작가의 노고에 감사드린다. 초기 번역 과정에 기여하신 김태수 외교사 전문가 그리고 배수지 작가에게도 감사드린다. 책의 영문 제목을 국문으로 부드럽게 풀이해주신 중가주한인역사연구회 회장 안유신 교수와 샌프란시스코 한인역사박물관 정은경 관장의 도움에도 감사를 드린다. Diane Mosier(김용중 지사의 둘째 따님)와 Rick &amp, Mary Louie(이재수 지사의 외손자와 넷째 따님)의 출판 지원에도 감사드린다. 현지에서 출판 과정을 감독·관리해주신 김영욱 교수께도 감사드린다. 또 한국재외동포청의 재정적 지원과 중가주 한인역사연구회 이사진 및 임원들의 격려와 후원에 심심한 감사를 드린다. 인물과사상사에도 감사드린다. 영문 원본은 아마존 도서 판매 웹사이트에서 구매할 수 있다.

저자 차만재

참고문헌

Aalto, Bozo. Interview by Marn J. Cha. Tape recording. May 15, 2006. Reedley, CA.
Ahn, Henry. "*Cho-gi Mi-ju Han-in Yeo-seong-gwa Geu-ui-ttall-deull*" [The Early Korean American Women and their Daughters]. Paper presented at Society for Korean Women's History Conference, Seoul, Korea, 2005.
Ahn, Pyeong-wuk. *Do-san Sa-sang* [Do-san's Thoughts]. Seoul, Korea: Sam-yuk Chul-pan-sa, 1972.
Ahn, Ralph. Interview by Andrew K. Cha. Tape recording. June 17, 2006. Los Angeles.
"Airplane for Korean School Arrives Today." *Willows Daily Journal* (Willows, CA) 34, no. 85, June 22, 1920.
Alexander, Charles. *Battles and Victories of Allen Allensworth*. Boston: Sherman, French and Company, 1914.
Allen, Horace. *Things Korean*. New York: Fleming H. Revell, 1908.
"Barney's Club Closes: Harrah's May Buy It." *Sacramento Bee* 260, December 13, 1986.
Benning, Jim. "In the Footsteps of the Colonel." *Via*, (July 2004). http://www.via-magazine.com/weekenders/Allensworth04.asp.
Burns, Edward, Richard Hull, Robert Lerner, Standish Meachem, Philip Ralph, and Alan Wood. *World Civilizations: Their History and Their Culture*. New York: W.W. Norton, 1982.
Butler, Johnnella, ed. *Color-Line to Borderlands: The Matrix of American Ethnic Studies*. Seattle: University of Washington Press, 2001.
Byun, Hong-jin (Tom), "*Eon-ron-in Kim Yong Jeung Seon-saeng: Eon-ron-eull Tong-han Gwang-bok-gwa Tong-il Un-dong-ui Ki-su*" [Journalist Kim Yong-Jeung: A Champion of the Korean independence Movement and Unification]. Paper presented at Seminar on Refocusing on Central California Korean Immigrant History, Fresno, CA, January 13, 2003.
Cao, Lan, and Himilce Novas. *Everything You Need to Know about Asian American History*. New York: Plume. 1996.

Carrisosa, Rose Kor. Interview by Marn J. Cha. Telephone notes. January 8, 2006, and August 12, 2006. Fresno, CA.
Castle, William. *Hawaii Past and Present*. New York: Dodd, Mead & Company, 1917.
Central California Korean Historical Society. Special Collections. Fresno, CA.
Cha, Jong-whan, Kang Deuk-whi and Kim Ji-soo, *Kim Ho Ui Sallm-gwa Kkum* [Kim Ho's Life and His Dreams], Los Angeles, CA: Korean American Human Rights Research Institute, 2007.
Cha, Marn J. "The First Korea Towns on the Mainland, U.S.A.: Reedley and Dinuba, California." Paper presented at the Korean U.S. Immigrant Centennial Commemorative Seminar, Mariott Hotel, Falls Church, VA, August 12–14, 2002.
———. "A History of Kon Kuk's Connection to China, Reedley and Dinuba, California." Paper presented at the Fifth Trilateral Conference, Kon Kuk University, Seoul, Korea
Chan, Sucheng. *This Bittersweet Soil: The Chinese in California Agriculture, 1860–1910*. Berkeley: University of California Press, 1987.
Chang, Lee-Wuk. *Na-ui Hoe-go-rok* [My memoir]. Seoul, Korea: Saem Teo, 1975.
———. *Do-san-ui In-gyeok-gwa Saeng-ae* [Do San Ahn Chang-ho's Life and His Personality]. Seoul, Korea: Heung Sa Dahn Publication, 2006.
Chang, Sidney H., and Leonard Gordon. *All Under Heaven*. Stanford, CA: Hoover Institution Press, 1991.
Charr, Easurk. *The Golden Mountain: The Autobiography of a Korean Immigrant, 1895–1960*. Urbana: University of Illinois Press, 1961.
Cheon Ji-myeong, "*Hae-je,*"[Interpretation], *Mi-ju Ji-yeok Han-guk Min-jok Un-dong-sa Ja-ryo-jip 3, Gweon* [The Historical Sourcebook of the Korean National Movement in America, Volume 3]. Seoul, Korea: Do-san Ahn Chang Ho Memorial Foundation.
Chibnik, Michael, ed. *Farm Work and Fieldwork: American Agriculture in Anthropological Perspective*, Ithaca, NY: Cornell University Press, 1987.
Choi, George. Interview by Marn J. Cha. Telephone notes. April 12, 2006. Fresno, CA.
Choy, Bong-youn. *Koreans in America*. Chicago: Nelson-Hall, 1979.
Clark, Donald N. *Living Dangerously in Korea: The Western Experience 1900–1950*. Norwalk, CT: East Bridge, 2003.
Clark, Robert. "The Labor History of Fresno, 1886–1910." Master's thesis, California State University, Fresno, 1976.
Clough, Charles, and William Secrest, Jr. *Fresno County: Pioneer Years from the Beginning to 1900*. Fresno, CA: Fresno Panorama Books, 1984.
Coelho, Tony (U.S. representative). "A Salute to Mr. Nectarine." *Congressional Record*, June 2, 1981.
Conrad, Bill (Reedley Cemetery manager). Interview by Marn J. Cha. Notes. June 28, 2006.
Conley, Richard. "Reedley: The World's Fruit Basket: A Special Report." *Produce Marketing* 12 (August 1958).
Conroy, Hilary. *The Japanese Frontier in Hawaii, 1868–1898*. Berkeley: University of California Press, 1953.

Cumings, Bruce. *Korea's Place in the Sun: A Modern History*. New York: W.W. Norton, 1997.

Dae-han-min-guk Im-si Jeong-bu Seung-in Gwall-ryeon Mun-seo [Documents on the Recognition of the Korean Provisional Government: Overseas Korean Independence Movement's Historical Data, XI, American Section 2]. Seoul, Korea: Ministry of Patriots and Veteran Affairs, 1994.

Daniel, Reginald G. *More than Black? Multiracial Identity and the New Racial Order*. Philadelphia: Temple University Press, 2002.

Dinuba Dae-han-in Jang-ro Gyo-hoe Il-ji [Minutes of Dinuba Korean Presbyterian Church, Dinuba, CA, 1912].

"Dinuba Meeting." In "*Hae-wae-ui Han-guk Dong-rip Un-dong Sa-ryo, Mi-ju Pyeon*, 1" [Historical Data on Overseas Koreans' Independence Movement, North America, 1] in *Han-guk Pyeong-ron [Korea Review]*. Seoul, Korea: Korean Ministry of Patriots and Veterans Affairs, 2001, 241–242.

Dong Mu [Comrade]. San Francisco: Korean Labor Party 1 (August 1920).

Duncan, Danielle (Smith Mountain Cemetery manager). Interview by Marn J. Cha. Telephone notes. June 15, 2006. Fresno, CA.

Fresno Historical Society Archival Collections. "1856–1956 Fresno County's First 100 Years." http://valleyhistory.org/ archives05.html.

Fried, Richard. *Nightmare in Red: The McCarthy Era in Perspective*. New York: Oxford University Press, 1990.

Gale, James. *Korea in Transition*. New York: Board of Foreign Missions of the Presbyterian Church in the U.S.A., 1909.

Griffith, Robert. *The Politics of Fear: Joseph McCarthy and the Senate*. Boston: University of Massachusetts Press, 1970.

Gu, Ik-kyun. *Sae-yeok-sa-ui Yeo-myeong-e Seo* [At Dawn of New History]. Seoul, Korea: Il-weorl Seo-gak, 1994.

Han, Louise. Interview by Andrew J. Cha, tape recording, Los Angeles, April 3, 2007, and Marn J. Cha, telephone notes, Fresno, May 20, 2007.

Han, Walter and Jane. Interview by Marn J. Cha and Andrew K. Cha. Tape recording. September 5, 2006. Wasco, WA.

Han, Yeong-u. *Han-guk-sa Yeorl-jeon* [Korean Historical Figures]. Seoul, Korea: Doll Byeog-e, 2007.

Hanford Centennial Committee. *Hanford: A Pictorial History, Hometown America*. Hanford, CA: Hanford Centennial Committee, 1990.

Hong, Sun-pyo. "*Jae-mi-han-jok Yeon-hap-wi-weon-hoe Yeon-gu, Bakk-sa Ha-gwi Ron-mun*" [A Study of the United Korean Committee in America]. PhD diss. Seoul, Korea: Hanyang University, 2002.

———, ed. *Jae-mi-han-jok Yeon-hap-wi-won-hoe Hoe-ui-rok* [A Collection of the Minutes of the Meetings of the United Korean Committee in America]. Seoul, Korea: Yonsei University Press, 2005.

Hsu, Immanuel. *The Rise of Modern China*. 6th ed. New York: Oxford University Press, 2000.

Hulbert, Homer. *The Passing of Korea*. Seoul, Korea: Yonei University Press, 1969. Reprint. First published 1906 by Doubleday.

Hwang, In-K. *One Korea Via Permanent Neutrality: Peaceful Management of Korean Unification.* Cambridge, MA: Schenkman Books, 1987.

Hwang, Moon-kyung. "Country or State? Reconceptualizing Kukka in the Korean Enlightenment Period, 1896–1910," *Korean Studies,* 24 (2000), 2–24.

———, "Nation, State and the Modern Transformation of Korean Social Structure in the Early Twentieth Century," *History Compass,* 5/2 (2007), 330–346.

Hyun, Peter. *In the New World: The Making of a Korean American.* Honolulu: University of Hawaii Press, 1991.

———. *Man Sei: The Making of a Korean American.* Honolulu: University of Hawaii Press, 1986.

"Independence for an Oppressed Land, and Stabilizing of American Sentiment is the Object: Over Five Hundred Expected to Be Here." *Dinuba Sentinel* (August 5, 1919).

"J. S. Lee Rites Held Monday." *Maxwell Tribune* (Maxwell, CA), November 28, 1956.

Jeong, Byeong-jun, "*Kim Ho-wa Reedley Gu-rupp*" [Kim Ho and the Reedley Group]. Paper presented at Kim Ho Memorial Lecture, Korean Ministry of Patriots and Veterans Affairs, Seoul, Korea, 2003.

Kang, Willie. Interview by Andrew K. Cha, tape recording, and Marn J. Cha, notes. July 9, 2002, and December 5, 2005. Reedley, CA.

Kennedy, David. *Freedom from Fear: The American People in Depression and War, 1929–1945.* New York: Oxford University Press, 1999.

Kim Ho Seon-saeng Gong-hun Seon-yang Hak-sull Gang-yeon-hoe (Kim Ho Memorial Lecture), Seoul, Korea: Korean Ministry of Patriots and Veteran Affairs, 2003.

Kim, Daisetta. Interview by Andrew K. Cha. July 21, 2006. Los Angeles.

Kim, Eugene C. I., and Han Kyo Kim. *Korea and the Politics of Imperialism (1876–1910).* Berkeley: University of California Press, 1967.

Kim, Henry Cu. *The Writings of Henry Cu Kim: Autobiography with Commentaries on Syngman Rhee, Pak Yong-man, and Chung Sun-man.* Edited and translated by Dae-sook Suh. Honolulu: University of Hawaii, 1987.

Kim, Hyung-Chan. *Tosan Ahn Chang-Ho: A Profile of a Prophetic Patriot.* Seoul, Korea: Tosan Memorial Foundation, 1996.

Kim, Marilyn. Interview by Andrew K. Cha. Tape recording. April 12, 2006. New York.

Kim, Mary. Interview by Andrew K. Cha. Tape recording. April 15, 2005. New York.

Kim, Mrs. Hyeong Il. Interview by Marn J. Cha. Telephone notes. May 16, 2005, and August 8, 2005. Fresno, CA

Kim, Richard. "Durham White Stevens and the Intersections of Korea, Japan and U.S. Relations." Paper presented at Seminar on the Historical Significance of the Patriotic Deed of Chang In-whan and Chun Myeng-woon, Independence Hall of Korea, Hilton Hotel, San Francisco, March 21, 2008.

Kim, Robert. Interview by Marn J. Cha. June 12, 2005. Reedley, CA.

Kim, Woon-ha. Interview by Marn J. Cha. Notes. March 18, 2003, Los Angeles, and October 10, 2006, Fresno, CA.

———. *"Kim Hyeong-sun Seon-saeng-ui Yo-yak-doen Saeng-ae"* [An Overview of Harry Kim's Life). Paper presented at Seminar on Refocusing on Central California Korean Immigrant History, Fresno, CA, January 13, 2003.

Kim, Warren Y. *Koreans in America*. Seoul, Korea: Bo Jin Chai Printing Co., 1971.

Kim, Weon-Yong. *Jae-mi Han-in O-sip Nyeon-sa* [The Fifty-Year History of Koreans in America], Reedley, CA: Charles Ho Kim, 1959.

Kim, Yong Jeung. Collected Papers. Columbia University, Rare Book and Manuscript Library. New York.

———. "My dear Mr. Premier Kim Il Sung, The Democratic People's Republic of Korea, Pyongyang, Korea" (1967). Yong Jeung Kim Papers. Columbia University Rare Book and Manuscript Library.

———. "Reply of Premier Kim Il Sung to the President of the Korean Affairs Institute in Washington" (1965). Yong Jeung Kim Papers. Columbia University Rare Book and Manuscript Library.

———. "To Premier Kim Il Sung and My dear President General Park Chung Hee" (1965). Yong Jeung Kim Papers. Columbia University Rare Book and Manuscript Library.

Klein, Kenneth, "The Korean Pilot Training School in Willows," *Wagon Wheels* 34, no. 2 (1989): 11–13. Obtained from Colusi County (CA) Historical Society.

Kor, Sarah. Interview by Marn J. Cha. Telephone notes. March 12, 2006. Fresno, CA.

"Korea and Peace Treaty in U.S. Senate." In *"Hae-wae-ui Han-guk Dong-rip Un-dong-sa-ryo, Mi-ju Pyeon,* 1" [Historical Data on Overseas Koreans' Independence Movement, North America, 1] in *Han-guk Pyeong-ron [Korea review]*. Seoul, Korea: Korean Ministry of Patriots and Veterans Affairs, 2001, 236–237.

"Korean Aviation School to be Seen in the Movies." *Willows Daily Journal* (Willows, CA) 34, no. 148, September 4, 1920.

"Koreans to Have Aviation Field." *Willows Daily Journal* (Willows, CA) 33, no. 249, February 19, 1920.

"Koreans to Train Aviators Here to Fight the Japs." *Willows Daily Journal* (Willows, CA) 33, no. 258, March 1, 1920.

Kwong, Peter. *Chinatown, New York: Labor and Politics, 1930–1950*. New York: Monthly Review Press, 1979.

Langford, Mike. Interview by Andrew K. Cha. June 3, 2005. Merced, CA.

"League of the Friends of Korea." In *"Hae Wae-ui Han-guk Dong-rip Un-dong-sa-ryo, Mi-ju Pyeon,* 1" [Historical Data on Overseas Koreans' Independence Movement, North America, 1] in *Han-guk Pyeong-ron [Korea Review]*. Seoul, Korea: Korean Ministry of Patriots and Veterans Affairs, 2001, 46–47.

Lee, Chang-geoll. *Hyeok-myeong-ga, Do-san Ahn Chang-ho ui Hyeok-myeong Sa-sang-gwa Dong-rip Un-dong* [Do-san Ahn Chang-ho's Revolutionary Thoughts and Independence Movement]. Seoul, Korea: Han-guk In-mull-jeong-bo Yeon-gu-so, 2006.

Lee, Gwang-su. *Do-san Ahn Chang-ho*. [Do-san Ahn Chang-ho's Thoughts and Biography]. Seoul, Korea: Heung Sa Dahn Publication, 1998.

Lee, Hyeon-hee. *Ge-weon Ro Baek-lin Jang-gun Yeon-gu* [A Study of Gen. Ro Baek-lin], Seoul, Korea: Sin-ji Seo-weon, 2000.

Lee, Ju-yeong. *Wu-nam Rhee Syngman: Geu-neun Nu-gu-in-ga?* [Syngman Rhee: Who is he?]. Seoul, Korea: Bae-Jae Hak-dang Alumni Association, 2008.

Lee, K. W. "An All-American Epic: A Founding Father." *KoreAm Journal* 19, no. 4 (April 2008): 46–54.

———. "A Bird of Passage in Exile." *KoreAm Journal* 14, no. 9 (September 2003): 32–34.

———. "A Child of the Lost Century: A Daughter of Han, a Life of Forlorn Search." *KoreAm Journal* 17, no. 4 (April 2006): 56–62.

———. "Like Father, Like Son." *KoreAm Journal* 14, no. 5 (May 2003): 56–59.

———. "The Untold Story of the Rice King." *KoreAm Journal* 15, no. 10 (October 2004): 46–57.

———. "The Woman Behind the Peach Kings." *KoreAm Journal* 17, no. 8 (August 2006): 52–56.

———. "Woman Warrior." *KoreAm Journal* 14, no. 2 (February 2003): 38–44.

Lee, Mary Paik. *Quiet Odyssey: A Pioneer Korean Woman in America*. Edited by Sucheng Chan. Seattle: University of Washington Press, 1990.

Lee, Sang-su. *Song Cheol Hoe-go-rok* [Song Cheol's Memoir]. Los Angeles: Keys Printing, 1985.

Lee, Sameul. Interview by Marn J. Cha. May 20, 2006; September 15, 2006; April 13, 2007, and June 20, 2008. Los Angeles.

Li, Dun J. *The Ageless Chinese: A History*. New York: Charles Scribner's, 1971.

Liem, Channing. *Philip Jaisohn: The First Korean-American, a Forgotten Hero*. Philadelphia: Philip Jaisohn Memorial Foundation, 1984.

Lind, Andrew. *The History of Contract Labor in the Hawaiian Islands: Hawaii's Japanese*. New York: Arno Press, 1978.

Lipset, Martin Seymour, *American Exceptionalism: A Double-Edged Sword*. New York: W.W. Norton, 1996.

"Local Koreans Express their Appreciation of Work Being Done in Washington by Solons." *Dinuba Sentinel* (Dinuba, CA), August 1, 1919.

McKenzie, Roderick. *Oriental Exclusion: The Effect of American Immigration Laws, Regulations, and Judicial Decisions on the Japanese and Chinese on the American Pacific Coast*. San Francisco: R and E Associates, 1970.

McWilliams, Carey. *Factories in the Field: The Story of Migratory Farm Labor in California*, New York: Archon Books, 1969. First published 1939 by Boston, Little, Brown and Co.

"Meeting in Sacramento." In *"Hae-wae-ui Han-guk Dong-rip Un-dong-sa-ryo, Mi-ju Pyeon*, 1" [Historical Data on Overseas Koreans' Independence Movement, North America, 1] in *Han-guk Pyeong-ron* [*Korea Review*]. Seoul, Korea: Korean Ministry of Patriots and Veterans Affairs, 2001, 240–241.

Mi-ju-han-in I-min Baek-nyeon-sa [One Hundred Year History of Korean Immigration to America]. Los Angeles: Southern California Centennial Committee of Korean Immigration to America, 2002.

Mi-ju-han-in Sa-hoe-wa Dong-rip Un-dong 1 [The Independence Movement and Its Outgrowth by Korean Americans 1]. Seoul, Korea: Bak Yeong-sa, 2003.

Mi-ju-han-in-ui Min-jok Un-dong [Korean Americans and their Struggles for National Independence]. Seoul, Korea: He-an, 2003.

Mi-ju-ji-yeok Han-guk Min-jok Un-dong-sa Ja-ryo-jip1, 3, 4 Gweon [The Historical Sourcebook of the Korean National Movement in America, Volumes 1, 3 and 4]. Seoul, Korea: Do-san Ahn Chang Ho Memorial Foundation, 2004.

Min, Pyong-yong. *Mi-ju I-min Baek-nyeon* [Centennial of Korean Immigration]. Los Angeles: The Korea Times Publication, 1985.

Morrison, William. *The Alta Empire: The Story of Conquest and Development in the San Joaquin Valley*. Dinuba, California: Alta Irrigation District, 1988.

Murabayashi, D. H. Lee. *Hawaii I-min Baek-nyeon* [Centennial of Hawaii Korean Immigrants]. Seoul, Korea: Jung-Ang M and B, 2003.

———, comp. *Korean Passengers Arriving at Honolulu, 1903–1905*. Manoa: University of Hawaii Center Korean Studies, 2001.

National Park Service. "A History of Japanese Americans in California: Historic Sites: Bowles, Fresno County." http://www.nps.gov/history/history/online_books/5views/5views4h10.htm.

Olson, James. *The Ethnic Dimension in American History*. New York: St. Martin's, 1979.

Pai Hyung-il and Timothy Tangherlini (eds). *Nationalism and the Construction of Korean Identity*, (Berkeley, CA: East Asia Institute, 1999).

Pak, Byeong-rrull. *Lee Dong-whi's Il-dae-gi* [Lee Dong-whi's Life]. Seoul, Korea: Beom-wu-sa, 2007.

Palmer, Brandon. "American Media Coverage of the Assassination of Durham White Stevens." Paper presented at Seminar on the Historical Significance of the Patriotic Deed of Chang In-whan and Chun Myeng-woon, Independence Hall of Korea, Hilton Hotel, San Francisco, March 21, 2008.

Park, Ada. Interview by Marn J. Cha. Telephone notes. April 7, 2007. Fresno, CA.

Park, Min-young, "*Sang-hang Ui-keo-ga Kung-nae-wae Dong-rip Un-dong-e Michin Yeong-hyang*" [Chang and Chun's Heroic Deed's Impact on the Independence movement Inside and Outside of Korea). Paper presented at Seminar on the Historical Significance of the Patriotic Deed of Chang In-whan and Chun Myeng-woon, Independence Hall of Korea, Hilton Hotel, San Francisco, March 21, 2008.

Park, Young. *The Life and Times of a Hyphenated American*. New York: iUniverse, Inc., 2006.

Patterson, Wayne. *The Korean Frontier in America: Immigration to Hawaii, 1896–1910*. Honolulu: University of Hawaii Press, 1988.

Preston, R. N. *Early California Atlas, Northern Edition*. Portland, OR: Binford and Mort, 1983.

Reedley: A Study of Ethnic Heritage, 1988. Fresno, CA: Fresno Pacific College, Professional Development Division, 2001.

Reedley Chamber of Commerce. "Historical Dates, The World's Fruit Basket." *City of Reedley* 1, no. 12 (2005).

Rhee, Ja-kyung. *Han-guk-in Mexico I-min-sa* [Mexican Korean Immigrant History]. Seoul, Korea: Ji-sik San-eop-sa, 1998.

———. "*Jung-ga-ju Cho-gi Han-in I-min-sa Gae-yo*" [An Overview of Early Central California Korean Immigrant History]. In *Mi-ju Han-in I-min-sa-hoe-wa Dong-rip Un-dong 1* [The Independence Movement and Its Outgrowth by Korean Americans 1]. Seoul, Korea: Bak Yeong Sa, 2003.

———, comp. "*Ae-guk Seon-yeorl Myeong-dan*" [The Deceased Patriots' Roster]. *Je-2–hoe Jung ga-ju Ae-guk Seon-yeorl Chu-mo Dae-hoe* [Second Memorial Service for the Central California Deceased Patriots]. Fresno: Central California Korean Historical Society, March 13, 2003.

Rhee, Syngman. *Japan Inside Out: The Challenge of Today*. New York: Fleming H. Revell Company, 1941.

Rhodes, Joseph (mayor of Reedley). Interview by Marn J. Cha. Notes. June 16, 2006, and October 2, 2006.

Rogers, Loretta (former Reedley Cemetery manager). Interview by Marn J. Cha. Notes. July 6, 2006.

"Second Airplane for Korean School Arrives Today." *Willows Daily Journal* (Willows, CA) 34, no.87, June 24, 1920.

Schmid, Allen., Korea between Empires, 1895–1919. (New York: Columbia University Press, 2002).

Simpson, George. *Emile Durkheim: Selections from His Work*. New York: Thomas Crowell, 1963.

"Story of Korea Reaches Here." *Dinuba Sentinel* (July 22, 1919).

Street, Richard. *Beasts of the Field: A Narrative History of California Farm Workers, 1769–1913*. Palo Alto, CA: Stanford University Press, 2004.

Suh, Dae-sook. *Documents of Korean Communism, 1918–1948*. Princeton, NJ: Princeton University Press, 1970.

Suhr, Tong-Sung. "The 'Grandfather' I Didn't Know." Los Angeles: Unpublished Essay, 2005.

Sung, Baek-guel. *San Francisco-ui Han-in-gwa Gyo-hoe: Sang-hang Han-guk Yeon-hap Gam-ri Gyo-hoe-ui Yeok-sa* [San Francisco Koreans and their Church: A History of San Francisco Korean United Methodist Church]. Seoul, Korea: Handle Publishing House, 2003.

"To Reopen Korean Aviation Field." *Willows Daily Journal* (Willows, CA) 35, no. 63, June 1, 1921.

U.S. Army. Separation Qualification Record of Harry Lee. Battle Honors, Citations of Units, VI by J. A. Ulio, Major General, Adjunct General, April 14, 1945.

"U.S. Senate Resolution for Korea." In "*Hae-wae-ui Han-guk Dong-rip Un-dong Sa-ryo, Mi-ju Pyeon, 1*" [Historical Data on Overseas Koreans' Independence Movement, North America, 1] in *Han-guk Pyeong-ron* [*Korea Review*]. Seoul, Korea: Korean Ministry of Patriots and Veterans Affairs, 2001, 127.

"Van Bernard Sees Menace in Korean Flying School." *Willows Daily Journal* (Willows, CA) 33, no. 255, February 26, 1920.

Varsoom, Floyd. Interview by Marn J. Cha. Tape recording. May 21, 2006. Reedley, CA.

Visalia, City of. Various pages. http://www.ci.visalia.ca.us/.

Warshauer, Matthew. "Who Wants to Be a Millionaire: Changing Conceptions of the American Dream." *American Studies Today Online*, 13 February 2003. http://www,americansc.org.uk/Online/American_Dream.htm.

Wells, Kenneth. *New God, New Nation: Protestants and Self-Reconstruction Nationalism in Korea 1896–1937*, (Honolulu: University of Hawaii Press, 1990).

"What is Behind American Military Government's Policy in South Korea: A Korean Political Pandora's Box?" *Korean Independence* (Los Angeles), no. 115, March 20, 1946.

"Willows Aviator Injured Trying for a License." *Willows Daily Journal* (Willows, CA) 35, no. 20, April 11, 1921.

Wrobel, David. *The End of American Exceptionalism: Frontier Anxiety from the Old West to the New Deal.* Lawrence: University of Kansas Press, 1993.

Yeo, Yeon-gu. *Na-ui A-beo-ji Yeo Un-hyeong* [My father, Yeo Un-hyeong]. Edited by Sin Jun-young. Seoul, Korea: Kim-yeong-sa Publication, 2001.

Yi, Mahn-yol. "*Hae-je,*" [Interpretation]. In *Mi-ju-ji-yeok Han-guk-min-jok Un-dong-sa-ryo-jip, 4 Gweon* [The Historical Sourcebook of the Korean National Movement in America, Volume 4]. Seoul, Korea: Do-san Ahn Chang-ho Memorial Foundation, 2004.

Yoon, Byung-wook. *Na-ra Bakk-e-seo Na-ra Cha-jatt-ne* [Getting Korea Back Outside that You lost Inside). Seoul, Korea: Bak Yeong-sa, 2006.

Yu, Eui-young. "*Han-in Mi-ju I-min-sa-ui Sill-sang-gwa I-sang*" [Korean Immigrant History: Facts and Value]. Paper presented at Seminar on Refocusing on Central California Korean Immigrant History, Fresno, CA, January 13, 2003.

Yu, Eui-Young, and Edward T. Chang, eds. *Multiethnic Coalition Building in Los Angeles: A Two-Day Symposium, November 19–20, 1993.* Los Angeles: Regina Books, 1995.

Yu, Eui-Young, and Terry R. Randal, eds. *The Korean Peninsula in the Changing World Order*, Los Angeles: Center for Korean-American and Korean Studies and California Sociologist, California State University, Los Angeles, 1992.

Yun, Byeong-suk. *Hae-wae Dong-po-ui Weon-ruu: Han-in Koryo-in Joseon-jok-ui Min-jok Un-dong* [The Roots of Overseas Korean Nationalist Movements]. Seoul, Korea: Jip-mun Dang, 2005.

Zech, Kenneth, ed. *The McCubbin Papers: An Early History of Reedley and the "76" Country.* Reedley, CA: Reedley Historical Society, 1988.

**캘리포니아
디아스포라**

ⓒ 차만재, 2025

초판 1쇄 2025년 11월 6일 찍음
초판 1쇄 2025년 11월 27일 펴냄

지은이 | 차만재
옮긴이 | 김문섭

펴낸이 | 강준우
인쇄·제본 | 지경사문화

펴낸곳 | 인물과사상사
출판등록 | 제17-204호 1998년 3월 11일

주소 | (04031) 서울시 마포구 동교로 22길 29, 성지빌딩 301호
전화 | 02-471-4439
팩스 | 02-474-1413

ISBN 978-89-5906-818-0 03940
값 22,000원

저작물의 내용을 쓰고자 할 때는 저작자와 인물과사상사의 허락을 받아야 합니다.
파손된 책은 바꾸어 드립니다.